MARCO POLO

SPANIEN

Reisen mit Insider Tipps

Faszinierend sind die Kontraste bei den Landschaften, bei der Ku' bei den Festen: Kaum zu gla dass die Pyrenäen, das Maur in Andalusien, der Jakobsw eine Weltstadt wie Barcelor selben Land liegen.

MARCO POLO Autor Andreas Drouve

(siehe S. 191)

Spezielle News, Lesermeinungen und Angebote zu Spanien:
www.marcopolo.de/spanien

SPANIEN

> SYMBOLE

Insider Tipp **MARCO POLO INSIDER-TIPPS**
Von unserem Autor für Sie entdeckt

★ **MARCO POLO HIGHLIGHTS**
Alles, was Sie in Spanien kennen sollten

SCHÖNE AUSSICHT

WLAN-HOTSPOT

▶▶ **HIER TRIFFT SICH DIE SZENE**

> PREISKATEGORIEN

HOTELS

€€€ über 140 Euro
€€ 80–140 Euro
€ bis 80 Euro

Die Preise gelten für ein Doppelzimmer ohne Frühstück in der Hauptsaison

RESTAURANTS

€€€ über 30 Euro
€€ 15–30 Euro
€ bis 15 Euro

Die Preise gelten für ein für das jeweilige Lokal typisches Essen bzw. für ein Tagesmenü ohne Getränke

> KARTEN

[174 A1] Seitenzahlen und Koordinaten für den Reiseatlas Spanien und die Karten zu Barcelona und Madrid

[0] außerhalb des Kartenausschnitts

Karten zu Bilbo (Bilbao), Granada, Sevilla und València finden Sie im hinteren Umschlag

Zu Ihrer Orientierung sind auch die Orte mit Koordinaten versehen, die nicht im Reiseatlas eingetragen sind

INHALT

> SZENE

S. 12–15: Trends, Entdeckungen, Hotspots! Was wann wo in Spanien los ist, verrät der MARCO POLO Szeneautor vor Ort

> 24 STUNDEN

S. 154/155: Action pur und einmalige Erlebnisse in 24 Stunden! MARCO POLO hat für Sie einen außergewöhnlichen Tag in València zusammengestellt

> LOW BUDGET

Viel erleben für wenig Geld! Wo Sie zu kleinen Preisen etwas Besonderes genießen und tolle Schnäppchen machen können:

Kostenlos mit dem Rad durch Santander S. 37 | Gratistapas in León S. 60 | Günstige Landhäuser in den Pyrenäen S. 77 | Mit der Barcelona Card preiswert durch die Stadt S. 88 | Eintritt frei im Kunstmuseum Badajoz S. 116 | In Córdoba ein Bett ab 14 Euro mitten in der Judería S. 147

> GUT ZU WISSEN

Was war wann? S. 10 | Stilvolle Unterkünfte S. 18 | Spezialitäten S. 28 | Hier kocht der Mann S. 44 | Crianzas und Reservas S. 64 | Català, euskera, galego S. 84 | Bücher & Filme S. 100 | Blogs & Podcasts S. 112 | Diego Velázquez S. 114 | Real oder Barça? S. 125

AUF DEM TITEL
Wandern zwischen erloschenen Vulkanen S. 153
Altstadtviertel Barri del Carmen in València S. 101

ENTDECKEN SIE SPANIEN!

Unsere Top 15 führen Sie an die traumhaftesten Orte und zu den spannendsten Sehenswürdigkeiten

Die Highlights sind in der Karte auf dem hinteren Umschlag eingetragen

1 Fallas de València
Freudenfeuer auf valencianisch – zu San José am 19. März lösen sich in València gigantische Pappmachéfiguren in Rauch auf und vertreiben so den Winter (Seite 24)

2 Semana Santa
Im Fackelschein, vermummt und in langen Gewändern begeben sich Büßer in ganz Spanien auf ihre Prozessionen in der Karwoche – besonders eindrucksvoll in Andalusien und Kastilien (Seite 24)

3 Museo Guggenheim
Ein Schachtelwerk der Formen im silbrigen Glanz aus Titan: das Museum für moderne Kunst in Bilbo (Bilbao) (Seite 39)

4 Donostia (San Sebastián)
Prachtpromenaden um die Muschelbucht, Tapafreuden in der Altstadt (Seite 42)

5 Picos de Europa
Die asturischen Gebirgsriesen in Küstennähe – mit der Seilbahn geht es ab Fuente Dé in Schwindel erregende Höhen (Seite 48)

6 Catedral de Santa María
Monumentale Kirchenbaukunst in Burgos, von der Unesco zum Erbe der Menschheit erklärt (Seite 59)

7 Santiago de Compostela
Pilgerströme zum Apostelgrab, vibrierendes Treiben in der Altstadt (Seite 69)

> DIE BESTEN MARCO POLO HIGHLIGHTS

8 Parque Nacional Ordesa y Monte Perdido
Im Herz der Pyrenäen auf Wandertour zum „Pferdeschwanz"-Wasserfall (Seite 76)

9 Gaudís Barcelona
Wie es Meister Antoni Gaudí mit Sagrada Família, La Pedrera und Parc Güell auf die architektonische Spitze getrieben hat (Seite 86)

10 Teatre-Museu Dalí
Ein einzigartiges surrealistisches Kuriositätenkabinett in Figueres, von Genie Salvador Dalí selbst gestaltet (Seite 92)

11 Museo del Prado
Das Kunstmuseum in Madrid mit Werken von Rembrandt bis Goya (Seite 114)

12 Segovia
Gelungene Kombination in der Altstadt: Aquädukt aus der Römerzeit, Schlemmertempel von heute (Seite 122)

13 Toledo
Grandioses historisches Viertel mit verwinkelten Gassen und Monumentalbauten (Seite 126)

14 Mezquita
Einst im Namen Allahs erbaut: Córdobas alte Moschee mit Säulenwald und natürlichen Lichterspielen (Seite 138)

15 Alhambra
Ein Stück Morgenland im Abendland mit Blick auf die Sierra Nevada – Maurenerbe erster Güte in Granada (Seite 140)

Playa de Poniente in Benidorm an der Costa Blanca

Strände und Berge, Burgen und Klöster, rauschende Fiestas, der Jakobsweg, das maurische Erbe in Andalusien: Es gibt viele gute Gründe für eine Reise nach Spanien, ob individuell oder pauschal, ob für einen kurzen Citytrip nach Madrid oder für ein paar warme Wochen ans Mittelmeer. Die Menschen sind so unterschiedlich wie die Landschaften und die Kultur: hier die mediterrane Milde, dort die wilde Atlantikküste, im Süden die Steinwüste um Almería, im Nordosten die eisgekrönten Gipfel der Pyrenäen, dort die weißen Dörfer Andalusiens, hier die Burgen und Schlösser Kastiliens – Spanien überrascht in jedem Winkel!

> Der Aufzug stürzt hinab in den Schacht. Lichter zucken, aus den Lautsprechern zischt und heult es, ein paar Gäste drücken sich verängstigt gegen die Wände. Mit einem kräftigen Ruck stoppt der Lift in Galerie 8. „Alles raus!" ruft Ángel, lacht über die Wirkung der Special Effects und setzt hinzu: „Willkommen im Stollen, 600 m tief, alles simuliert!" Ángel ist Kumpel in der örtlichen Kohlezeche und führt an freien Tagen Besucher durch das Minenmuseum im asturischen El Entrego.

Der im Herzen Asturiens gelegene Museumsstollen von El Entrego zeigt, welch breit gefächerte neue Wege Spanien im Tourismus beschreitet. Selbst aus Industrieanlagen versteht das Land Kapital zu schlagen und Besucher damit in Bann zu ziehen. Trotz ungebremster Zugkraft all der goldgelben Strände und einer mehrere Tausend Kilometer langen Küste ist sich das gut 500 000 km^2 große *España* mehr und mehr seines ungemein facettenreichen Binnenlands bewusst geworden.

Nach dem Motto „Spanien neu entdecken" driften Einheimische und Auswärtige vom puren Badeaufenthalt immer öfter in sattgrüne Täler und Berge ab. Statt Kokosöl- und Sangriaschwaden des Strandliegennachbarn atmen Urlauber den würzi-

> Ein ungemein facettenreiches Binnenland

gen Duft von Gebirgskräutern ein, genießen die ländliche Ruhe und Idylle, durchwandern Kiefern- und Korkeichenwälder, beobachten Adler und Geier. Ob in Andalusien, Galicien oder Navarra: Zurück zur Natur ist trendy, was wiederum Übernachtungsangebote aus dem Boden hat schießen lassen. Landhotels verzeichnen Rekordzuläufe, alte Dorfhäuser und Gehöfte werden zu rustikalen Unterkünften umgebaut. Auch Reiterferien auf dem Land sind in, Thermalhotels schwimmen auf dem

Spektakulär: Santiago Calatravas „Stadt der Künste und der Wissenschaften" in València

Hoch der Wellnesswelle. Darüber hinaus boomt der Abenteuertourismus mit Höhlentrips und Canyoning. In die Reihe spanischer Neu- und Wiederentdeckungen gehört das große Erlebnis des Mittelalters: eine Tour auf dem Jakobsweg, dem *Camino de Santiago,* zum Grab des Apostels Jakobus im galicischen Santiago de Compostela. Von den Pyrenäenpässen Ibañeta und Somport zieht sich der Weg rund 800 km weit gen Westen, von Klöstern, Kirchen und Burgen gesäumt. Zu den Highlights am Weg zählen die gotischen Kathedralen von Burgos und León, Pilgerherbergen bieten Wanderern und Radlern Unterkunft.

Knapp 60 Mio. Besucher pro Jahr können sich nicht irren: *España* steht für einen faszinierenden Kultur- und Landschaftsmix, für wilde Fiestas und ein lockeres Leben mit ausschweifender Ausgeh- und Tapatradition. Stress ist für viele ein Fremdwort, nirgendwo kommt die Pflege des Magens zu kurz. Man nimmt sich ausgiebig Zeit für leibliche Genüsse. In der Rioja und im Duerogebiet reifen vorzügliche rote Spitzenweine, Galicien ist für seine weißen Albariños bekannt und das andalusische Jerez de la Frontera für seine Sherrys und Brandys. Spaniens Zutaten stimmen – nicht nur beim Trinken und Essen. In den südlichen Gefilden des Landes schlagen über 300 Sonnentage pro Jahr zu Buch.

An den Mittelmeerküsten gilt nach wie vor: Wer Fun will, bekommt Fun. Torremolinos, Benidorm und Lloret del Mar zählen zu den unverwüstlichen Klassikern und bersten vor Musicbars, Diskos und sommerlichem Highlife. Wer hierhin reist, weiß, was er will. Gleiches gilt für jene, die Citytrips nach Madrid und Barcelona planen. Die Metropolen buhlen in gesunder Konkurrenz um die Gunst der Besucher, jede begeistert durch ihre eigene, unverwechselbare Art: Madrid mit dem lockeren Open-Air-Ambiente um die Plaza Mayor und musealer Hochkultur wie dem Prado, Barcelona mit einem Bummel über die Rambles und der bislang unvollendeten Sagrada Família des katalanischen Meisterarchitekten Antoni Gaudí. Die gigantische Sühnekirche zählt ebenso zum Welterbe der Unesco wie eine Reihe bekannter und weniger bekannter Stätten, die sich kreuz und quer über das

> *Das große Erlebnis des Mittelalters: der Jakobsweg*

WAS WAR WANN?

Geschichtstabelle

3. Jh. v.–5. Jh. n. Chr. Römische Herrschaft

7. Jh. Westgotische Herrschaft

ab 711 Maurische Heere überfallen Südspanien und dehnen ihren Herrschaftsbereich bis an die Pyrenäen aus; von Norden her beginnt bald die christliche Rückeroberung (Reconquista)

9. Jh. Entdeckung des Apostelgrabs von Jakobus d. Ä. in Santiago; Beginn der Pilgerzüge auf dem Jakobsweg

ab 1031 Zerfall des maurischen Reichs in kleine Königreiche, fortschreitende Erfolge der Reconquista

1492 Fall des letzten maurischen Königreichs auf der Iberischen Halbinsel und Eroberung Granadas durch die „Katholischen Könige" Isabella von Kastilien und Ferdinand von Aragón. Entdeckung Amerikas durch Christoph Kolumbus im Dienst der spanischen Krone

Ab 1516 Herrschaft des Habsburgers Karl I.

16./17. Jh. Spanien auf politischem und kulturellem Höhepunkt: Weltmacht und „Goldenes Zeitalter" (Cervantes, Lope de Vega, Velázquez, El Greco)

1936–1939 Spanischer Bürgerkrieg, Beginn der Diktatur von General Francisco Franco

1975 Tod Francos, Wiedereinführung der Monarchie mit König Juan Carlos I.

2004 Terrorattentat islamistischer Extremisten in Madrid

2008 Bestätigung der von José Luis Rodríguez Zapatero geführten sozialistischen Regierung bei den Parlamentswahlen. Weltausstellung in Zaragoza

Land verteilen und eigene Reisen wert sind: das Römerareal in Mérida, die Altstädte von Cáceres und Toledo, Asturiens präromanische Kirchen, Segovia mit seinem Aquädukt und das zerklüftete Goldminengebiet Las Médulas. Im sonnendurchfluteten Süden geht Kunst- und Kulturliebhabern ohnehin das Herz auf: Die Alhambra in Granada und die Mezquita in Córdoba, erbaut von den Mauren, zählen zu den Höhepunkten in ganz Europa. Zwischen 711 und 1492 waren die orientalischen Besatzer auf der Iberischen Halbinsel präsent – und in jener Zeit wesentlich weiter entwickelt als die Spanier. Auch die stark bewehrten Burgen von Almería und Jaén gehen auf die maurische Epoche zurück, und inmitten des Kastells von Jerez betritt man die Reste einer Moschee.

Die Qualität von Stränden und Meer ist landesweit – von unrühmlichen Ausnahmen abgesehen – oft gut bis exzellent. Statt an die sommerlich überfüllte „Badewanne Mittelmeer" zieht es immer mehr Reisende an die Atlantikstrände – manche trotz, viele gerade wegen der kühleren Temperaturen und des raueren Umfelds – oder im küstennahen Hinterland in die wildromantischen Hochgebirgswelten der Picos de Europa sowie in die Pyrenäen. Kulturelle Alternative: das Guggenheim-Museum in Bilbao mit seiner Hülle aus Titan.

Kontraste über Kontraste, Berge über Berge. Nicht nur im hohen Norden werfen sich imposante Gebirgsbuckel auf. Mit einer Durchschnittshöhe von 650 m nimmt Spanien europaweit Platz zwei hinter der Schweiz ein. Im Zentrum breitet sich

> Höhlentrips und Canyoning: der Boom des Aktivtourismus

die Hochebene aus, die Meseta, im Norden Andalusiens wellen sich Oli-

Im Hinterland von Almería: ein rotbraunes Wüstenszenario – Europas Wilder (Süd-)Westen

venbaumhaine über die Hänge, weiter südlich kratzt die Sierra Nevada mit fast 3500 m an den Wolken. Im Winter setzt die Sierra weithin sichtbare Schneekränze auf und lockt Skisportfreunde an. Gen Osten gleiten die Berge ins Meer ab und gehen bei Almería in ein rotbraunes Wüstenszenario mit Büschelbewuchs und Kakteen über – eine ideale Westernkulisse für Hollywoodstreifen.

Spanien liege da wie ein Kontinent, der an Europa hängt und Europa nicht ist, hat der niederländische Romancier Cees Nooteboom gesagt. Das 45-Mio.-Ew.-Land verzeichnet einen Wirtschaftsboom und riesige Immigrantenströme aus Afrika und Lateinamerika. Währungspolitisch gehört es längst zur Eurofamilie – doch immer noch liegen Welten zwischen Spanien und Zentraleuropa. Nicht nur mit Blick auf das soziale System, das leidlich hinterherhinkt. In den Arenen befördert man unverändert Stiere ins Jenseits, die Siesta schützt man wie eine heilige Kuh und hält an der Zauberformel des ewigen *mañana* fest. Traditionen, kultiviertes Chaos, ein Schuss Exotik: All dies gibt dem Land seine besondere Note.

TREND GUIDE SPANIEN

Die heißesten Entdeckungen und Hotspots! Unser Szene-Scout zeigt Ihnen, was angesagt ist

Frank Steinherr
lebt seit zwölf Jahren als freier Korrespondent in der Hauptstadt Madrid. Für seine Reisereportagen ist er im ganzen Land unterwegs und immer den besten und ausgefallensten Trends auf der Spur. An Spanien faszinieren ihn die noch nahezu unberührten Landschaften, die kosmopolitischen Städte, die abwechslungsreiche Küche und die beinahe grenzenlose Toleranz der Menschen.

AUS ALT MACH NEU

Modern Art mit Mehrwert

Altbekannten Gegenständen gehts an den Kragen, und heraus kommen Objekte mit völlig neuen Funktionen. Wie wärs z. B. mit einem Lampenschirm, der früher mal als Nudelsieb diente? Bei *Zeta (Avinyó 22)* in Barcelona gibts noch jede Menge andere Alltagsutensilien mit ungewöhnlichen Aufgaben. *Drap Art (Groc 1, www.drapart.org,* Foto*)* ist Kunstverein, Galerie und Lokal in einem und widmet sich der Recyclingkunst und ihren Künstlern. Regelmäßig veranstaltet der Kunst-Hotspot Festivals, Workshops und Ausstellungen in seinem Zentrum *La Carboneria* in Barcelonas Altstadt. Sogar eine angesagte Boutiquenkette macht beim neuen Trend mit: Bei *Fun & Basics* werden Handtaschen und andere Accessoires aus Nylon nur noch aus recycelten Plastikflaschen hergestellt *(Shop z. B. Via Laietana 71, Barcelona, www.funbasics.com)*.

SZENE

WIND & WELLEN

Die besten Kitespots

Die Spanierin Gisela Pulido ist die jüngste Freestyle-Weltmeisterin aller Zeiten. Ihre waghalsigen Moves lernte sie am Golf von Roses in Katalonien. Anfänger üben im Surfcenter *Skyriders (www.myskyriders.com)* am Strand vom Golf de Roses die Kitegrundbegriffe. Das Surfmekka Tarifa haben jetzt auch die Kiter für sich entdeckt. Bei *Surfer's Paradise (Avenida Pintor Guillermo Pérez Villalta 61, www.betreuteskiten.de)* gibts Materialverleih, Kurse und Unterkunft in Ferienhäusern direkt am Strand – das Komplettpaket für alle, die sich nur auf den Sport konzentrieren wollen. Kiten für alle Ansprüche: Im *Extrem Center (Pablo De Alzola 9, www.extremcenter.com)* in Bilbao üben Profis und Anfänger.

INDIE-ELEGANCE

Lokal statt global

Dem uniformen Look wird der Kampf angesagt: Eine ganze Riege neuer Designer pflegt einen individuellen Stil, den man nur in Spanien bekommt. Bei der Kollektion von *La Divina Providencia (Hernán Cortés 26, Santander, www.divinaprovidencia.com,* Foto*)* ist der Name („Die göttliche Vorsehung") Programm: bezaubernd-elegante Mäntel, Kostüme und Shirts mit Prints und phantastischen Mustern. Im Studio-Shop *El Delgado Buil (Lledó 4–6, Barcelona, www.eldelgadobuil.com)* der jungen Designerinnen Anna Figuera Delgado und Macarena Ramos kann man den gesamten Prozess vom Schnittmuster bis zum fertigen Kleidungsstück verfolgen. Das Ergebnis: raffinierte Outfits in fließenden Stoffen, tragbar und in Schnitt, Materialien und Farbkombi extravagant. Bequem zu tragen, trotzdem stylish und mit einem gehörigen Schuss Persönlichkeit: die Designs von *Lurdes Bergada (Conde de Xiquena 8, Madrid)*.

SPRECHGESANG

Hispano Hip-Hop

Rap-Bands schießen im ganzen Land aus dem Boden und in die Hitparaden. Das Festival *Cultura Urbana (Parque Juan Carlos I, Campo de las Naciones, www.culturaurbana.es)* in Madrid zieht jedes Jahr rund 50 000 Besucher an. Höhepunkt: die *Batalla de los Gallos*, ein Improvisations-Rap-Wettkampf. Stars der Szene sind die *Violadores del Verso (www.violadoresdelverso.org)* aus Zaragoza. Auch sie lieben Festivals und sind u. a. beim *Zaragoza Hip-Hop Festival (Avenida de los Pirineos, La Chimenea, www.zaragozaciudadhiphopfestival.com)* gern gesehen. Frank T *(www.frankt.com,* Foto*)* wuchs in einem Madrider Arbeitervorort auf und verfasst authentische Texte über das harte Leben am dunklen Rand der Metropole. Außerdem arbeitet er als Journalist und Radio-DJ. Auch die Mädels sind nicht auf den Mund gefallen: La Mala Rodríguez *(www.malarodriguez.com)* mixt ihre provokanten Reime mit den Flamencorhythmen ihrer andalusischen Heimat und hat damit sogar in den USA Erfolg.

DESIGNTAPAS

Kulinarische Köstlichkeiten

Innovative Köche erfinden die Häppchen zu Bier und Wein neu: Die Designtapas bestehen aus bewährten Originalrezepten im Mix mit ausgefallenen Zutaten und Kochtechniken. Senén González vom Restaurant *Sagartoki (Prado 18, Vitoria, www.sagartoki.es)* wurde von einer internationalen Jury für seine geräucherten Blätterteig-Kartoffeln mit dem Preis für die weltbesten Tapas ausgezeichnet. Flaggschiff der Gourmethäppchenwelle in der Tapahochburg Sevilla ist das *Boreas (Puerta Real 6)* mit ausgefallenen Salatkreationen, z. B. der *Ensalada Pacífico:* in grünem Tee gedünsteter Kabeljau mit Mango und Feldsalat. Der kulinarische Knüller im *TapaÇ24 (Diputació 269, Barcelona, www.tapac24.com,* Foto*)* von Carles Abellán ist das *Bikini Ç24:* ein Mozzarella-Schinken-Sandwich mit Trüffeln.

ALLES BY BIKE!

Umsatteln aufs Leihrad

Die Spanier verzichten immer öfter auf ihr Auto und treten in die Pedale. Tolles System in Sevilla: Über die Stadt verteilt gibts 250 Fahrradparkplätze, an denen man mit der entsprechenden Karte für wenig Geld einfach ein Rad nehmen und später wieder abstellen kann *(www.sevici.es)*. *By Bike (Avenida Menéndez Pelayo 35, www.bybike.info)* in Madrid stellt bei Bedarf auch kombinierte PDA/GPS-Ausrüstungen zur Verfügung, damit man ohne Umwege ans Ziel kommt.

DIE NEUEN IN-TREFFS

Teestuben aus 1001 Nacht

Teterías, arabische Teestuben, sind die neuen In-Locations. Man trifft sich zum Shisharauchen und probiert orientalische Gerichte in exotischem Ambiente. Das *Alcazaba (San Agustín 21)* in Málaga, gleich neben der Kathedrale, bietet authentische Atmosphäre und leckere arabische Süßigkeiten. Über 50 Teesorten aus aller Welt sind das Erfolgsgeheimnis des *Kasbah (Calderería Nueva 4)* in Granada. Auch vor dem Norden macht der Trend nicht halt: Tee, Shisha, feine Backwaren, Shakes und Säfte locken Trendsetter ins *Mármara (Aureliano Valle 2, www.marmarateteria.com)* in Bilbao.

UM EIN HAAR

Der Barbier von Sevilla hat ausgedient

Wer heute in Spanien zum Friseur geht, gerät in einen wilden Mix aus Happening und Clubnacht. Im *Estilistes (Roger De Llúria 55, Barcelona)* wird freitags das Party-Weekend mit der Hair-, DJs-, Visuals- und Make-up-&-Drinks-Session eingeläutet. Der Friseursalon *Juan, Por Dios (Pérez Galdós 3, Madrid, www.juanpordios.com)* ist der neue Hotspot für Stars der spanischen Filmszene. Die lassen sich hier den neuesten Look verpassen und stöbern in der angeschlossenen Boutique des Designers Sanmartín J. González. Friseursalon oder Innenarchitekturstudio? *Rafaelangel (Taquígrafo Martí 12, València, www.rafaelangelpeluqueros.com)* könnte beides sein. Der Meister gibt Kurse, in denen man lernt, angesagte Looks nachzustylen.

> VOM FLAMENCO BIS ZUR SIESTA

Tradition und Moderne gehen Hand in Hand – bestes Beispiel ist das Nebeneinander von Homoehen und der überkommenen Männerwelt der Stierkämpfe

BEVÖLKERUNG

Mit seinen 506 000 km² ist Spanien mehr als zwölfmal so groß wie die Schweiz, wird dabei aber nur von etwa 45 Mio. Menschen bewohnt. Im internationalen Vergleich nimmt sich die Bevölkerungsdichte mit knapp 90 Ew. pro Quadratkilometer damit recht gering aus. An der Spitze der Besiedlung steht die Hauptstadt Madrid mit 3,2 Mio. im Kernbereich und über 6 Mio. Menschen im Großraum. Allerdings wohnen in Spanien nicht nur Spanier: Angelockt durch den Wirtschaftsaufschwung, hat das Land in jüngerer Vergangenheit riesige Einwanderungswellen geschluckt. Immigranten kommen vor allem aus Südamerika, speziell Ecuador und Kolumbien, doch auch aus dem nördlichen Afrika – als „Boat People" oder über die beiden spanischen Exklaven in Marokko, Ceuta und Me-

Bild: Stiertreiben bei der Fiesta de San Fermín in Pamplona

STICH WORTE

lilla. Wie einst zu Wirtschaftswunderzeiten in Deutschland, weiß der Staat um die Notwendigkeit des Zuzugs. Spaniens Geburtenrate steckt im Keller, die Gesellschaft überaltert, und die Zuwanderer sind bei der Art der Beschäftigung nicht wählerisch.

BLINDENLOTTERIE

Parkplätze, Rollstuhlrampen, behindertengerechte Zimmer – Spanien hat längst zu mitteleuropäischem Standard aufgeschlossen. Mit Blick auf soziale Fortschritte gehört die landesweit verbreitete Blindenorganisation ONCE (Organización Nacional de Ciegos Españoles) zu den Vorreitern. Sie unterhält Ausbildungszentren, vergibt Stipendien und hilft bei der Integration in den Arbeitsmarkt. Die dazu notwendigen Gelder werden in erster Linie durch den Verkauf von Losen rekrutiert.

Diese bekommt man an winzigen ONCE-Kiosken oder bei Straßenverkäufern, die oft mit einem lautstarken, lang gezogenen *Para hoooyyy* („Für heute") auf die Ziehung am selben Abend aufmerksam machen.

ETA

Zu Zeiten der Franco-Diktatur, als das spanische Baskenland in jederlei Hinsicht unterdrückt wurde, ging 1959 aus radikalen Studentenkreisen die Terrororganisation Eta (Euskadi Ta Askatasuna, „Baskenland und Freiheit") hervor. Ende der Sechzigerjahre begann die Eta ihren bewaffneten Kampf, der bis zum heutigen Tag andauert und mittlerweile knapp 1000 Menschenleben gefordert hat.

Gegenwärtig bleibt die Gewalt der Eta eines der brennendsten Probleme Spaniens. Zu den Opfern zählen vor allem Polizisten, Gemeinderatsmitglieder und Justizbedienstete. Trotz vielfacher Fahndungserfolge und einer intensivierten Zusammenarbeit zwischen spanischer und französischer Polizei hat man die Eta bis heute nicht in den Griff bekommen. Noch immer sind Schutzgelderpressungen von baskischen Industriellen an der Tagesordnung, und selbst Mitglieder kleiner Ortsparlamente sind mit Bodyguards unterwegs.

Für die Extremisten gibt es einzig die Unabhängigkeit – obwohl es vielen nicht einmal mehr darum zu gehen scheint, sondern lediglich um das Ausleben blinder Gewalt unter dem Deckmäntelchen „Freiheit fürs Baskenland". Eine blutige, unsinnige Realityshow auf Spaniens Straßen. Ende offen.

FAMILIENNAMEN

Spanier können die Kette ihrer Ahnen mühelos zurückverfolgen, denn in manchen Dokumenten reihen sich die übernommenen Familiennamen *(apellidos)* über Generationen hinweg aneinander. Im Alltag werden jedoch nur die beiden aktuellsten benutzt: der erste Nachname vom Vater,

> STILVOLLE UNTERKÜNFTE

Auf besondere Art in Spanien übernachten

Ob alte Klöster, Schlösser oder Burgen: Landauf, landab sind besonders attraktive unter ihnen in so genannte Paradores verwandelt worden, Hotels mit drei bis fünf Sternen und fast alle in historischen Mauern und oft spektakulärer Lage. Gemessen an internationalem Standard, bieten sie zumeist ein gutes Preis-Leistungs-Verhältnis und ziehen die Gäste mit ihrer regional ausgerichteten Küche in den kulinarischen Bann. Landesweit umfasst das Netz der Paradores rund 100 Häuser; nähere Infos und Onlinereservierungen unter *www.paradores.de*. Eine stilvolle Atmosphäre zeichnet auch die kleinen Landhotels der Kette *Rusticae (Tel. 902 10 38 92 | www.rusticae.es)* aus. Die Häuser haben viel Charakter und Charme – und oftmals nur wenige Zimmer. Hier darf man sich über persönlich gehaltenen Service freuen.

gefolgt vom ersten Nachnamen der Mutter (laut neuem Namensrecht kann die Reihenfolge allerdings auch umgekehrt sein). Dabei bleibt es das ganze Leben. Nehmen wir eine fiktive Carolina Pérez López als Beispiel, so hieß Carolinas Vater (oder Mutter) mit erstem Zunamen Pérez und die Mutter bzw. der Vater mit erstem Zunamen López. Für Auswärtige verwirrend ist, dass Eheleute – ob Frau oder Mann – ihren kompletten Namen immer behalten und auf dem Papier durch nichts ersichtlich ist, dass sie miteinander verheiratet sind.

FLAMENCO

Echter Flamenco ist alles andere als folkloristische Show, er ist ein Ausdruck tiefen, inneren Gefühls. Und so ist es kein Zufall, dass der Flamenco im heißen und heißblütigen Andalusien zur Perfektion reifte, entwickelt durch die einst aus Asien zugewanderten Zigeuner *(gitanos)*. Tanz *(baile)*, Gesang *(cante)* und Gitarrenspiel *(toque)* sind die drei Säulen des Flamencos, dessen Traditionen sich bis heute ständig weiterentwickeln. Mitunter fließen auch Strömungen aus Pop, Rock, Jazz und sogar Punk ein. Kommerzielle Flamencolokale *(tablaos)* in den andalusischen Zentren Granada, Córdoba, Jerez de la Frontera und Sevilla bieten mitunter beachtliche Qualität. Ansonsten bekommt man aktuelle Querschnitte bei diversen Flamencofestivals geboten; besonders populär ist die Flamencobiennale in Sevilla im September/Oktober in geraden Jahren.

GITANOS

Die sogenannten Zigeuner, auf Spanisch *gitanos,* sollen vor Jahrhunderten aus dem mittelasiatischen Raum her zugewandert sein und wurden schon zu Zeiten der Inquisition verfolgt. Allzu leicht wird eine gewisse

Authentischen Flamenco erleben Sie am ehesten in Andalusien

„Zigeunerromantik" mit temperamentvollen Schönheiten und Flamenco verklärt. In der Realität fristen jedoch viele *gitanos* ein Dasein im sozialen Abseits. Das hängt zum einen mit ihrer selbst gewählten Abschottung und der Pflege ihrer Traditionen zusammen, andererseits werden sie von der spanischen Gesellschaft nicht gerade mit offenen Armen aufgenommen.

MAUREN

Zwischen 711 und 1492 waren die Mauren knapp 800 Jahre auf der Iberischen Halbinsel präsent – und ihre Spuren sind keineswegs verweht. Die Alhambra in Granada, die Giralda in Sevilla und die Mezquita in Córdoba zählen zu Spaniens Besuchermagneten schlechthin. Noch im heutigen Spanisch zeugen zahlreiche Wörter von den vielen fruchtbaren Neuerungen, die Spanien der maurisch-islamischen Kultur verdankt – in Kunst und Wissenschaft wie in Alltag und Küche. Auch die sommerkühlen Innenhöfe *(patios)* mit ihrem Wandschmuck aus bunten Kacheln *(azulejos)* gehen auf die Mauren zurück. Im Spanien unserer Tage ist das morgenländische Erbe außerdem ganz wörtlich in aller Munde: Süßsaure Marinaden, *escabeches,* sind ebenso arabischen Ursprungs wie zuckersüßes Gebäck und der *ajo blanco,* eine herzhafte Kaltschale aus zerstoßenen Mandeln, Knoblauch und Olivenöl.

MEDIEN

Spanier sind begeisterte Zeitungsleser und Fernseher. Meist ordert man beim Bäcker „Brot und Zeitung", *pan y periódico,* doch viele Spanier gehen liebend gern ins Café oder in die Bar. Dort lassen sich die kostenlos ausliegenden Blätter bei Kaffee oder Wein studieren. Vergebens wird man Magazine wie „Spiegel" oder „Focus" suchen – entsprechende Zeitschriften gibt es in Spanien einfach nicht. Hier findet man keine kritische, sondern eine von Kirchen-, Macht- und Politikinteressen beeinflusste und manipulierte Medienlandschaft. Die höchste Auflage erzielt nicht etwa ein seriöses Blatt wie El País, sondern die täglich erscheinende Sportgazette Marca.

Dazu passt, dass TV-Übertragungen von Fußballspielen die höchsten Einschaltquoten erreichen. Ebenfalls beliebt sind Soap-Operas und *tertulias,* stundenlange Gesprächsrunden über dies und das, die vor allem vormittags über den Bildschirm flimmern. Auch im Radio finden *tertulias* hohen Anklang. Zum festen TV-Tagesrhythmus gehören die Nachmittagsnachrichten des ersten Programms (TVE 1) um 15 Uhr und die Abendnachrichten um 21 Uhr. Jede Sendung dauert etwa 40–45 Minuten und wetteifert bei Blutbadszenen um die Gunst der Zuschauer – denn die Senderkonkurrenz der Privaten, Antena 3 und Tele 5, schläft nicht und fährt ebenfalls pietätlose Bilder auf.

POLITISCHE GLIEDERUNG

Spanien ist eine Monarchie mit einem parlamentarisch-demokratischen Regierungssystem. Der König fungiert als Staatsoberhaupt und ist gleichzeitig Oberbefehlshaber der Streitkräfte. Das Land setzt sich aus insgesamt 17 Autonomen Gemeinschaften *(Comunidades Autónomas)* zusammen, vergleichbar mit den deutschen Bundesländern: Andalusien, Aragonien, Asturien, Balearen, Baskenland, Extremadura, Galicien, Kanarische Inseln, Kantabrien, Kastilien-La Mancha, Kastilien und León, Katalonien, Madrid, Murcia, Navarra, La Rioja und València. Mit Ceuta und Melilla gibt es noch zwei kleine Exklaven in Marokko. Flächenmäßig größte Autonome Gemeinschaft ist Kastilien und León (94 224 km^2), die kleinste sind die Balearen (4992 km^2).

In der Politlandschaft bestimmen zwei große Parteien das Bild: die Sozialistische Arbeiterpartei PSOE und die konservative Volkspartei PP. Bei den Parlamentswahlen 2008 konnte die PSOE mit José Luis Rodríguez Zapatero an der Spitze ihre Führungsrolle behaupten.

SEXUELLE GLEICHBERECHTIGUNG

Im einstmals erzkatholischen Spanien sind die Krusten mehr und mehr aufgebrochen, der öffentliche Umgang mit Sexualität hat sich normalisiert. Immer mehr Paare leben „wild“ zusammen und schiffen sich – wenn überhaupt – erst jenseits der Dreißig in den Hafen der Ehe ein. Und das ist auch ganz legal für Personen gleichen Geschlechts möglich: Gays und Lesben können zu „Mann und Mann“ bzw. „Frau und Frau“ getraut wer-

In Andalusien – hier Marbella – ist das maurische Erbe noch heute im Straßenbild präsent

den. Damit einher geht in Spanien auch das Recht gleichgeschlechtlicher Paare auf Adoption, was der biologischen Logik mit „Doppelpapa“ oder „Doppelmama“ allerdings entgegensteht …

SIESTA

Die Siesta, jene legendäre Mittagsruhe von etwa drei Stunden (13.30/14 bis 16.30/17 Uhr), darf nicht als Ausgeburt spanischer Faulheit missverstanden werden. Sie hängt vielmehr mit den klimatischen Gegebenheiten zusammen: Man umgeht so die heißesten Arbeitsstunden, nimmt sich ausgiebig Zeit für die Hauptmahlzeit des Tages und ist im Gegenzug bis in den späten – kühleren – Abend hinein aktiv. Unter dem Strich arbeitet ein normaler Spanier sicher nicht weniger als sein mitteleuropäischer EU-Kollege. In Spaniens Norden ist die Siesta weniger zwingend, denn dort ist es oft nicht heißer als in manchen Gegenden Mitteleuropas. Doch Tradition ist Tradition …

STIERKAMPF

Für viele Spanier sind Stierkämpfe *(corridas de toros)* aus der Volkskultur nicht wegzudenken, während sich die meisten Auswärtigen an dem ebenso blutigen wie unfairen Spektakel stoßen und die begeisterten Schilderungen Ernest Hemingways („Fiesta“, „Tod am Nachmittag“) nicht nachvollziehen können. Das stärkste Argument der Stierkampfbefürworter lautet, dass ohne die *corridas* die Zucht der Kampfstiere *(toros bravos)* schon längst erloschen wäre. Und noch ein Argument schieben die Befürworter hinterher: besser vier oder fünf Jahre lang frei auf der Weide und ein kurzes, schlechtes Ende als ein Leben in der Enge des Stalls mit Endziel Schlachthof.

Viele Kampfstiere wachsen auf den weiten Weiden Andalusiens heran; während der Zucht testet man ihren Kampfesmut. Stiere sind alles andere als Leichtgewichte, bei mannshoher Größe bringen sie 600 kg auf die Waage. Kleinere, jüngere Stiere, die *novillos,* werden bei *novilladas* eingesetzt: Kämpfe, bei denen sich Nachwuchstoreros behaupten müssen. Oft enden *novilladas* in einem blutigen Gestochere, bei dem nur den wenigsten der Todesstoß auf Anhieb gelingt. Learning by doing – der angehende Matador übt halt noch …

Natürlich bewegen *corridas* Unmengen an Geld, von denen sowohl die professionellen Stierzüchter als auch die Toreros und ihre Teams *(cuadrillas)* profitieren. Viele Toreros werden in Spanien wie Fußballstars verehrt und fürstlich entlohnt. Ausgebildet werden sie in speziellen Schulen, in denen sie die Stierfechterkunst *(tauromaquia)* erlernen. Stierkampf ist ohne Zweifel eine der letzten Domänen des *machismo,* Frauen haben sich in den Arenen *(plazas de toros)* auf Dauer nicht durchsetzen können. Auch eine erfolgreiche *matadora* wie Cristina Sánchez hat sich aus der Männerwelt der *corridas* zurückgezogen.

In den eigenen spanischen Reihen – vielleicht unter dem Einfluss aus Mitteleuropa – hat sich das Blatt ein wenig zu wenden begonnen. Kataloniens Metropole Barcelona hat sich offiziell zur ersten Antistierkampfstadt *(ciudad antitaurina)* erklärt. An heiligen Stätten des Stierkampfs wie Madrid mit der Arena Las Ventas oder Sevilla mit der Arena La Maestranza interessiert das jedoch herzlich wenig. Und in Provinzarenen geht das Töten vor allem im Rahmen von Patronatsfesten munter weiter.

Wer sich dennoch eine *corrida* ansehen will, hat die Auswahl zwischen den teuren Plätzen im Schatten *(sombra)* und den preiswerteren in der Sonne *(sol)*; auf der Mittelpreisschiene liegen Sonne und Schatten *(sol y sombra)*. Eine *corrida* beginnt meist am späten Nachmittag gegen 18 Uhr und besteht aus sechs einzelnen Kämpfen, bei denen drei Toreros zum Einsatz kommen. Stierkampfsaison ist von Ostern bis Oktober.

WIRTSCHAFT

Vom Land der Fischer und Bauern hat sich Spanien zu einer typischen Industrie- und Dienstleistungsgesellschaft gewandelt. Das Bruttoinlandsprodukt wächst jährlich um drei Prozent, doch auch die Inflation ist mit bis zu vier Prozent im europäischen Vergleich hoch. Die offizielle Arbeitslosenquote bewegt sich um die zehn Prozent der aktiven Bevölkerung.

Als Wirtschaftsfaktor spielen Spaniens Fischer nur noch eine Nebenrolle

FEUERZAUBER UND FLAMENCOFIEBER

Im Durchschnitt steigt in Spanien alle paar Minuten eine Fiesta – das ist Europarekord!

FEIERTAGE

1. Jan. *(Año Nuevo);* **6. Jan.** *(Día de los Reyes Magos);* **Karfreitag** *(Viernes Santo);* **1. Mai** *(Fiesta del Trabajo);* **15. Aug.** *(Asunción de la Virgen);* **12. Okt.** *(Día de la Hispanidad);* **1. Nov.** *(Todos los Santos);* **6. Dez.** *(Día de la Constitución);* **8. Dez.** *(Inmaculada Concepción);* **25. Dez.** *(Navidad).*

Je nach Region kommen weitere Feiertage dazu. Fällt ein Feiertag auf einen Sonntag, ist meist der Montag Feiertag; fällt er auf Dienstag oder Donnerstag, macht man häufig eine „Brücke" *(puente)* zum bzw. vom Wochenende.

FESTE UND VERANSTALTUNGEN

Januar

Reyes Magos: am 5. Jan., dem Vorabend des Dreikönigstages, vielerorts bunte Umzüge.

Am 20. Jan. *Stadtfest* in San Sebastián mit der 24-stündigen Trommelparade *tamborrada.*

Februar

Einer der Festpole des *Karnevals* ist Cádiz, wo man besonders ausgelassen feiert.

März

Am 19. März wird *San José* in València mit wahrem Feuereifer gefeiert: Bei den ★ *Fallas de València* gehen Hunderte Kolossalfiguren aus Holz und Pappmaché in Flammen auf.

März/April

★ *Semana Santa* (Karwoche): Bei zahlreichen Prozessionen sind die Mitglieder von Laienbruderschaften *(cofradías)* in gespenstischen Aufzügen unterwegs und rufen die Passionsgeschichte ins Gedächtnis. Spitze Kapuzen verhüllen ihre Identität, manche gehen barfuß und schleppen gemeinschaftlich Aufbauten mit tonnenschweren Standbildern *(pasos)* durch die Straßen. In Sevilla, Málaga, Granada, Cuenca, Valladolid und León erlebt man die Karwoche besonders ergreifend.

Aktuelle Events weltweit auf www.marcopolo.de/events

> EVENTS FESTE & MEHR

April
In Sevilla *Feria de Abril* auf einem riesigen Festgelände.

Mai
Mitte Mai *Pferde-Feria* in Jerez de la Frontera.

Mai/Juni
Zu Pfingsten *Massenwallfahrt* mit geschmückten Karren und Traktoren ins andalusische El Rocío.

Juni
24. Juni: *San Juan,* das Mittsommerfest, geht vielerorts mit großen Feuern einher, die man in der Nacht zuvor entzündet. In vielen galicischen Orten eine *rapa das bestas,* der Auftrieb halbwilder Pferde, die in Pferchen ihre Brandzeichen bekommen.

Juli
6.–14. Juli: *Fiesta de San Fermín* in Pamplona, eingehend von Ernest Hemingway in „Fiesta" beschrieben. Morgens um 8 Uhr Stiertreiben durch die Altstadt.
Mitte des Monats einwöchiges *Festival de Jazz* in der baskischen Hauptstadt Vitoria. *www.jazzvitoria.com* Insider Tipp
Stadtfest mit Konzerten und Feuerwerk in Santiago de Compostela rund um den Gedenktag des hl. Jakobus (25. Juli).

August
Anfang/Mitte des Monats zehntägiges *Flamencofestival* in La Unión (Murcia).
Mysterienspiel *(Misterio de Elche)* der Stadt Elx am 14./15. Aug.
Ende August *La Tomatina* von Bunyol (València), eine große Tomatenschlacht.

September
Um den 20. Sept. *Weinfest* in Logroño (La Rioja).

Dezember
Jahreswechselfiesta in Madrid: Zu jedem der von der Puerta del Sol im TV übertragenen Glockenschläge isst man eine Weintraube, die Glück bringen soll.

> IM SCHLARAFFENLAND DER TAPAS

Spanien macht mit Häppchen und Feinschmeckermenüs Appetit

> Spanier sind echte Genussmenschen, die Essen und Trinken nicht als nüchterne Nahrungsaufnahme begreifen. Mit Vorliebe lässt man sich zum ausgiebigen Tafeln nieder, wobei ein Essen im Restaurant durchaus zwei bis drei Stunden dauern kann.

Da der spanische Rhythmus nach hinten ausgelegt ist, beginnt man den Tag relativ spät mit einem bescheidenen Frühstück *(desayuno)* gegen 8 oder 9 Uhr. Der Tagesauftakt mit starkem Milchkaffee *(café con leche)* und einem süßen Brötchen *(bollo suizo)* oder einem Croissant ist eher kärglich, aber umso mehr weiß man sich zu steigern!

Um die Mittagszeit, ab etwa 12/12.30 Uhr, schlägt in den Bars die erste große Stunde der Tapas, Appetithäppchen jedweder Art. Mit einem Gläschen Rot- *(vino tinto)* bzw. Weißwein *(vino blanco)*, einem trockenen Sherry *(fino)* oder einem

Bild: Straßencafé in Tarifa

ESSEN & TRINKEN

frisch gezapften Bier *(caña)* genießt man die Schlemmerkleinkunst. Viele Bars sind kleine Schlaraffenländer für Tapas, deren Spannbreite von eingelegten Sardellen *(boquerones)* über Fleischbällchen *(albóndigas)* bis zu einem russischen Salat aus Kartoffeln, Ei und Mayonnaise *(ensaladilla rusa)* reicht. Die Tapas werden meist in glasgeschützten Auslagen präsentiert, was Sprachfremdlingen zugute kommt – man braucht einfach nur auf das Gewünschte zu deuten. Und wen der Hunger übermannt, der bestellt gleich eine ganze *ración,* eine große Portion.

Das üppige Mittagessen *(comida)* steht ab 14/14.30 Uhr an. Zu später Stunde folgt ab etwa 21/21.30, oft auch erst gegen 22 Uhr das Abendessen *(cena),* das man ebenfalls gerne mit Tapas einläutet. Alternativ dazu lässt sich ein komplettes Abendessen durch eine ausgiebige Tapatour ersetzen. Dabei sollten Sie den Spaniern nacheifern, die von Bar zu Bar ziehen und immer Neues ausprobieren; in einer einzigen Kneipe hängen zu bleiben, ist ganz und gar unüblich.

Mittags wie abends setzt sich die klassische Speisefolge aus drei Gängen zusammen: Vorspeise (*primer plato* bzw. *entrante* oder *entremés*), Hauptspeise (*segundo plato* oder *plato principal*) und Nachtisch *(postre)*. Typische Desserts sind Karamellpudding *(flan)*, Milchreis *(arroz con leche)* oder die sahnige Cremespeise *natillas*. Den Schlusspunkt setzt man gerne mit einem Brandy und einem

> SPEZIALITÄTEN

Genießen Sie die typisch spanische Küche!

botifarra – katalanische Schweinswurst, kalt oder heiß serviert
chipirones en su tinta – Tintenfische in der eigenen Tinte gekocht
chorizo – landesweit verbreitete Paprikasalami (mit Knoblauch)
churros – frisch gebackene Fettkringel, die man gern in dickflüssigen Kakao tunkt
cocido madrileño – Eintopf nach Madrider Art mit Kichererbsen, Kartoffeln, Wurst, Speck und Gemüsen
fabada – asturischer Bohneneintopf mit Speck und Blutwurst

gazpacho – kalte andalusische Suppe mit Weißbrot, Tomaten, Paprika, Gurke, Zwiebeln, Knoblauch, Essig und Öl
jamón serrano – Spaniens legendärer luftgetrockneter Schinken, besonders schmackhaft aus den andalusischen Bergorten Jabugo und Trevélez
marmitako – baskischer Fischeintopf mit frischem Thunfisch, Kartoffeln, Tomaten, Zwiebeln, Knoblauch und Chili
pa amb tomàquet – katalanisches Tomatenweißbrot, beträufelt mit Olivenöl
paella – ursprünglich aus València stammende Reisplatte, die in zahlreichen Varianten (Fisch, Meeresfrüchte, vegetarisch etc.) auf den Tisch kommt; die Basis besteht stets aus Safranreis und frischem Gemüse (Foto)
queso de Cabrales – geruchs- und geschmacksstarker Blauschimmelkäse aus den Picos de Europa
queso manchego – Schafsmilch-Hartkäse aus der Mancha
suquet de peix – katalanische Fischsuppe
tortilla de patata – Kartoffelomelett, ein Klassiker der einfachen (Tapa-)Küche
trucha a la navarra – Forelle auf Navarraart, belegt mit einer Scheibe *jamón serrano*
vieira – Jakobsmuschel mit festem Fleisch, beliebt in Galicien

Kaffee, wobei man sich bei Letzterem auf einen Espresso *(café solo)*, eventuell mit einem Schuss Milch *(cortado)* oder Schnaps *(carajillo)*, beschränkt. Ein typisch spanisches Erfrischungsgetränk ist die *horchata*, eine Art Mandelmilch.

In Spanien ist ein Abend- meist teurer als ein Mittagessen. Preisbewusste sind gut beraten, mittags ein Tagesmenü *(menú del día)* zu ordern, so wie es viele spanische Arbeiter und Angestellte während ihrer langen Mittagspause tun. Ein solches Menü kostet um die 10–15 Euro (auf dem Land mitunter weniger) und bietet ein gutes Preis-Leistungs-Verhältnis. Meist kann man unter mehreren Vor- und Hauptspeisen und Desserts wählen, im Preis enthalten sind Brot, Wasser und Wein. Wasser kommt meist aus der Leitung und ist trinkbar, aber stark gechlort. Vorsichtige bestellen ein Mineralwasser *(agua mineral)* mit Kohlensäure *(con gas)* oder ohne *(sin gas)*. Beim Wein darf man keinen erlesenen Tropfen zu einem Tagesmenü erwarten, eher einen Tafelwein *(vino de mesa)*.

Wer in puncto Wein Ansprüche stellt, wird bestens bedient. Zu den wichtigen Anbauregionen von Qualitätsweinen zählen La Rioja, Katalonien, Navarra, Kastilien-León, Kastilien-La Mancha und Andalusien. Auch Weine aus dem Duerogebiet sind international salonfähig geworden. Spanischer Sekt *(cava)*, der überwiegend im *método tradicional* genannten Champagnerverfahren hergestellt wird, stammt fast ausnahmslos aus Katalonien. Gute, teils im Barrique gereifte Rotweine sind die *crianzas*, auf höherem Niveau stehen die *reservas* und die *gran reservas*.

Über 40 „DOs" – klassifizierte Herkunftsgebiete für Qualitätswein – zählt Spanien

Landesweit sind Spitzenrestaurants auf dem Vormarsch – im internationalen Vergleich hat sich Spanien nach ganz oben katapultiert. Hier haben Köche aus Regionen mit langer kulinarischer Tradition wie Katalonien und dem Baskenland Pionierarbeit geleistet, darunter der zum Kultkoch avancierte Ferrán Adrià aus Katalonien und Juan Mari Arzak aus dem Baskenland. Adrià gilt als Vorreiter der Molekularküche, doch die kommt spanischen Normalessern eher spanisch vor. Was die preisgekrönten Köche mit den Küchenmeistern der kleinsten Tavernen verbindet, ist die Verwendung von ernte-, fang- und jagdfrischen Zutaten und natürlich von Knoblauch und Olivenöl.

MODE, KERAMIK UND MEHR

Echtes Kunsthandwerk lohnt ebenso den Kauf wie Delikatessen, Wein und Olivenöl

> Flamencopüppchen, komplette Jakobspilgersets mit Filzhut und wallendem Umhang, die hl. Maria als verschnörkelte Porzellanfigur – wer in Spanien Kitsch und Nippes will, der bekommt ihn. Einen genaueren Blick hingegen verdient all jenes Kunsthandwerk, das authentisch vor Ort gefertigte Handarbeit ist.

KULINARISCHES

Im Vergleich zu daheim sind Delikatessen wie der luftgetrocknete Serranoschinken und der lange gereifte Manchegokäse wirkliche Preisknüller. Gegen einen kleinen Aufpreis lässt sich der Insider Tipp Schinken luftdicht verpacken *(envasado al vacío)*. Weitere Spezialitäten sind Pasteten *(patés)* in Gläsern, eingelegte Paprika *(pimientos)* und Oliven *(aceitunas)*; für seine eingelegten Kapern *(alcaparras)* ist Águilas in der Region von Murcia bekannt. Ein hervorragendes Preis-Leistungs-Verhältnis bietet das kalt gepresste Olivenöl *(aceite de oliva virgen extra)*. In manchen Klöstern wird handgemachtes Gebäck verkauft.

KUNSTHANDWERK

Dank touristischer Nachfrage ist echtes Kunsthandwerk wie das Töpfern nicht untergegangen bzw. mancherorts zu neuem Aufschwung gelangt. Andalusien ist mit Städten wie Granada und Sevilla bei den Töpferwaren führend, doch auch kleinere Orte wie La Bisbal in der katalanischen Provinz Girona haben einen klangvollen Namen. Gute Angebote findet man im Hinterland der Costa Blanca, an der Costa del Azahar (z. B. in Peñíscola), in Toledo und sogar in Madrid. Beliebt sind Keramikwaren in allen Farben und Größen: Teller, Untersetzer, Kerzenhalter, Becher, Salatschüsseln. Originell sind Oliventeller, die in einer zweiten Vertiefung Platz für die abgenagten Kerne belassen. Da Spanien kein Billiglohnland mehr ist, lässt sich schon durch einen Blick auf den Preis Massenware von individuelleren Artikeln unterscheiden. Wer in schneller Begeisterung von Form und bunten Farben Gebrauchskeramik kauft, sollte bedenken, dass sich gute Stücke in den

> EINKAUFEN

seltensten Fällen für die Spülmaschine eignen.
Toledo ist für seine geschmiedeten Klingen bekannt. In Galicien sind Klöppelspitzenarbeiten *(encajes)* von hervorragender Qualität u. a. in der Altstadt von Santiago erhältlich. Granada hat mit Intarsienarbeiten ein Erbe aus der maurischen Zeit bewahrt; dekorativ sind z. B. Schachbretter und Schmuckkästchen. Bunte Flickenteppiche sind in Bergorten im Hinterland der Costa del Sol im Angebot, für seine Wolldecken ist Grazalema bekannt. In Andalusien ist auch reichlich Silberschmuck erhältlich.

MÄRKTE

Die stimmungsvollen Markthallen von Barcelona, València und Santiago de Compostela sind ein Erlebnis. Auch auf anderen Märkten *(mercados)* kann man sich gut mit typischen Regionalprodukten eindecken. Die Märkte öffnen im Regelfall Mo–Sa von etwa 8 bis 14 Uhr; Mo haben allerdings die Fischabteilungen geschlossen.

Straßen- und Trödelmärkte *(rastros, mercadillos)* konzentrieren sich vor allem an der Mittelmeerküste. In vielen Orten findet das bunte Treiben regelmäßig an einem bestimmten Wochentag statt.

MODE

Unangefochtene Designerstadt Nummer eins ist Barcelona, was sich nicht zuletzt in der Angebotsfülle widerspiegelt. Wer sparen will, sucht Filialen der Kette *Zara* auf. Große Modeabteilungen bietet die Kaufhauskette *El Corte Inglés*. Bei qualitativ ansprechenden Lederschuhen haben die Preise stark angezogen; bei vermeintlichen Schnäppchen sollten Sie Komfort und Verarbeitung gut prüfen.

WEIN & SPIRITUOSEN

Mit seinen Weinen bietet Spanien Auswahl in Hülle und Fülle. Beim Einkauf sollten Sie auf die geschützte Herkunftsbezeichnung *denominación de origen* achten. Der Einkauf von Brandy, *cava* und Sherry lohnt dagegen kaum, da das Preisniveau etwa dem daheim entspricht.

> IM GRÜNEN NORDEN

Kontraste über Kontraste: das Blau des Atlantiks, das Grün der Weiden, die Brauntöne alter Kirchen und Steindörfer

> Fjorde und Vogelinseln, Strände und Fischerhäfen, dazu Gaumenfreuden und küstennahe Gebirgszüge, Stadt- und Museumskultur – Spaniens grüner Norden lässt kaum Wünsche offen, hat aber seine Tücken: Der Atlantik erwärmt sich im Sommer kaum über 20 Grad, und zu jeder Jahreszeit brauen sich dunkle Regenwolken zusammen und halten das Pflanzenkleid frisch.

Die Küste ist durchweg stark zergliedert und zeichnet sich durch versteckte, kleine Strände aus. Längere Sandbänder wie in Santander und Donostia sind eher die Ausnahme. Die Menschen sind auf den ersten Blick verschlossener als im Süden. Auch Bräuche und Mentalität beanspruchen eine landesweite Sonderstellung: Im Baskenland pflegt man rustikale Landsportwettbewerbe wie Steinestemmen, in Galicien gibt die Frau auf dem Land den Ton an, zum asturischen und galicischen Fiesta-

Bild: Praia das Catedrais bei Ribadeo in Galicien

ATLANTIK KÜSTE

vergnügen gehören Dudelsackspieler, die das keltische Erbe pflegen. Im Baskenland und in Galicien sind die eigenen Sprachen *euskera* und *galego* in Gebrauch – im Fernsehen, in Zeitungen, auf Schildern. So heißt La Coruña auf Galicisch A Coruña, San Sebastián auf Baskisch Donostia, das Baskenland Euskadi. Ausführliche Informationen über Letzteres finden Sie im MARCO POLO Band „Baskenland/Bilbao".

A CORUÑA (LA CORUÑA)

[174 B1] ★ **Immer wieder die alten Römer: Vor fast 2000 Jahren drückten sie der vormaligen Keltensiedlung ihren Stempel auf und zogen am Ende einer breiten, zerfransten Landzunge den Herkulesturm in die Höhe.** Heute wirft er sein künstliches Licht zur natürlichen Hafeneinfahrt gen Osten und nach Westen zur

Ensenada del Orzán, einem Meerbusen mit den städtischen Badestränden Riazor und Orzán.

Der historische Kern der Provinzhauptstadt (245 000 Ew.) liegt an der Ostflanke der Halbinsel und umfasst die Plaza de María Pita, die Plaza de Santo Domingo und die kleine Parkanlage Jardín de San Carlos. Wichtigste Kirchen sind die Iglesia de Santa María del Campo und die Iglesia de Santiago (beide romanisch), der spätgotische Convento de Santa Bárbara und die barocke Iglesia de Santo Domingo. Westlich der Altstadt schließen sich die Grünanlagen Jardines de Méndez Núñez und Rosaleda sowie die Avenida de la Marina mit ihren schönen Glasgalerien an. Wegen der Vielzahl der verglasten Erker und Loggien nennt sich La Coruña *ciudad cristal,* „Glasstadt".

SEHENSWERTES

AQUARIUM FINISTERRAE

Zu den rund 100 verschiedenen Fischarten gehören typische Meeresbewohner der Küsten Galiciens wie Seeaal und Seehecht. Didaktische Schwerpunkte liegen auf Umweltgedanken und Ökosystemen. *Juli/Aug. tgl. 10–21, Sept.–Juni Mo–Fr 10–19, Sa/So 10–20 Uhr | Paseo Marítimo*

Meerseitig Boote, gegenüber verglaste Erker und Loggien: A Coruñas Avenida de la Marina

DOMUS – CASA DEL HOMBRE

Interessante interaktive Ausstellung zur Entwicklungsgeschichte des Menschen, ein Museumsrenner in Nordspanien. *Juli/Aug. tgl. 11–21, Sept. bis Juni 10–19 Uhr | Santa Teresa 1*

MUSEO ARQUEOLÓGICO E HISTÓRICO

Archäologisch-historisches Museum in der prächtigen Festung San Antón, die sich zwischen Sport- und Haupthafen schiebt. *Di–Sa 10–19 (Juli/Aug. bis 21), So 10–14.30 (Juli/Aug. bis 15) Uhr*

PARQUE DE SANTA MARGARITA

Stadtpark westlich der City mit dem Planetarium und dem Haus der Wissenschaften *Casa de las Ciencias (Juli/Aug. tgl. 11–21, Sept.–Juni tgl. 10–19 Uhr | www.casaciencias.org | hier Infos zu günstigen Kombitickets, die auch für Domus und das Aquarium gelten).*

TORRE DE HÉRCULES

Einsam und klobig steht er seit dem 2. Jh. hoch über dem Meer und schraubt sich 60 m in die Höhe. Seit der Römerepoche ist allerdings nicht alles unangetastet geblieben, Ende des 18. Jhs. wurde der alte Leuchtturm umfangreich renoviert. Lohnender Ausblick auch vom umliegenden Plateau; hinauf geht es 242 Stufen. *Okt.–März tgl. 10–18, April–Juni und Sept. 10–19, Juli/Aug. 10–21 Uhr, im Juli/Aug. Abendbesuche Fr/Sa bis 24 Uhr | Carretera de la Torre* Insider Tipp

ESSEN & TRINKEN

A CANCELA

Beliebte Adresse für den kleinen Hunger zwischendurch, Tapas und große Portionen *(raciones). Tgl. | Barrera 16 | Tel. 981 22 94 71 | €*

PARDO

Erlesene regionale Küche, die Feinschmecker als eine der besten in ganz Galicien rühmen. *Mo-Abend und So geschl. | Novoa Santos 15 bajo | Tel. 981 28 71 78 | €€€*

TAPAS

Gute Kneipentreffs und ▶▶ Ausgehzonen um die *Calle de la Estrella* und die *Calle de la Franja,* außerdem *Calle de la Galera, Calle de los Olmos* und *Calle Barrera.*

ÜBERNACHTEN

ALBORÁN

Gut geführtes Cityhaus, für das die niedrigen Preise sprechen. *30 Zi. |*

MARCO POLO HIGHLIGHTS

★ A Coruña (La Coruña)
Majestätischer Herkulesturm zwischen Hafeneinfahrt und Badebucht (Seite 33)

★ Picos de Europa
Urige Dörfer in grandioser Bergwelt (Seite 48)

★ Santillana del Mar
Adelspaläste und klobiges Pflaster in dem wunderschönen kantabrischen Örtchen (Seite 54)

★ Donostia (San Sebastián)
Eleganz und pulsierendes Leben: die aufregende Stadt an der Muschelbucht (Seite 42)

★ Museo Guggenheim
Kunsttempel in Titanhülle in der baskischen Metropole Bilbao (Seite 39)

★ Ria de Santa Marta de Ortigueira
Vogelgekreisch über einem galicischen Traumfjord (Seite 37)

Riego de Agua 14 | Tel. 981 22 65 79 | Fax 981 22 25 62 | www.hostalalboran.com | €

PLAZA
Komfortable drei Sterne, an Wochenenden oft Sondertarife. Mit Restaurant. *82 Zi. | Fernández Latorre 45 | Tel. 981 29 01 11 | Fax 981 29 02 11 | www.hotelplaza.info* | €€

In Galicien präsentiert sich die Küste mit Fjorden („rias") wie in Norwegen

AUSKUNFT
Plaza de María Pita | Tel. 981 18 43 44 | Fax 981 18 43 45 | www.coruna.es

ZIELE IN DER UMGEBUNG

LUGO [174 C2]
Knapp 100 km südöstlich von A Coruña, eine von vier galicischen Provinzhauptstädten (90 000 Ew.). Ihr kompletter Kern wird auf einer Länge von 2,1 km von der sagenhaften römischen Stadtmauer umschlossen, die als breite Spaziermeile ausgebaut ist und zum Weltkulturerbe der Unesco zählt. Aus der Altstadt ragt die *Catedral de Santa María* auf, das Leben pulsiert rund um die *Praza Maior* (dort die *Oficina de Turismo | Tel. 982 23 13 61*). Solide Unterkunft finden Sie im *Hotel Metropol (10 Zi. | Miguel de Carvantes 58 | Tel. 982 81 36 97 | Fax 982 81 33 52 | info@metropollugo.com* | €).

RIAS ALTAS [174 A–C 1–2]
Zwei landschaftlich einzigartige Strecken führen von A Coruña zu den Rias Altas, Galiciens fjordartigen Meeresarmen. Die Nordostroute führt an der Ria de Betanzos und Ferrol vorbei. Unterwegs bietet sich bei Pontedeume gute Unterkunft im ge-

hoben-rustikalen Landhaus *Casa do Castelo de Andrade (10 Zi. | Lugar do Castelo de Andrade | Tel. 981 43 38 39 | Fax 981 43 34 66 | www.casteloandrade.com | €€)* mit schier unendlichem Park und erstklassigem Frühstück. Das freundliches Besitzerpaar gibt Ausflugs- und Restauranttipps.

An der weit verästelten Ria de Cedeira liegt *Cedeira,* eines der stimmungsvollsten Fischerstädtchen Galiciens. Von hier lohnt sich ein Abstecher in die *Serra de Capelada,* deren raue Klippen bis zu 600 m tief abfallen. An den Westhang des Gebirgszugs duckt sich *San Andrés de Teixido,* ein malerisches Örtchen mit schönem Seeblick und einem Sanktuarium, in dem die Gläubigen seit Urzeiten eine Reliquie des hl. Andreas verehren. Souvenirshops bieten allerlei Nippes, „Andreas-Andenken" und „Wunderkräuter" an.

Bei der Weiterfahrt ab Cedeira windet sich die C 646 durchs Inland und zieht sich um die ★ *Ria de Santa Marta de Ortigueira,* einen weiteren Traumfjord Galiciens, Lebensraum zahlreicher Vogelarten. Auf dem Weg gen Osten nach Viveiro verlockt die leuchtturmbesetzte Landspitze von *Bares* zu einem Abstecher. In *Viveiro* können Sie durch die von zahlreichen Glasbalkonen geprägten Altstadtgassen bummeln und im *Hotel Orfeo (32 Zi. | García Navia Castrillón 2 | Tel. 982 56 21 01 | Fax 982 56 04 53 | www.hotel-orfeo.com | €)* übernachten.

Ab Viveiro führt die N 642 über Burela und Foz nach Ribadeo, unterwegs sind immer wieder Abstecher zu kleinen Badestränden möglich. Ein Traumstrand ist die *Praia das Catedrais,* der sogenannte Kathedralenstrand, da bei Ebbe große Felsformationen zurückbleiben. Wer sich hier in die Fluten stürzt, muss stets mit starkem Wellengang rechnen. Der tiefe Einschnitt der Ria de Ribadeo bildet die Grenze zu Asturien. In *Ribadeo* Infobüro an der *Praza de España (Tel. 982 12 86 89 | www.ribadeo.org).*

Insider Tipp

Auf der Südwestroute durchfahren Sie ab A Coruña die erfrischend grüne Szenerie des Binnenlands und erreichen mit der *Ria de Corme e Laxe*

> LOW BUDGET

- Wer am Flughafen von Bilbao eintrifft, braucht kein teures Taxi (20 bis 25 Euro) in die Stadt zu nehmen: Die Linienbusse ab/bis Airport fahren von frühmorgens bis spätabends alle halbe Stunde die Plaza de Moyúa und den Busbahnhof an und kosten nur 1,10 Euro pro Person.
- In Santander hat die Stadt einen kostenlosen Fahrradverleih eingerichtet. Gegen Vorlage des Ausweises bekommen Sie an drei verschiedenen Punkten *(Jardines de Pereda, Eingangsbereich Halbinsel Magdalena, Plaza de las Brisas)* für vier Stunden ein Fahrrad. Öffnungszeiten: *tgl. 10 bis 14 und 16–18.30 Uhr*
- Ein preiswertes Vergnügen ist in Bilbao die 770-m-Fahrt mit der historischen Drahtseilbahn *Funicular de Artxanda (Mo–Sa 7.15–22, So 8.15 bis 22, Sommer bis 23 Uhr | Plaza del Funicular)* auf den Aussichtsberg *Monte Artxanda:* 86 Cent pro Fahrt.

einen besonders schönen Fjord. Passend dazu das heimelige Strand- und Fischerörtchen *Laxe,* wo Sie Unterkunft im *Hotel Playa de Laxe (32 Zi. | Avenida Cesáreo Pondal 27 | Tel. 981 73 90 00 | Fax 981 73 90 01 | www.playadelaxe.com | €€)* finden.

Weiter südwestlich eröffnet sich ein weiteres Highlight unter Galiciens oberen Meeresarmen: die *Ria de Camariñas* mit ihrem Hafenort *Muxía.* Außerhalb des Ortskerns liegt das *Santuario de Nosa Señora da Barca* (18. Jh.), ein von den Fischern verehrtes Heiligtum. Eine Legende erzählt von der Ankunft der hl. Jungfrau Maria, die Jakobus an selber Stelle bei seiner Spanienmission Mut zusprach. In der Gegend werden die althergebrachten Klöppelspitzenarbeiten mit Hingabe gepflegt, so in *Vimianzo* und *Camariñas.*

Südlich von Muxía schieben sich die Kaps *Touriñán* und *Fisterra* („Ende der Welt") ins Meer. Die Aussicht über Klippen und Meer ist großartig. Zu keltischen Zeiten hielt man über dem Kap religiöse Kulte ab, im Mittelalter setzten viele Jakobspilger ihre Reise bis ans „Weltende" fort und setzten sich – nach damaligem Glauben und Wissen – an den Tellerrand der Erde. Einkehren oder nächtigen können Sie gleich neben dem Leuchtturm in der *Hospedería O Semáforo (5 Zi. | Tel. 981 72 58 69 | Fax 981 74 08 07 | osemaforo@msn.com | €€).*

In Klöppelspitzen Spitze: Camariñas

BILBO (BILBAO)

KARTE IN DER HINTEREN UMSCHLAGKLAPPE

[176 C1] **Kranhälse über Bilbao, Bagger, Baustellen. Eine Metropole (im Kernbereich 370 000 Ew.), die ständig an sich und ihrem Image arbeitet.** Vormals verbaut und industriell verseucht, ist Bilbao heute eine führende Kunst-, Kongress- und Kulturadresse. Im Rahmen eines riesigen Sanierungsprogramms haben Stadtväter und -mütter mit verfallenen Fracht- und Industrieanlagen am Río Nervión aufgeräumt, internationale Stararchitekten Akzente gesetzt: Santiago Calatrava mit dem Airportgebäude in Form einer weißen Taube, Sir Norman Foster mit der avantgardistisch gestylten U-Bahn und Frank O. Gehry mit dem Guggenheim-Museum für moderne Kunst, dem eigentlichen Impulsgeber der Stadterneuerung und einem Magneten für über 1 Mio. Besucher pro Jahr.

Bis auf den Parque de Doña Casilda de Iturrizar sucht man Parks und Grünanlagen in der City zwar vergeblich, doch ziehen sich immerhin die geschmackvoll angelegten Flusspromenaden am Río Nervión vom Museumsbau in die Altstadt, vorbei an Calatravas weißer Zubizuri-Brücke und an der Rathausfront bis zum Teatro Arriaga.

SEHENSWERTES

MUSEO DE BELLAS ARTES

Museum der schönen Künste mit alten Meistern wie El Greco, neuere Werke von Paul Gauguin und Francis Bacon, baskische Kunst von Ignacio Zuloaga. Außerdem Wechselausstellungen. Mittwochs ist der Eintritt frei. *Di–Sa 10–20, So 10–14 Uhr | Plaza del Museo 2 | www.museobilbao.com*

MUSEO GUGGENHEIM ★

Spektakuläre Architektur! Wie ein gigantisches Schiff erhebt sich Frank O. Gehrys 1993–1997 erbautes Werk an den Ufern des Nervión, verströmt mit seiner Hülle aus Titan silbrigen Glanz und schachtelt sich in phantasievollen Formen auf. Die hauchdünnen Titanplatten wirken wie Fischschuppen, weitere markante Elemente sind Kalkstein und Glas. Im Inneren gibt das 50 m hohe, verglaste

Kulturrevolution a la española: Der baskische Industriemoloch Bilbao hat sich als Kunstmetropole etabliert. Glanzstück ist das spektakuläre Guggenheim-Museum

Atrium den Weg vor, von hier aus fließen die Zugänge zu 19 Galerien ab, die längste misst 130 × 30 m und ist frei von tragenden Elementen. Es gibt keine ständige, sondern stetig wechselnde Ausstellungen von unterschiedlicher Qualität – die wahre Kunst ist das Museum selbst. Zu den wenigen dauerhaft präsenten Werken zählen eine Displayinstallation Jenny Holzers und Richard Serras „Snake“ aus gewalztem Stahl sowie, auf der Esplanade vor dem Hauptzugang,

Die Plaza Nueva ist der ideale Ort für eine Tapa- oder Kaffeepause

Jeff Koons' Blumenhundskulptur „Puppy". *Juli/Aug. tgl. 10–20, Sept. bis Juni Di–So 10–20 Uhr | Abandoibarra 2 | www.guggenheim-bilbao.es*

MUSEO MARÍTIMO RÍA DE BILBAO
Hafen, Fluss und Handelsaktivitäten – auf einem eigens hergerichteten alten Werftgelände an der Euskalduna-Brücke greift das Museum die großen Themen Bilbaos auf. *Di–So 10 bis 20 Uhr | Muelle Ramón de la Sota 1 | www.museomaritimobilbao.org*

MUSEO VASCO
Baskische Volkskunde und Archäologie. *Di–Sa 11–17, So 11–14 Uhr | Plaza Unamuno 4*

PUENTE COLGANTE
Die älteste Hängebrücke der Welt spannt sich zwischen den Vororten Las Arenas und Portugalete über den Nervión, 1888 auf dem neuesten Stand der Moderne eröffnet. Mittlerweile zählt das Bauwerk zum Unesco-Welterbe. An den Ufern tragen Panoramaaufzüge Mutige hinauf – eine gute Gelegenheit, den Fluss über den Fußweg in 50 m Höhe zu überschreiten. Tief unter den Balken glitzert das Wasser, der Blick schweift durch Schutzgitter bis zum Haupthafen Bilbaos. Die „Schwebefähre" für Fahrzeuge ist rund um die Uhr in Betrieb, der Fußweg *(pasarela) tgl. 10 Uhr–Sonnenuntergang. www.puente-colgante.com*

SIETE CALLES
Die gemütliche Fußgängerzone der „Sieben Straßen" markiert das Herz der Altstadt. Namen wie Tendería und Carnicería weisen auf die einst ansässigen Krämer und Fleischer hin. Das heutige Miteinander umfasst kleine Geschäfte, Bars und die *Catedral de Santiago* (16.–19. Jh.). Am Rand der Altstadt breitet sich das riesige Geviert der von Laubengängen umzogenen *Plaza Nueva* aus – ideal für eine Pause im Café.

ESSEN & TRINKEN

GOIZEKO KABI
In dem Feinschmeckertempel hinter unscheinbarem Eingang herrschen elegante Wohnzimmeratmosphäre und ein freundlicher Service. *So geschl. | Particular de Estraunza 4 | Tel. 944 42 11 29* | €€€

LA TABERNA DE LOS MUNDOS
Gute Adresse für preisgünstige Mittagsmenüs. *Tgl. | Simón Bolívar 17 | Tel. 944 41 35 23* | €

TAPAS
Eine gute Auswahl an Tapakneipen finden Sie rund um die Plaza Nueva

und im Bereich Siete Calles, besonders nette Dekorationen im *Café Iruña* an den Jardines de Albia.

EINKAUFEN

Bilbos Einkaufsmeile par excellence ist die Gran Vía, u. a. mit dem Großkaufhaus *Corte Inglés*. Im *Mercado de la Ribera*, den 1929 am Nervión eröffneten Markthallen, ist besonders die Fischabteilung sehens- und riechenswert.

ÜBERNACHTEN

BEGOÑA

Zentrale Lage nahe der U-Bahn-Station Abando. Zweckmäßige Pensionszimmer mit Bad, etwas geräumiger und teurer sind die Minisuiten. *21 Zi. | Amistad 2 | Tel. 944 23 01 34 | Fax 944 23 01 33 | www.actioturis.com* | €

Reich bemalt sind die Fenster des Regionalparlaments in Gernika

NERVIÓN

Modernes Haus der Hotelkette Barceló, ideale Lage am Fluss zwischen Altstadt und Guggenheim-Museum. Je nach Auslastung mitunter sehr gute Angebote. Mit Garage und Restaurant. *348 Zi. | Paseo Campo de Volantín 11 | Tel. 944 45 47 00 | Fax 944 46 64 30 | www.barcelo.com* | €€€

AM ABEND

Populäre Cocktailbars sind das ▶▶ *Abadía (Iparraguirre 4)* und das *Bilbost (Plaza Pedro Eguillor 2)*, Bier und Livemusik gibts im *Beer House (Avenida de Madariaga 2)*. Gute Kneipengegend um die Siete Calles.

AUSKUNFT

Plaza del Ensanche 11 | Tel. 944 79 57 60 | Fax 944 79 57 61 | www.bilbao.net

ZIEL IN DER UMGEBUNG

GERNIKA (GUERNICA) [176 C1]

Einstmals heilige Stätte der Basken, in der man Versammlungen unter einer großen Eiche abhielt. 1937, mitten im Spanischen Bürgerkrieg, wurde die heutige 16 000-Ew.-Stadt 30 km östlich von Bilbao durch einen Luftangriff der deutschen Legion Condor zerstört. Der alte Eichenstumpf des *Árbol de Gernika* ist in einem Ehrentempelchen am Regionalparlament von Bizkaia ausgestellt. Außerdem sehenswert sind das Baskenlandmuseum *(Museo de Euskal Herria | Di–Sa 10–14 und 16–19, So 11–15 Uhr)* in einem wappengeschmückten Palais aus dem 18. Jh. sowie die Skulpturen von Henry Moore und Eduardo Chillida im *Parque Europa*. Vorausgesetzt, das Parlament *(Casa de Juntas)* tagt nicht, steht Besuchern der reich ausgemalte Plenarsaal offen. Traurigen Weltruhm hat Guernica durch Pablo Picassos gleichnamiges Antikriegsgemälde erlangt, das im Museum Reina Sofía in Madrid hängt. Auskunft: *Artekalea 8 | Tel. 946 25 58 92 | Fax 946 25 32 12 | www.gernika-lumo.net*

Die muschelförmige Bucht Bahía de la Concha trägt erheblich zum Charme Donostias bei

DONOSTIA (SAN SEBASTIÁN)

[177 D1] ★ **Man rühmt die Stadt als „baskisches Nizza" und „Perle unter Spaniens Küstenstädten", ihre Lage ist einzigartig.** Eingefasst von den Aussichtsbergen Igeldo und Urgull, legt sich San Sebastián um die sichelförmig geschwungene Bahía de la Concha, die Muschelbucht. An den sandigen Stadtstränden Ondarreta und La Concha treffen sich die Sonnenanbeter. Trotz moderner Züge hat sich die Stadt (180 000 Ew.) ihr charmantes Gepräge als Seebad der Belle Époque bewahrt. Noch immer ist das Flanieren in kaum einer anderen spanischen Stadt so schön wie hier. Am Ostende der Bucht liegt der malerische kleine Fischerhafen, dahinter gehts direkt ins quirlige Altstadtviertel um die Plaza de la Constitución hinein.

SEHENSWERTES

AQUARIUM

Highlight im Aquarium ist ein langer Tunnel durch das 2,5 Mio. l fassende *oceanário.* Hier tummeln sich Haie,

Rochen und Karettschildkröten. *Mo bis Fr 10–19, Sa/So 10–20, Juli/Aug. tgl. 10–21 Uhr | Plaza Carlos Blasco de Imaz | www.aquariumss.com*

ISLA DE SANTA CLARA

Insel in der Muschelbucht, im Sommer Bootszubringer ab dem Hafen *(10–20.30 Uhr, abhängig von Wetter und Zulauf).*

KUTXA ESPACIO – MUSEO DE LA CIENCIA

Spielend lernen ist die Devise im interaktiven Wissenschaftsmuseum. Gesonderter Eintritt ins Planetarium. *Di–Fr 10–19, Sa/So 11–19, im Sommer jeweils bis 20 Uhr | Mikeletegi Pasealekua | www.miramon.org*

MONTE IGELDO

Den Aussichtsberg im Westen erreichen Sie über die Straße oder mit der Zahnradbahn. Die Traumblicke schweifen über die Stadt und die Bahía de la Concha. Von der Zeit angenagt ist der Vergnügungspark auf dem Gipfel. Zu Füßen des Igeldo liegen Eduardo Chillidas „Windkamm"-Skulpturen *(Peine del Viento).*

MONTE URGULL

Rund 120 m hoher Hausberg über der Altstadt, über den sich Wege hinauf zur modernen Christusstatue, zum Engländerfriedhof und den Festungsresten des im 12. Jh. begonnenen *Castillo de Santa Cruz de la Mota* winden. Von der Altstadtseite her stößt die barocke *Iglesia de Santa María* unmittelbar an den Berg.

MUSEO DE SAN TELMO

Untergebracht in einem einstigen Dominikanerkloster, zeigt das Museum Sammlungen zu Volkskunde und Malerei (u. a. Werke von El Greco). *Di–Sa 10.30–13.30 und 16 bis 19.30, So 10.30–14 Uhr | Plaza de Zuloaga 1*

PLAYA DE LA ZURRIOLA

Östlicher Stadtstrand, beliebt unter Surfern und Flanierern. An die Promenade schiebt sich ein erschlagend moderner Anstrich in Gestalt von Rafael Moneos Kongress- und Messepalast „Kursaal".

ESSEN & TRINKEN

ARZAK

Der preisgekrönte Gourmettempel von Juan Mari Arzak – Spitzenkost zu Spitzenpreisen. *So/Mo geschl. | Avenida Alcalde Jose Elosegui 273 (Alto de Miracruz) | Tel. 943 27 84 65 | www.arzak.es | €€€*

BARBARÍN

Altstadtlokal nahe Fischerhafen, Menüs in mehreren Preisstufen, Meeresfrüchteplatte, diverse Fische wie Steinbutt *(rodaballo)* und Seehecht *(merluza). Tgl. | Puerto 21 | Tel. 943 42 18 86 | €€*

TAPAS

Im ▶▶ Gassenbereich um die *Plaza de la Constitución* fahren Unmengen an Tapabars (€) ihre Häppchen auf. Beliebt ist die *Calle 31 de Agosto* mit Traditionskneipen wie *La Cuchara de San Telmo* und *La Cepa.*

EINKAUFEN

Die elegantesten Geschäftszonen finden Sie im Bereich der *Plaza del Buen Pastor* und um die *Calle Fuenterrabía.*

ÜBERNACHTEN

ABBA DE LONDRES Y DE INGLATERRA

Eleganz und Salonambiente im *old-fashioned style,* vorzügliches Frühstücksbuffet. Die Insider Tipp Zimmer zur Bahía de la Concha hinaus eröffnen eines der schönsten Küstenpanoramen Spaniens. *148 Zi. | Zubieta 2 | Tel. 943 44 07 70 | Fax 943 44 04 91 | www.hlondres.com* | €€€

LA PERLA

Zentrale Pension, familiäres Ambiente. *10 Zi. | Loiola 10 | Tel. 943 42 81 23 | www.pensionlaperla.com* | €

AM ABEND

Jazzfreunde zieht es ins *Altxerri (Reina Regente 2).* House, Pop- und Latinorhythmen in der Diskothek *La Kabutzia (Paseo de la Concha).*

AUSKUNFT

Reina Regente 3 | Tel. 943 48 11 66 | Fax 943 48 11 72 | www.donostia.org

ZIELE IN DER UMGEBUNG

COSTA VASCA [176–177 C–D1]

Westlich von San Sebastián wechseln sich wilde Klippen mit vereinzelten Stränden und Flussmündungen ab, das grüne Hinterland ist von Bauerndörfern und Berghöfen *(caseríos)* geprägt. Im reichen Baskenland gibt es viel Geld, aber wenige Strände, wo es sich lohnte, in Häuser und Apartments mit Meerblick zu investieren. Kein Wunder, dass man sich in *Zarautz* in astronomischen Immobiliensphären bewegt. Unterhalb der gepflegten Promenade (viele Bars und Restaurants) breitet sich ein langer, unter Surfern beliebter Sandstrand aus. Wegen der gefährlichen Wellen und Strömungen sollten sich selbst geübte Schwimmer nicht weit vom Ufer entfernen. Urig sind die Altstadtkneipen jenseits der Durchgangsstraße. Oberhalb von Zarautz liegt der schöne, ganzjährig geöffnete Campingplatz Insider Tipp *Gran Camping Zarautz (Monte Talai-Mendi | Tel. 943 83 12 38 | www.grancampingzarautz.com* | €*).* Auskunft: *Navarra 3 | Tel. 943 83 09 90 | Fax 943 83 56 28 | www.turismozarautz.com*

Von Zarautz windet sich die traumhafte Küstenstraße in das Fischerstädtchen *Getaria.* An der Hafenstraße reihen sich gemütliche

> HIER KOCHT DER MANN

Die gastronomischen Gesellschaften im Baskenland

Allzu oft kommt es nicht vor, dass der spanische Mann die Schürze anlegt und mit dem Kochlöffel wirbelt. Im Baskenland ist manches anders. In den gastronomischen Gesellschaften, den *sociedades gastronómicas,* kommen Männer traditionsgemäß zum gemeinsamen Kochen und Essen zusammen. Man plaudert, steht zusammen am Herd und probiert neue Rezepte aus – kein Zufall, dass gerade aus dem Baskenland viele kreative Küchenmeister kommen, die zu international bekannten Spitzenkräften aufgestiegen sind. Die gastronomischen Gesellschaften haben eigene Sitze und mitunter erzkonservative Statuten – Frauen sind, wenn überhaupt, als Gäste zugelassen.

Kneipen und Restaurants auf, in denen natürlich der Fisch den Ton angibt. Wichtige Stationen weiter westlich sind *Zumaia* (am Ortsbeginn das *Kunstmuseum Zuloaga*), die Fischerstädtchen *Lekeitio* und *Bermeo*, das *Cabo de Matxitxako* und die hoch über der See gelegene Felsenkapelle *San Juan de Gatzelugatxe*. Erwarten Sie allerdings keine durchgehende Meeresrandstraße, sondern stellen Sie sich auf reichlich Kurven ein! Die Fahrt führt streckenweise durch hohes Küstenhinterland.

HERNANI [177 D1]

Rund 10 km südlich in Hernani erfüllte sich der Bildhauer Eduardo Chillida (1924–2002) seinen Traum und gestaltete ein Landhaus aus dem 16. Jh. samt Garten- und Waldgrundstück zu einem einzigartigen Kunstmuseum. In den Gärten sind rund 40 Skulpturen des Meisters zu sehen. *Museo de Chillida-Leku | Mi–Mo 10.30–15, Juli/Aug. Mo–Sa 10.30 bis 20, So 10.30–15 Uhr | www.eduardo-chillida.com*

HONDARRIBIA (FUENTERRABÍA) [177 D1]

Das typisch baskische Städtchen (16 000 Ew.) schmiegt sich an den Mündungstrichter des spanisch-französischen Grenzflusses Bidasoa. In der mauergeschützten Altstadt findet man viele Tapabars, außerhalb den Badestrand, Flusspromenaden sowie Sport- und Fischerhafen.

OVIEDO

[175 D1] **Asturiens Hauptstadt (205 000 Ew.) breitet sich zu Füßen des Monte Naranco aus und gefällt mit ihrem historischen Kern um die Plaza de Alfonso II el Casto und die Plaza Porlier.** Als besonders schöne Plätze stechen die Plaza Mayor und die Plaza Daoíz y Velarde hervor. Oviedo bewahrt ein mehr als 1000-jähriges Erbe und eine muntere Trinkkultur, bei der man sich in zahlreichen Kneipen den Freuden des Apfelweins *(sidra)* hingibt. Kunstliebhaber sollten ein Auge auf modernes Bildhauerwerk werfen: In üppigen Formen kommt Fernando Boteros „Mutterschaft"-Skulptur an der Plaza de la Escandalera daher.

In Hernani: die skurrilen Skulpturen des verstorbenen Eduardo Chillida

SEHENSWERTES

CATEDRAL DE SAN SALVADOR

Oviedos gotische Kathedrale wird überragt von einem einsamen Turm. Sehenswert sind vor allem der Kreuzgang und die präromanische *Cámara Santa (Winter Mo–Sa 10–13 und 16–18, Sommer tgl. 10–19 Uhr)* mit dem Kathedralschatz, darunter das Engelskreuz *(Cruz de los Ángeles)* und das Siegeskreuz *(Cruz de la Victoria). Plaza de Alfonso II el Casto*

MONTE NARANCO

Majestätisch erhebt sich der grüne 600-m-Riese über der Stadt, den eine Christusstatue krönt. Direkt an der Auffahrtsstraße zum Hausberg Oviedos liegen zwei eindrucksvolle präromanische Kirchen: *Santa María de Naranco* und *San Miguel de Lillo*, beide aus dem 9. Jh. *(beide Mo 10–13, Di–Sa 9.30–13 und 15.30–19, im Winter 15–17, So 10–13 Uhr).*

Ein Ausrufezeichen im Stadtbild: der Turm von Oviedos Kathedrale San Salvador

ESSEN & TRINKEN

CASA FERMÍN

Asturische Traditionsküche mit innovativem Touch, dazu eine gute Weinauswahl. *So geschl. | San Francisco 8 | Tel. 985 21 64 52 | €€€*

CASA RAMÓN

Ein erschwinglicher Klassiker in der Altstadt. Rustikaler Stil, gut und günstig ist das Tagesmenü. *Mo geschl. | Plaza Daoiz y Velarde 1 | Tel. 985 20 14 15 | €–€€*

RQR

Mitten in der Altstadt, junges Publikum. Tagesmenüs und belegte Brote. In der warmen Jahreszeit stehen Stühle und Tische draußen, ein idealer Platz, um das Leben an sich vorbeiziehen zu lassen. *Tgl. | Cimadevilla 16 | Tel. 985 20 36 94 | €*

ÜBERNACHTEN

EL OVETENSE

Einfaches Haus in zentraler Lage, mit angeschlossenem Restaurant. *17 Zi. | San Juan 6 | Tel. 985 22 02 07 | Fax 985 21 62 34 | www.hotelovetense.com | €*

GRAN HOTEL REGENTE

Vorteil ist die nahe Fußgängerzone, Kathedrale und *sidra*-Bars liegen nur wenige Gehminuten entfernt. Achten Sie aber darauf, ein Zimmer nach hinten heraus zu wählen! Der Service dürfte freundlicher sein. *121 Zi. | Jovellanos 31 | Tel. 985 22 23 43 | Fax*

985 22 93 31 | www.granhotelregente.com | €€

AM ABEND

Nette Kneipen im Bereich der *Calle Cimadevilla* und der ▶▶ *Plaza Daoíz y Velarde, sidrerías* mit typisch asturischem Apfelwein um die *Calle Gascona.*

AUSKUNFT

Marqués de Santa Cruz | Tel. 985 22 75 86 | Fax 985 21 30 66 | http://turismo.ayto-oviedo.es

ZIELE IN DER UMGEBUNG

COSTA VERDE [175 D–E1]

Ein beliebtes Strandstädtchen am östlichen Ende der asturischen Costa Verde, der „grünen Küste", ist *Ribadesella* (6000 Ew.). Alternativ zum Strandleben lohnt sich in Ribadesella ein Höhlentrip in die *Cueva de Tito Bustillo (April–Anfang Sept., Mo/Di geschl., max. 360 Besucher pro Tag, Reservierungen Tel. 985 86 11 20).* Solide Dreisterneunterkunft im Hotel *Ribadesella Playa (17 Zi. | Ricardo Cangás 3 | Tel. 985 86 07 15 | Fax 985 86 02 20 | www.hotelribadesellaplaya.com | €€).* Auskunft: *Paseo Princesa Letizia | Tel. 985 86 00 38 | www.ribadesella.es*

Bei *Colunga,* weiter westlich auf halbem Weg zwischen Ribadesella und Villaviciosa, grassiert das Dinofieber im *Museo Jurásico (Mitte Juni–Sept. tgl. 10.30–14.30 und 16–20, Okt.–Mitte Juni Mi–So 10.30–14.30 und 16–19 Uhr | www.museojurasico.com),* das sich um Dinosaurier und Fossilien dreht.

Über den Ortskern von *Villaviciosa* (15 000 Ew.) verteilen sich wappengeschmückte Häuser. Kleine Ausflüge lohnen sich an der Ria de Villaviciosa entlang zum Fischerort *Tazones* und an die *Playa de Rodiles* sowie knapp 10 km ins Hinterland zur präromanischen Kirche *San Salvador de Valdediós.*

Westlich von Gijón sollten Sie die Schwerindustrieausstöße von Avilés verrauchen lassen und sich erst auf Höhe des Fischerortes *Cudillero* wieder der Küste zuwenden. Stichsträßchen führen an versteckte Strände. Mit dem schönsten Fischerhafen weit und breit glänzt das Städtchen *Luarca,* ideales Umfeld für eine Kneipenrast im Hafenbereich. Kulturelle Zugabe zu Meer und Stränden gibt es bei *Navia,* wo mit dem *Castro de Coaña* Reste einer keltischen Siedlung **Insider Tipp** freigelegt worden sind. Über Tapia de Casariego setzt sich der typisch asturische Küstencharakter bis an die Ria von Ribadeo fort: nicht kleine Strände allein, sondern gewelltes Bauernland mit grünen Wiesen und Weiden, Farnen und Eukalyptus.

GIJÓN [175 D1]

In Asturiens größte Stadt (275 000 Ew.) 30 km nordöstlich von Oviedo verliebt man sich kaum auf den ersten Blick. Sie besitzt überwiegend Industrie- und Hafencharakter, bietet jedoch auch nette Seiten: den Sporthafen, die Playa de San Lorenzo sowie das alte, denkmalgeschützte Fischerviertel Cimadevilla mit seiner Plaza Mayor und der Plaza Jovellanos. Hier schwärmt man mit Herzenslust in die Kneipen aus. Wichtigstes Monument ist der *Palacio de Revillagigedo,* ein zum Kulturzentrum umfunktionierter Palast an der

Plaza del Marqués. Im Viertel Cimadevilla kann man sich die *Termas Romanas del Campo Valdés* (römische Thermen) ansehen *(Juli/Aug. Di–Sa 11–13.30 und 17–21, So 11–14 und 17–21, Sept.–Juni Di–Sa 10–13 und 17–20, So 11–14 und 17–19 Uhr).* Das Geburtshaus des Politikers und Dichters Gaspar Melchor de Jovellanos (1744–1811) dient heute als Kunstmuseum *(Museo de Jovellanos, Juli/Aug. Di–Sa 11–13.30 und 17–21, So 11–14 und 17–20, Sept. bis Juni Di–Sa 10–13 und 17–20, So 11 bis 14 und 17–19 Uhr).*

Zu einer Stadt am Meer gehören erstklassige Fischrestaurants wie die bereits 1923 gegründete *Casa Zabala (tgl. | Vizconde de Campo Grande 2 | Tel. 985 34 17 31 | www.casazabala.com | €€€).* Trotz seiner Größe dürfte Gijón für viele allenfalls Zwischenstation an Asturiens Costa Verde sein. Übernachtungstipp: das wenige Kilometer südöstlich gelegene Landhotel *La Ermita de Deva* Insider Tipp *(9 Zi. | San Antonio/Deva | Tel. 985 33 34 22 | Fax 985 33 34 82 | www.laermitadeva.com | €€).* Auskunft: *Puerto Deportivo, Dársena de Fomento | Tel. 985 34 17 71 | Fax 985 35 63 57 | www.gijon.info*

Vom Naranjo de Bulnes in den Picos de Europa liegt Ihnen halb Nordspanien zu Füßen

PICOS DE EUROPA

[175 E1–2] ★ Gebirgsmassen zum Greifen nah: Fast unwirklich wirft sich das Massiv der Picos de Europa im kantabrischen Küstenhinterland auf und erreicht mit dem Torrecerredo (2648 m) und dem

Naranjo de Bulnes (2519 m) seine prägnantesten Höhen. Der Parque Nacional Picos de Europa im Herzen des verkarsteten Gebirgsstocks nimmt knapp 650 km² ein und lässt keinen Naturliebhaber kalt. Bis ins Frühjahr hinein können Schneestürme toben, in den niederen Lagen blühen Narzissen und Orchideen, Gämsen streifen über Geröllfelder. Wanderer zieht es durch die Schlucht *Garganta del Cares* zwischen Caín und Poncebos (rund drei Stunden einfache Wegstrecke), Liebhaber von Schimmelkäse decken sich mit dem geschmacklich und geruchlich umwerfenden *queso de Cabrales* ein.

Das Besucherzentrum des Nationalparks befindet sich im asturischen *Cangas de Onís* in der *Casa Dago (Avenida de Covadonga 43 | Tel. 985 84 86 14 | www.infopicosdeeuropa.com).* In Cangas de Onís verdient überdies die romanische Brücke über den Sella Aufmerksamkeit. Gute, freundliche Unterkunft bietet das *Hotel Monteverde (30 Zi. | Ramón Prada 5 | Tel. 985 84 80 79 | Fax 985 84 83 70 | www.hotelmonteverde.es | €).* In Cangas de Onís lassen sich die beliebten Kanutrips auf dem Sella arrangieren.

Wenige Kilometer östlich beginnt eine spektakuläre Bergroute, die Motorisierte und Radler in eine wilde Hochgebirgsszenerie um die Seen *Lago Enol* und *Lago Ercina* hinaufträgt. Am Weg liegt *Covadonga,* ein sagenumwobenes Örtchen, das als Geburtsstätte der Reconquista gilt: Hier soll sich der Westgotenfürst Pelayo mit seinem Gefolge 722 zusammengerottet und erstmals die feindlichen Mauren besiegt haben. Historisch zweifelhaft, macht aber nichts – in Covadonga und seiner Felsenkapelle hält man das Gedenken an Pelayo aufrecht.

Tief in die Picos dringt man auf der N 621 vor: Hinter Panes zieht sich das Sträßchen durch den *Desfiladero de la Hermida,* eine spektakuläre Schlucht, mit dem mozarabischen Kirchlein *Santa María de Lebeña.* Insider Tipp In *Potes* (1400 Ew.), 300 m hoch am Río Deva gelegen, ist der Hauptort des Landstrichs Liébana erreicht. Markantes Bauwerk in Potes ist der klobige Wehrturm *Torre del Infantado* (15. Jh.), ein Kurztrip in die Bergwelt führt hinauf zum gotischen Kloster *Santo Toribio de Liébana.* Dort verehren die Gläubigen eine wertvolle Reliquie des Kreuzes, an dem Christus gekreuzigt wurde.

Westlich von Potes zieht sich ein Sträßchen knapp 25 km ins Gebirge bis zum 1100 m hoch gelegenen *Fuente Dé,* wo der Asphalt im Schatten des U-förmig zulaufenden Gebirgskessels endet und die Seilbahn beginnt. Windstille vorausgesetzt, geht es mit dem *teleférico* im Schwebeflug hinauf bis zur Bergstation (1843 m), wo die richtigen Bergwanderrouten starten, die gute Ausrüstung und Kondition erfordern.

PONTEVEDRA

[174 A–B3] **In der 80 000-Ew.-Provinzhauptstadt verschmilzt der Río Lérez mit der Ria de Pontevedra, der Fluss windet sich am denkmalgeschützten Altstadtkern vorbei.** Heute ist der einstige Wohlstand aus Atlantikhandel, Schiffsbau und Münzprägezeiten verflossen, das Leben strömt gemächlich dahin. Passend dazu das historische Viertel: ein beschauliches Miteinander aus kleinen Plätzen und Gassen, besonders stimmungsvoll um die Insider Tipp ▶▶ *Praza da Leña* mit ihren gedrungenen Arkaden und dem zentralen Steinkreuz. Rundherum liegen urige Kneipen, während sich ansprechende Wein- und Tapabars im Bereich der *Rúa de Cousiño* auftun.

Im Altstadtgefüge sind Glasbalkone und verrottete Fassaden ebenso wenig zu übersehen wie die wichtigsten Kirchen: das barocke *Santuario de la Virgen Peregrina* (18. Jh.) mit seiner überraschenden Halbrundfassade und einem Marienbildnis als Jakobspilgerin, die *Basílica Menor de Santa María* (14. Jh.) und die *Iglesia de San Francisco* (13./14. Jh.). Die Enge der Gebäude bricht auf der breiten Flaniermeile Alameda auf, die mit Palmen und Kamelien aufgelockert ist und die Ruinen der *Iglesia de Santo Domingo* aus dem 13. Jh. streift.

Für eine ausgezeichnete Küche und ein altgräfliches Ambiente bürgt der *Parador (47 Zi. | Barón 19 | Tel. 986 85 58 00 | Fax 986 85 21 95 | www.parador.es | €€€),* untergebracht in einem Renaissancepalast am Rand der Altstadt. Preiswertere Übernachtung im zentral gelegenen Dreisternehotel *Rías Bajas (100 Zi. | Daniel de la Sota 7 | Tel./Fax 986 85 51 00 | www.hotelriasbajas.com | €€);* dem Haus sind ein Restaurant und eine Cafeteria angeschlossen. Auskunft: *Rúa Gutiérrez Mellado 1 | Tel. 986 85 08 14 | www.pontevedra.eu*

ZIELE IN DER UMGEBUNG

OURENSE (ORENSE) [174 B3]

Die lebhafte Provinzmetropole (110 000 Ew.) 100 km östlich von Pontevedra am Río Minho wurde wegen ihrer Quellen *Fuentes de las Burgas* bereits von den Römern als Thermalort geschätzt. Ourense liegt im grünen galicischen Landesinnern

Romantisch: die Restaurantterrassen auf den kleinen Plätzen in Pontevedras Altstadt

ein wenig abseits von allem und ist aus diesem Grund touristisch unverbraucht. Im alten Kern wechseln sich schmale Gassen und nette Plätze wie die Praza Mayor ab, in der Fußgängerzone lässt es sich herrlich bummeln. Stolz der Stadt ist der *Puente Romano,* die römische Brücke, die sich in hohen Bogen über den Minho spannt. Einen Besuch verdient die romanisch-gotische *Catedral de San Martín de Tours* mit ihrem Pórtico del Paraíso.

Freundliche, solide Unterkunft finden Sie im Zweisternehotel *Puente Romano (24 Zi. | Ramón Puga 56 | Tel. 988 23 15 20 | Fax 988 23 15 20 | www.hotelpuenteromano.com | €€).* Wer sich etwas Besonderes gönnen will, bettet sich im 7 km südwestlich gelegenen *Pazo de Bentraces (7 Zi. | Bentraces | Tel. 988 38 33 81 | Fax 988 38 30 35 | www.pazodebentraces.com | €€),* einer einstigen Bischofsresidenz. Auskunft: *Casa do Legoreiro (Ponte Romana) | Tel. 988 37 20 20 | Fax 988 21 49 76 | www.turismourense.com*

Insider Tipp

PENÍNSULA DO MORRAZO [174 A3]

Südwestlich von Pontevedra schiebt sich die Halbinsel Morrazo zwischen die Ria de Pontevedra und die Ria de Vigo. Bis ins 20. Jh. hinein war sie für Fahrzeuge nicht erschlossen, man war einzig auf den Bootsverkehr angewiesen. Eine Rundfahrt führt über *Marín* (traditioneller Stützpunkt der Marine), den Fischerort *Bueu, Hío* (schönes Steinkreuz bei der Kirche), *Cangas* und *Moaña.* Populäre Strände sind die *Praia Lapamán* an der Nord- und die *Praia Barra* an der Südwestflanke der Halbinsel.

RIA DE AROUSA [174 A2]

Als nördlicher Nachbar der Ria de Pontevedra verästelt sich die Ria de Arousa ins Land – für viele Südgaliciens schönster Meeresarm. In seinen blauen Weiten dümpeln zahlreiche Muschelzuchtinseln, die man bei organisierten Bootstrips ab O Grove oder Vilagarcía de Arousa ansteuert. Die künstlichen Eilande geben einen Vorgeschmack auf das Örtchen *O Grove,* das den Abschluss einer kleinen Halbinsel formt und sich „Muschelhauptstadt" nennt. Hier findet man viele Meeresfrüchtelokale. Zu einem guten Essen gehört natürlich ein Albariño, der König unter den galicischen Weißweinen. Angenehme Unterkunft in der Feriengemeinde O Grove bietet das einfach eingerichtete *Hotel Amandi (25 Zi. | Castelao 94 | Tel. 986 73 19 42 | Fax 986 73 16 43 | info@hotelamandi.com | €€).* Über eine Brücke geht es von O Grove hinüber zur *Illa da Toxa,* einer winzigen Insel mit einigen weiteren Hotels und der kuriosen *Capilla de las Conchas,* einer Kapelle, die komplett mit Jakobsmuscheln belegt ist.

Ein idealer Platz, um sich mit Weinen einzudecken, ist die „Albariño-Hauptstadt" *Cambados,* speziell in den Läden rund um die urige *Praza Fefiñanes,* den örtlichen Hauptplatz, an dem sich ein schöner Adelspalast *(pazo)* erhebt. Anfang August findet in Cambados das Weinfest statt, die *Festa do Viño Albariño.* Ein ordentliches Zweisternedach über dem Kopf bietet das Hotel *Casa Rosita (53 Zi. | Avenida de Vilagarcía 8 | Corbillón/Cambados | Tel. 986 54 34 77 | Fax 986 54 28 78 | www.hrosita.com*

| €). Nordwestlich von Cambados lohnt sich die Brückenfahrt hinüber zur *Illa de Arousa* in der Mitte des Meeresarms. Naturfreaks campen hier sehr gerne, unter anderem auf dem Zeltplatz *Salinas (Ende Juni bis Sept. | 159 Plätze | Salinas-Praia de Xastelas | Tel. 986 52 74 44).*

SANXENXO [174 A3]

Im Sommer ist Sanxenxo an der Nordseite der Ria de Pontevedra *der* galicische Hauptferienort. Über die Gemeinde verteilen sich nicht weniger als zwölf Campingplätze und rund 120 Hotels und Pensionen. Manche öffnen nur von Juni bis September, bei den ganzjährig betriebenen bekommt man gute Nebensaisontarife, etwa im ansprechenden Dreisternehotel *Rotilio (40 Zi. | Avenida del Puerto 7–9 | Tel. 986 72 02 00 | Fax 986 72 41 88 | www.hotelrotilio.com | €€).* Nordwestlich von Sanxenxo geht es zur schönen sandigen *Praia da Lanzada,* über der sich auf einem Plateau eine Marienkapelle erhebt, Ziel vieler Wallfahrten. Wie überall in Galicien fallen immer wieder die typischen Speicherbauten *(hórreos)* für Getreide und Mais auf, speziell um Combarro.

VIGO, ILLAS CÍES UND BAIONA [174 A3]

Ein dynamischer, maritimer Charakter zeichnet die recht zugebaute größte Stadt Galiciens (310 000 Ew.) aus. Im Hafen von Vigo reihen sich Fischerboote und Kühlhäuser auf, darüber ziehen sich die Gassen durch das alte Fischerviertel O Berbés bis zur arkadengesäumten Praza da Constitución. Weiter landeinwärts liegt der Schlosspark mit der Festung *El Castro,* deren Ursprünge ins 10. Jh. reichen. Für eine Rast bieten sich die Straßencafés in der ▶▶ *Rúa do Prín-*

Genug Platz für badelustige Großstädter: Playa Sardinero, Santanders stadtnaher Hauptstrand

cipe an, Fischlokale konzentrieren sich in den Bereichen *Avenida de Montero Ríos* und *Rúa do García Olloqui*. Auskunft: *Avenida Cánovas del Castillo 22 | Tel. 986 43 05 77 | Fax 986 43 00 80 | www.camaravigo.es*

Am Eingang der Ria de Vigo, eingefasst in ein Seeschutzgebiet, liegen die Vogelinseln *Illas Cíes*. Im Sommer starten täglich Bootsausflüge ab Vigo, von Juni bis Mitte September ist im Archipel ein Campingplatz in Betrieb *(Camping Islas Cíes | Tel. 986 43 83 58 | Fax 986 44 72 04)*.

20 km südlich von Vigo liegt das Strand- und Hafenstädtchen *Baiona* an der malerischen Ria de Baiona, Galiciens südlichstem Meeresarm. Traumhaft zwischen Atlantikblau und Kieferngrün breitet sich das vom *Parador (122 Zi. | Tel. 986 35 50 00 | Fax 986 35 50 76 | www.parador.es | €€€)* besetzte Festungsplateau aus, der richtige Rahmen für eine Unterkunft der Spitzenklasse. Den Spazierweg um den Mauerverbund des Paradors sollten Sie sich nicht entgehen lassen. Insider Tipp Schon die Poollandschaft ist ein Traum, vom Restaurant (€€€) und der Barterrasse ganz zu schweigen. Einkehren können Sie nicht minder gut in der Unterstadt Baionas, wo überdies ein Hafenbummel lockt.

SANTANDER

[176 B1] Kantabriens lebhafte Hauptstadt (190 000 Ew.) ist ein Seebad vom alten Schlag. Sie trumpft mit dem prächtigen Hauptstrand Sardinero, einer weiten Hafenbucht und herrlichen Promenaden auf. Eine natürliche, raue Schönheit umgibt das wenige Kilometer nördlich gelegene Cabo Mayor, über dem sich Klippen und ein Leuchtturm erheben. Studentinnen und Studenten aus aller Welt zieht es heute an die bekannte Sommeruniversität Menéndez Pelayo. Angenehme Streifzüge führen durch die zentralen Jardines de Pereda und den Park der Halbinsel Magdalena, aus dem sich der einstmals von Spaniens Königshaus genutzte Sommersitz erhebt.

SEHENSWERTES

CATEDRAL

Gotische Kathedrale mit Kreuzgang, Mausoleum für den Philosophen Marcelino Menéndez Pelayo (1856 bis 1912) sowie der frühgotischen *Cripta del Cristo* mit unter Glas liegenden Ausgrabungsresten aus Römerzeiten. *Di–So 10–13.30 und 16 bis 19.30 Uhr, bei Gottesdiensten nicht zugänglich | Somorrostro*

MUSEO MARÍTIMO

Interessantes Meereskundemuseum, dessen Schwerpunkte auf Fischfang und Geschichte der Seefahrt liegen. Außerdem gibt es Aquarien. *Mai bis Sept. tgl. 10–19.30, Okt.–April 10–18 Uhr | San Martín de Bajamar*

MUSEO MUNICIPAL DE BELLAS ARTES

Museum der schönen Künste, u. a. mit einem Goya-Porträt von Fernando VII. *Sommer Mo–Fr 10.30–13 und 16–19, Sa 10.30–13, sonst Mo bis Fr 10–13 und 17–20, Sa 10.30 bis 13 Uhr | Rubio*

ESSEN & TRINKEN

BODEGA LA MONTAÑA

Äußerst günstige Mittagsmenüs, zentral gelegen. *Tgl. | San Fernando 28 | Tel. 942 23 10 39 | €*

EL PUNTAL
Integriert ins Hotel Real – gediegenes Ambiente, mehrere Menüs, gute Weinkarte und dazu traumhafte Ausblicke. *Tgl. | Paseo Pérez Galdós 28 | Tel. 942 27 25 50 | €€€*

ÜBERNACHTEN

CENTRAL
Das gepflegte, zentral gelegene Dreisternehaus wartet mit einer mehr als 100-jährigen Geschichte auf. Aufmerksamer Service. *41 Zi. | General Mola 5 | Tel. 942 22 24 00 | Fax 942 36 38 29 | www.elcentral.com | €€€*

LA CORZA
In der familiär geführten Pension nahe beim Puerto Chico haben Sie die Wahl zwischen Zimmern mit Bad oder nur mit Waschbecken. *8 Zi. | Hernán Cortés 25 | Tel. 942 21 29 50 | €*

PICOS DE EUROPA
Der Trumpf des soliden Zweisternehauses ist die zentrale Lage fünf Gehminuten vom Rathaus. Zimmer mit Bad, Telefon und TV. *22 Zi. | Arco Iris 3 | Tel. 942 37 10 15 | Fax 942 37 10 35 | www.grupopicosdeeuropa.com | €*

AUSKUNFT

Jardines de Pereda | Tel. 942 20 30 00 | Fax 942 20 30 05 | www.turismodecantabria.com

ZIELE IN DER UMGEBUNG

COSTA CANTÁBRICA [176 A–B1]
Westlich von Santander findet man in *Comillas* kleine Strände und den kuriosen „Capricho"-Bau von Antoni Gaudí, heute ein Restaurant, in *San Vicente de la Barquera* ein interessantes Miteinander aus kleiner Altstadt, Fischerhafen und ausgedehntem Sandstrand auf der Gegenseite der Bucht. Ein weiterer schöner Sandstrand liegt ein Stück östlich und ist problemlos erreichbar: die *Playa de Oyambre.* 15 km südlich von Comillas im Inland ein charmantes Landhotel bei Cabezón de la Sal bzw. Carrejo: *El Jardín de Carrejo* Insider Tipp *(10 Zi. | Tel. 942 70 15 16 | Fax 942 70 18 71 | www.eljardindecarrejo.com | €€).*

Östlich von Santander erwarten Sie versteckte Strandabschnitte um *Somo* und *Ajo,* der 5 km lange Sandstrand von *Laredo* und das nette Fischerstädtchen *Castro-Urdiales* mit der gotischen Kirche Santa María und dem aus der alten Templerburg ragenden Leuchtturm.

CUEVA EL SOPLAO [175 F2]
Höhlenstar Kantabriens ist die weit im Inland bei Celis an der CA 181 gelegene Cueva El Soplao (Anfahrt über Rábago). Die Erkundung des unterirdischen Paradieses mit seinen Tropfsteinformationen dauert etwa eine Stunde. Gegen Aufpreis und Vorabreservierung gibt es eine zweistündige Abenteuererkundung; fragen Sie nach der „Visita Turismo-Aventura". *Mo–Sa 9–21, So 10–14 und 16–20 Uhr | Reservierung Tel. 902 82 02 82 | www.elsoplao.es*

SANTILLANA DEL MAR ★ [176 A–B1]
Ein Traum in Stein, quicklebendiges Mittelalter: gepflasterte Gassen und alte Adelspaläste, Torbögen und Fachwerk, die romanische Stiftskir-

che *Colegiata* mit einem gedrungenen Kreuzgang. Dazu Holzbalkone und Kunsthandwerk, Bars und Restaurants bis zum Abwinken, Feinkostläden mit Wildschweinwurst und Pasteten: In einer der schönsten Ortschaften Nordspaniens, knapp 30 km südwestlich von Santander gelegen, bündelt sich alles auf kleinem Raum, an manchen Tagen herrscht drangvolle Enge.

Den Dreh- und Angelpunkt der denkmalgeschützten Altstadt bildet die *Plaza Ramón Pelayo*. Im Ort verteilen sich einige urige Unterkünfte, darunter die *Posada Santa Juliana (6 Zi. | Carrera 19 | Tel. 942 84 01 06 | Fax 942 84 01 70 | santajuliana@santillanadelmar.com | €)*. Auskunft: *Jesús Otero 20 | Tel. 942 81 88 12 | www.santillana-del-mar.com*

Etwa 2 km außerhalb liegt das *Museo de Altamira (Mai–Okt. Di–Sa 9.30–20, So 9.30–15, Nov.–April Di bis Sa 9.30–18, So 9.30–15 Uhr | http://museodealtamira.mcu.es)*, dem die Verwaltung der weltberühmten Höhle von Altamira mit ihren prähistorischen Malereien obliegt. Das Original ist nicht mehr für die Öffentlichkeit zugänglich, dafür der detailgetreue Nachbau, die *Neocueva* (oder *Réplica*), in der die Besucherlimits bei 2300 Personen pro Tag (So bei 1700) liegen *(Ticketvorbestellung über die Bankgruppe Santander Central Hispano unter https://secure.santander.com/ventaentradas/Altamira)*.

Kantabrisches Bilderbuchstädtchen: Santillana mit den typisch nordspanischen Holzbalkonen

> AUF DEN SPUREN DES MITTELALTERS

Den Jakobsweg säumen nicht nur prächtig erhaltene, uralte Städte und Klöster, sondern auch die lebhaften Weinorte Navarras und der Rioja

> Er ist von Klöstern und Kirchen gesäumt und lockt nicht nur fromme Seelen an: Über die kulturelle Blüte hinaus kommt das ganzheitliche Erleben am Jakobsweg *(www.xacobeo.es)*, dem *Camino de Santiago*, nicht zu kurz.

Auf den rund 760 km vom Ibañetapass bis Santiago de Compostela spannen sich die Landschaften von den grandiosen Höhen der Pyrenäen bis ins grüne Hügelland Galiciens. Unterwegs pflegen Städte wie Logroño und León ausgiebig ihre kulinarische Kultur.

Auf spanischem Boden teilt sich der Jakobsweg zu Beginn in den sogenannten Camino Francés (über Roncesvalles) und den etwas längeren Camino Aragonés (über Jaca). Beide vereinen sich in Puente la Reina.

Umfangreiche Informationen finden Sie im im MARCO POLO Band „Jakobsweg".

Bild: Catedral de Santa María in Burgos

AM JAKOBSWEG

ASTORGA

[175 D3] Die knapp 900 m hoch gelegene Provinzstadt Astorga (14 000 Ew.) zählte einst 22 Pilgerhospitäler; von denen hat jedoch nur das *Hospital de Astorga* (gegründet 1178) neben der *Kathedrale* (15. bis 18. Jh.) den Sprung in die Gegenwart geschafft. Gegenüber der Kathedrale liegt der *Bischofspalast,* den Spaniens kreativer Meisterarchitekt des *modernisme,* Antoni Gaudí, Ende des 19. Jhs. erbauen ließ. Er beherbergt heute das Pilgermuseum *(Museo de los Caminos | Winter Di–Sa 11–14 und 16–18, So 11–14, Sommer Di–Sa 10–14 und 16–20, So 10–14 Uhr).* Ein Leckerbissen ist das kleine *Schokoladenmuseum (Di–Sa 10.30–14 und 16.30–19, So 11–14 Uhr | José María Goy 5).* Mit der Römerzeit macht das nahe dem Rathaus gelegene *Museo Romano (Di–Sa 10 bis 13.30 und 16–18, Sommer 16.30–19,*

So 10–13.30 Uhr) vertraut. An überdachten römischen Ausgrabungen vorbei können Sie den Bummel bis zum *Jardín de la Sinagoga* fortsetzen und dabei schöne Blicke Richtung Bergwelt genießen.

Cruz de Ferro: höchster Punkt des Jakobswegs jenseits der Pyrenäen

Gut und stilvoll übernachten können Sie in den zehn Zimmern des *Hotel Casa de Tepa (Santiago 2 | Tel. 987 60 32 99 | Fax 987 60 32 96 | www.casadetepa.com | €€)*. Auf regionale Küche hat sich die *Cervecería Taberna Los Hornos (tgl. | Plaza de España 2 | Tel. 987 61 89 00 | €–€€)* spezialisiert. Auskunft: *Glorieta Eduardo de Castro 5 | Tel. 987 61 82 22 | Fax 987 60 30 65 | www.astorga.com*

ZIELE IN DER UMGEBUNG

CASTRILLO DE LOS POLVAZARES [175 D3]

Insider Tipp

Nur 5 km von Astorga: Natursteinhäuser, je nach Jahreszeit ein paar Hundert Seelen und ein ausgezeichneter Ruf für Hausmacherwürste und -eintöpfe. Auf klobigem Pflaster können Sie das lang gestreckte „rote Dorf" auf den Spuren der Jakobspilger durchwandern; ein paar Restaurants laden zur Einkehr ein.

CRUZ DE FERRO ★ [175 D3]

Setzt man die Fahrt von Castrillo de los Polvazares Richtung Bergwelt fort, kommt man durch Heideland und urige Steindörfer wie *Santa Catalina de Somoza, El Ganso* und das bereits auf 1150 m gelegene *Rabanal del Camino*. Durch Rabanal zieht sich die Durchgangsstraße aufwärts, an der sich ein paar Kneipen und Restaurants aufreihen. Hinter dem halb verfallenen Ort *Foncebadón* folgt der letzte Anstieg auf 1504 m hinauf: Mitten in der Einsamkeit markiert das Cruz de Ferro, das auf einen Holzstab aufgesetzte „Eisenkreuz", den höchsten Punkt des Jakobswegs jenseits der Pyrenäen. Ab hier geht es abwärts nach Ponferrada.

BURGOS

[176 B3] **Neun Monate Winter *(invierno)*, drei Monate Hölle *(infierno)*, im Dezember klirrende Kälte, im Juli 40-Grad-Glut:** Das Klima in Burgos ist beileibe nicht die beste Empfehlung für einen Besuch, doch die 884 gegründete 170 000-

Ew.-Stadt am Río Arlanzón hat es in sich. Im Mittelschiff der Kathedrale liegt El Cid (1043–1099) begraben, Spaniens Held der Reconquista, der eigentlich Rodrigo Díaz de Vivar hieß. Auf ihn trifft man am Cid-Denkmal gegenüber dem Stadttheater und als Bildnis im Arco de Santa María, einem Torbogen, der den Weg zur Kathedrale freigibt. Auf dem Hügel über der Stadt thronen die Reste der alten Burg.

SEHENSWERTES

CARTUJA DE MIRAFLORES

Das Kartäuserkloster aus dem 15. Jh. liegt 4 km östlich der Innenstadt. In der Klosterkirche sticht das prächtig dekorierte Alabastergrabmal von König Juan II und seiner Frau Isabella hervor, den Eltern der Katholischen Königin Isabella. Das Kloster wird nach wie vor von nach strengen Regeln lebenden Kartäusermönchen bewohnt, deshalb ist einzig die Kirche zugänglich. Als Andenken kann man Insider Tipp Rosenkränze aus handgedrehten, getrockneten Rosenblättern kaufen. *Mo bis Sa 10.15–15 und 16–18, So 11–15 und 16–18 Uhr*

CATEDRAL DE SANTA MARÍA ★

Mehr als vier Jahrhunderte baute man an der Kathedrale, die mit ihren Kuppeln, den gotischen Steinspitzen und 84 m hohen Türmen himmelwärts sticht. Das 1221 begonnene Gotteshaus stellt alles in den Schatten, gehört zum Welterbe der Unesco und setzt seine überwältigenden Anblicke im Innern fort. Man tritt an Diego de Siloés *Vergoldete Treppe* und an den 103-stühligen *Chor* heran, schaut zur Vierungskuppel und zur kuriosen „Fliegenfängeruhr" *Papamoscas* hinauf und bewundert die Meisterschaft feiner Ornamente in der *Kapelle des Kronfeldherrn*. Der Kreuzgang verschafft Zugang zum *Domschatz*. *Tgl. 9.30–13.15 und 16 bis 19.15 Uhr | Plaza de Santa María*

PASEO DEL ESPOLÓN

Die städtische Prachtmeile verläuft parallel zum Flusslauf und ist mit reichlich Grün aufgelockert. Ein Durchgang führt zur arkadenumzogenen Plaza Mayor – ein idealer Orientierungspunkt für Erkundungen des Gassenlabyrinths mit zahlreichen ▶▶ Tapakneipen.

MARCO POLO HIGHLIGHTS

★ Catedral de Santa María
Kirchenprunk in Burgos, in jahrhundertelanger Bauzeit entstanden (Seite 59)

★ Cruz de Ferro
Auf dem Gipfel des Jakobswegs (Seite 58)

★ León
Glasfensterpracht in der Kathedrale (Seite 60)

★ Logroño
Genussvolle Tapatour durch die Altstadtkneipen in der Calle del Laurel (Seite 63)

★ Roncesvalles
Traumhafter Blick vom Ibañetapass (Seite 67)

★ Santiago de Compostela
In der Altstadt strömt die Welt zusammen (Seite 69)

ESSEN & TRINKEN

LA AMARILLA

Klein und urig, gute Tapas in der Bar, Restaurant eine Treppe höher. Empfehlenswerte Mittagsmenüs. *Tgl. | San Lorenzo 26 | Tel. 947 20 59 36 | €*

MESÓN DE LOS INFANTES

Am Ende einer schmalen Gasse, die am Arco de Santa María abgeht. Typisch kastilische Spezialitäten. *Tgl. | Corral de los Infantes | Tel. 947 20 59 82 | €–€€*

ÜBERNACHTEN

NORTE Y LONDRES

Solides Haus am Rand der Altstadt, günstige Lage. *50 Zi. | Plaza Alonso Martínez 10 | Tel. 947 26 41 25 | Fax 947 27 73 75 | www.norteylondreshotel.com | €€*

ZENIT PUERTA DE BURGOS

Das gute, moderne Viersternehaus liegt ca. 1,5 km östlich der Innenstadt. *137 Zi. | Vitoria 69 | Tel. 947 24 10 00 | Fax 947 24 07 07 | www.zenithoteles.com | €€€*

> LOW BUDGET

- In León lockt das neue Museum für zeitgenössische Kunst *(Museo de Arte Contemporáneo | Di–So 10–15 und 16–21 Uhr | Avenida de los Reyes Leoneses 24 | http://musac.es)* mit Wechselausstellungen – und der Eintritt ist frei!
- Angenehmer Service für Bier- und Weintrinker in den Kneipen von León: Hier werden oftmals noch Gratistapas zum Getränk gestellt.
- In Ponferradas mittelalterlicher Templerburg (s. Kapitel „Mit Kindern reisen") heißt es sonntags von 11 bis 14 Uhr „Eintritt frei".

AUSKUNFT

Plaza Alonso Martínez 7 | Tel. 947 20 31 25 | Fax 947 27 65 29 | www.turismoburgos.org

ZIEL IN DER UMGEBUNG

SANTO DOMINGO DE SILOS [176 B3]

Das Örtchen 60 km südöstlich von Burgos hat sich um ein *Benediktinerkloster (Mo 16.30–18, Di–Sa 10–13 und 16.30–18 Uhr)* aus dem 11. Jh. gelegt. Mit seinen Säulenreihen und Basreliefs zählt der doppelstöckige romanische Kreuzgang zu den schönsten Spaniens, an den filigran gearbeiteten Kapitellen steht man Löwenadlern und Monstern gegenüber. Nicht versäumen: die alte Klosterapotheke! Die Mönche von Silos sind wegen ihrer gregorianischen Gesänge bekannt. Sie sind während der Messen *(Mo–Sa 9 und 19, So 12 und 19 Uhr)* zu hören. Eine angenehme Unterkunft am Ortsrand ist das *Hotel Silos 2000 (28 Zi. | Tel. 947 39 01 32 | Fax 947 39 01 27 | www.hotelsilos2000.vistoynovisto.com | €)* mit Bar und Restaurant. Insider Tipp

Etwa 3 km außerhalb des Orts liegt die aufregende Klamm *La Yecla*, die man über kurze begehbare Stege erkunden kann. In den umliegenden Bergen lassen sich Geier beobachten. Insider Tipp

LEÓN

[175 D–E2] ★ 140 000 Ew. zählt heute die Provinzhauptstadt, die 68 n. Chr. von der siebten römischen Legion gegründet

wurde; vom Wort „Legion" leitet sich der Stadtname ab. Im Mittelalter stieg León zur Residenzstadt eines eigenständigen Königreichs auf, Jakobspilger fanden und finden hier eine der wichtigsten Stationen am Weg. Besonders am Wochenende beleben sich die Tapabars um die zentrale ▸▸ *Plaza San Martín.*

SEHENSWERTES

CATEDRAL DE SANTA MARÍA DE LA REGLA

Mitten in der Fußgängerzone erhebt sich die Kathedrale aus dem 13.–15. Jh. Die berühmten filigranen Buntglasfenster nehmen eine Gesamtfläche von über 1800 m² ein und lassen das Gotteshaus zu jeder Tageszeit in einem anderen Licht erstrahlen. Einen Besuch verdient auch der Kreuzgang, von dem aus es hineingeht ins angeschlossene Kathedralmuseum. *Kathedrale Mo–Sa 8.30–13.30 und 16–19 (Sommer bis 20), So 8.30 bis 14.30 und 17–20 Uhr*

Mehr als 120 Buntglasfenster: Santa María de la Regla ist eine Kathedrale des Lichts

COLEGIATA DE SAN ISIDORO

An der Plaza de San Isidoro liegt diese romanische Basilika, die im 11. Jh. eigens erbaut wurde, um die aus Andalusien überführten Reliquien des hl. Isidor von Sevilla (um 560–636) aufzunehmen. Eine gesonderte Tür führt ins Museum mit dem *Panteón de los Reyes,* wo Decke und Wände vor einem knappen Jahrtausend faszinierend ausgemalt wurden. Dort dominieren biblische Szenen; eine Besonderheit ist der Bauernkalender mit Motiven aus allen zwölf Monaten. Vom Museum aus geht es hinein in den Kreuzgang, die Schatzkammer und die kleine Bibliothek. Die interessante Kirche hat 24 Stunden am Tag geöffnet. *Panteón de los Reyes/Museum Juli/Aug. Mo–Sa 9 bis 20, So 9–14, Sept.–Juni Mo–Sa 10–13.30 und 16–18.30, So 10–13.30 Uhr*

CONVENTO DE SAN MARCOS

Nahe den Ufern des Río Bernesga erhebt sich etwa 1 km von der Innenstadt das mächtige Bauwerk Convento de San Marcos mit seiner breiten, reich verzierten plateresken Fassade. Dahinter residierten einst die Jakobsritter. Einen Teil des Komplexes nimmt die Kirche ein; interessant sind hier die steinernen Jakobsmuscheln über dem Zugang. Auch ein Fünfsterneparador ist hier untergebracht. *Plaza de San Marcos*

PLAZA DE SANTO DOMINGO

Dreh- und Angelpunkt für Stadterkundungen ist dieser belebte Platz, von dem die Fußgängerzone abgeht. Hoch ragt der Backsteinturm der Kirche *San Marcelo* auf, in der die Gläubigen die Reliquien des Stadtpatrons verehren. In Sichtweite liegen die *Casa de Botines,* ein Ende des 19. Jhs. von Antoni Gaudí entworfenes Jugendstilwerk, und der pompöse *Palacio de los Guzmanes* aus dem 16. Jh.

ESSEN & TRINKEN

CATEDRAL

Nahe der Kathedrale, doch kein Touristenschuppen: Hier kommen Einheimische gern zum Tagesmenü hin. Sehr einfach, Zugang etwas versteckt. *Tgl. | Mariano Domínguez Berrueta 17 | Tel. 987 21 59 18 | €*

NUEVO RÁCIMO DE ORO

Mittendrin im sogenannten „Feuchten Viertel" *(Barrio Húmedo),* Restaurant und Tapabar. Viele Einheimische. *Di-Abend und Mi geschl. | Plaza San Martín 8 | Tel. 987 21 47 67 | €–€€*

EINKAUFEN

Mittwoch- und samstagvormittags ist die Plaza Mayor Schauplatz des belebten, bäuerlichen Wochenmarkts. Insider Tipp Hier kann man nicht nur Obst und Gemüse, sondern auch Käse, Wurst und Schinken äußerst günstig einkaufen.

ÜBERNACHTEN

ALFONSO V

Günstig gelegenes Viersternehotel nahe der Fußgängerzone. Von außen unauffällig, im Innern freundlich. Mit Restaurant. *62 Zi. | Padre Isla 1 | Tel. 987 22 09 00 | Fax 987 22 12 44 | http://lesein.es/alfonsov | €€€*

BOCCALINO

Gutes Gasthaus gegenüber der Stiftskirche San Isidoro. Mittendrin im Leben, doch trotzdem recht ruhig. *7 Zi. | Plaza San Isidoro 9 | Tel. 987 22 30 60 | Fax 987 22 78 78 | www.hostalboccalino.com | €*

AUSKUNFT

Plaza de la Regla 4 | Tel. 987 23 70 82 | Fax 987 27 33 91 | www.dipuleon.es

ZIEL IN DER UMGEBUNG

MONASTERIO DE SAN MIGUEL DE LA ESCALADA [175 E3]

Ein Musterbeispiel mozarabischer Baukunst; Mozaraber waren die spanischen Christen, die unter maurischer Herrschaft lebten und islamische Kunstelemente in ihre eigenen Bauten integrierten. So wirkt das Innere mit seinen Hufeisenbögen wie eine Moschee. Obgleich stark restauriert, hat sich das bescheidene Bauwerk aus dem 10./11. Jh. seine Faszination bewahren können. *Wenig zuverlässige Öffnungszeiten, oft Di–Sa 10–14 und 16–18 (im Sommer 17 bis 20), So 10.30–15 Uhr*

LOGROÑO

[176 C5] ★ **Die Hauptstadt der Rioja (140 000 Ew.), am Ebro in einem weiten Rotweingebiet gelegen, ist eine wahre Entdeckung!** In den Altstadtkneipen kann man die aromatischen Tropfen der Region probieren, ein Tapastreifzug durch die Calle del Laurel ist ein Muss. Tun Sie es den Einheimischen gleich, die von Weinbar zu Weinbar ziehen. Jede fährt ihre eigenen Spezialitäten auf, außerdem gestaltet sich das Ausgehvergnügen so äußerst günstig. Für ein ausschweifenderes Tafeln empfiehlt sich das Insider Tipp *Restaurante Entrevinos (So-Abend und Mo geschl. | Juan Lobo 1 | Tel. 941 25 66 35 | €€)*, das eine Art riojanische Nouvelle Cuisine zu außerordentlich fairen Preisen serviert. Eine gute Unterkunft ist das Hotel *NH Herencia Rioja (83 Zi. | Marqués de Murrieta 14 | Tel. 941 21 02 22 | Fax 941 21 02 06 | www.nh-hoteles.es | €€)* nur wenige Gehminuten von der Fußgängerzone entfernt.

Als Hauptachse läuft die von Arkaden flankierte *Calle Portales* durch die stimmungsvolle Altstadt und mündet auf die weite *Plaza del Mercado,* einen idealen Ort, um die Stimmung und den Anblick der Kathedrale *Santa María la Redonda* in einem der Freiluftcafés zu genießen. Oder man stößt zur städtischen Prachtpromenade vor, dem *Paseo del Espolón,* wo weitere Cafés, Bänkchen und Grünanlagen zum Verweilen einladen. Während des großen Weinlesefests werden hier am 21. September die Trauben mit den Fü-

Die Wein- und Tapabars in Logroños Calle del Laurel: ein Bermudadreieck für Riojafreunde

ßen gestampft. Parallel zum Ebro zieht sich der Jakobsweg durch die Altstadtschneise der *Calle de Barriocepo* und läuft an der *Iglesia de Santiago* vorbei, wo ein Außenrelief Jakobus als Maurentöter zeigt. Auskunft: *Paseo del Espolón | Tel. 902 27 72 00 | Fax 941 29 16 40 | www.lariojaturismo.com*

ZIELE IN DER UMGEBUNG

Insider Tipp BODEGAS [176 C3]

Logroño ist von Weinkellereien *(bodegas)* umgeben, von denen Sie manche nach Absprache besuchen können. Auf Besucher haben sich u. a. die mit Skulpturen geschmückten *Bodegas Ontañón (Avenida de Aragón 3 | Tel. 941 23 42 00 | www.ontanon.es)*, die *Bodegas Olarra (Polígono de Cantabria | Tel. 941 23 52 99 | www.bodegasolarra.es)* und die *Bodegas Juan Alcorta (Camino de Lapuebla 50 | La Rad de Santa Cruz | Tel. 941 27 99 00)* eingestellt.

SAN MILLÁN DE LA COGOLLA [176 C3]

Gleich zwei Klöster liegen 50 km südwestlich von Logroño im Schatten der Sierra de la Demanda. Beide sind von der Unesco zum Welterbe erklärt worden: Das obere, ältere heißt *Suso* (6. Jh.), das untere aus dem 16.–18. Jh. *Yuso (Di–So 10.30 bis 13 und 16–18 Uhr)*. Beide halten den Geist von San Millán de la Cogolla lebendig, einem Eremiten aus dem 6. Jh., der im Kloster Yuso begraben liegt. Preisgünstige ländliche Unterkunft in der *Casa Posada de San Millán (6 Zi. | Prestiño 3 | Tel. 941 37 31 61 | www.ascarioja.es | €)*. Auskunft: *Monasterio de Yuso | Plaza del Convento | Tel. 941 37 32 59*

SANTO DOMINGO DE LA CALZADA [176 C3]

Kaum zu glauben: ein Hühnerstall in der *Kathedrale (Mo–Sa 10–18.30 Uhr)* 50 km westlich von Logroño. Das Federvieh lebt hinter Glas und hält das Gedenken an das „Hühnerwunder" aufrecht, bei dem ein unschuldig gehenkter Wallfahrer auf seltsame Weise am Leben blieb. Die Öffnungszeiten gelten auch für das *Sakralmuseum*, das sich um den Kreuzgang legt und mit einer Vielzahl an Gemälden, Silberkunst und Skulpturen aufwartet.

> CRIANZAS UND RESERVAS

Im Strudel der Riojaweine

Die Rioja hat sich als Rotweinregion weltweit einen Namen gemacht. Sie profitiert vom sonnigen Klima und den fruchtbaren Böden im Becken des Río Ebro. Nach der Lese im Herbst reifen die Spitzenweine in zahlreichen Kellereien *(bodegas)* in Fässern aus französischer oder amerikanischer Eiche heran. Kenner schätzen die Kombination aus vollem Fruchtaroma und jenem Vanilleton, den die Eichenfässer *(barricas)* abgeben. Die edleren Tropfen beginnen mit den *crianzas* und steigern sich über die *reservas* bis hin zu den *gran reservas*. Sie unterliegen vorgeschriebenen Reife- und Lagerzeiten: *Crianzas* müssen mindestens zwei, *reservas* drei, *gran reservas* fünf Jahre lang gelagert werden.

PAMPLONA

[177 D2] **Blanker Wahnsinn: Kampfstiere preschen durch die Gassen, vor ihren Hörnern sprinten Wagemutige ums nackte Leben.** Manche werden von den Hörnern durchbohrt – selten tödlich, immer schmerzhaft. Szenen wie diese

Die Sanfermines, Spaniens größte Fiesta, verwandeln Pamplona in einen Hexenkessel

spielen sich alljährlich während der Sanfermines ab, Spaniens größter Fiesta vom 6. bis 14. Juli. Schon Ernest Hemingway zog das Spektakel in seinen Bann. Außerhalb jeglicher Relation stehen während der Fiesta die Unterkunftspreise.

Pamplona, die Hauptstadt Navarras (200 000 Ew., auf Baskisch Iruñea oder auch Iruña), zu römischen Zeiten gegründet, zeigt sich heute als lebhafte Einkaufs- und Studentenstadt. Das Gassengeflecht des historischen Viertels verästelt sich um die Plaza del Castillo und das barocke Rathaus, in der Nähe erheben sich die mittelalterlichen Wehrkirchen San Nicolás und San Saturnino. Für reichlich Grün sorgen die Stadtparks Taconera – mit Rehen in den Burggräben – und Media Luna. Insider Tipp

SEHENSWERTES

CATEDRAL DE SANTA MARÍA

Auf dem höchsten Punkt der Altstadt erhebt sich die Kathedrale mit ihren Zwillingstürmen. Hinter der neoklassizistischen Hauptfassade verbirgt sich ein gotisches Inneres, im Mittelschiff das *Alabastermausoleum* des navarresischen Königs Carlos III und seiner Gemahlin Leonor. In den herrlichen gotischen *Kreuzgang* gelangt man durch den gebührenpflichtigen Eingang in der Calle de la Dormitalería beim *Diözesanmuseum. Winter Mo–Fr 10–13.30 und 16–19, Sa 10 bis 13.30, Sommer Mo–Fr 10–19, Sa 10–14.30 Uhr*

CIUDADELA

Die frei zugängliche Zitadelle stößt westlich der City an die ausgedehnten Grünanlagen der Vuelta del Castillo. Die Mauern stammen aus dem 16./17. Jh., Gebäude wie das einstige Pulverlager dienen heute als Rahmen für Kunstausstellungen. *Eingänge an der Avenida del Ejército und der Vuelta del Castillo*

MUSEO DE NAVARRA

Fünf Ausstellungsebenen mit römischen Mosaiken bis hin zu moderner Kunst, Prunkstück ist das Goya-Porträt des Herzogs von San Adrián. Samstagnachmittags und sonntags ist der Eintritt frei. *Di–Sa 10–14 und 17 bis 19, So 11–14 Uhr | Cuesta de Santo Domingo*

ESSEN & TRINKEN

DON LLUIS

Gute Tapaauswahl in der Bar, Tagesmenü ein Stock höher im Restaurant. In unmittelbarer Nähe der Plaza del Castillo, auch von Einheimischen stark frequentiert. *Tgl. | San Nicolás 1 | Tel. 948 22 17 31* | €–€€

MONTÓN

Schmackhafte Hausmannskost, werktags bekommen Sie hier sehr gute Mittagsmenüs zu äußerst günstigem Preis. *Mo geschl. | Jarauta 29 | Tel. 948 22 21 41* | €

TAPAS

Populäre Kneipengassen sind die *Calle San Nicolás* und die *Calle San Gregorio*, gute Tapas im *Café Roch* (*Comedias*) und im *Río* (*San Nicolás*). Insider Tipp

ÜBERNACHTEN

MAISONNAVE

Zentral nahe dem Rathaus gelegen. Wählen Sie wegen des Ausblicks und der Ruhe ein Zimmer in den oberen Etagen! Mit Sauna und gutem Frühstücksbuffet. *138 Zi. | Calle Nueva 20 | Tel. 948 22 26 00 | Fax 948 22 01 66 | www.hotelmaisonnave.es* | €€

HOTEL ESLAVA

Unscheinbarer Zugang, in ruhiger Altstadtecke, solide. *28 Zi. | Plaza de la O 7 | Tel. 948 22 22 70 | Fax 948 22 51 57 | www.hotel-eslava.com* | €€

MESÓN DEL BARRO

Einfache, schnörkellose Pension nahe der Uniklinik. Garagenplatz gegen Aufpreis. *5 Zi. | Acella 2 | Tel. 948 25 63 66 | Fax 948 25 29 26 | www.mesondelbarro.com* | €

AUSKUNFT

Eslava 1 | Tel. Tel. 848 42 04 20 | Fax 848 42 46 30 | www.turismo.navarra.es

ZIELE IN DER UMGEBUNG

LIZARRA (ESTELLA) [176–177 C–D2]

Der Volksmund hat die Stadt (14 000 Ew.) 43 km südwestlich von Pamplona *Estella la Bella* getauft, „Estella die Schöne“. Highlights: die gotische

Kirche *Santo Sepulcro* (Skulpturenportal mit dem Letzten Abendmahl), die Wehrkirche *San Pedro de la Rúa* (12./13. Jh.) und das romanische Palais der Könige von Navarra, heute *Kunstmuseum* mit Werken des baskischen Malers Gustavo de Maeztu. Beste regionale Spezialitaten serviert das *Asador-Restaurante La Tasca (Di geschl. | Navarro Villoslada 1 | Tel. 948 55 62 07 | €–€€)* – Küche mit Pfiff bei sehr gutem Preis-Leistungs-Verhältnis. Nicht weit davon liegt das Zweisternehotel *Yerri (28 Zi. | Avenida Yerri 35 | Tel. 948 54 60 34 | Fax 948 55 50 81 | hotelyerri@hotelyerri.es | €)*. Auskunft: *San Nicolás 1 | Tel. 948 55 63 01 | oit.estella@navarra.es*

PUENTE LA REINA **[177 D2]**

Die kleine Pilgerfigur am Ortseingang 25 km südwestlich von Pamplona kündigt an: Hier vereinigen sich die beiden Jakobswegvarianten Camino Francés und Camino Aragonés. Auf das 11. Jh. geht die romanische Brücke zurück, im Ortsinnern läuft der Pilgerweg an den Kirchen *Crucifijo* und *Santiago* sowie einigen kleinen Bars vorbei. Angenehme Unterkunft im *Hotel Jakué (28 Zi. | Irunbidea | Tel. 948 34 10 17 | Fax 948 34 11 20 | www.jakue.com | €€)*. Ein kurzer Abstecher führt zur romanischen Kirche *Santa María de Eunate* (12. Jh), die bereits bei der Autobahnabfahrt ausgeschildert ist.

RONCESVALLES ★ **[177 D2]**

Das einstige Augustinerkloster von Roncesvalles duckt sich an die grünen Abhänge unterhalb des 1057-m-Passes Ibañeta 50 km nordöstlich von Pamplona und hält der zuweilen widrigen Witterung seit dem 12. Jh.

In Puente la Reina spannt sich die romanische Brücke über den Río Arga

stand. In der Stiftskirche verehren die Gläubigen ein Bildnis der Madonna. Für *Kreuzgang und Museum (tgl. 10 bis 14 und 15.30–17.30, Sommer bis 19 Uhr)* löst man ein Kombiticket. Insider Tipp Das Museum ist eine richtige Schatzkammer, u. a. mit einem Reliquienschrein, den man „Schachbrett Karls des Großen" genannt hat. Auf dem nahen Ibañetapass erinnert ein Denkmal an den sagenumwobenen Ritter Roland, der 778 in der Schlacht von Roncesvalles gegen die Mauren fiel. Von der Passhöhe sehr schöner Blick über die Pyrenäengipfel. Im Restaurant *La Posada (tgl. | Tel. 948 76 02 25 | €€)* direkt an der Hauptstraße können Sie stilvoll essen; integriert ist auch ein Hostal *(18 Zi. | www.laposadaderoncesvalles.com | €)*. Auskunft: *Antiguo Molino | Tel./Fax 948 76 03 01*

PONFERRADA

[174–175 C–D2] Majestätisch beherrscht die auf einem Felsplateau gelegene Templerburg (s. Kapitel „Mit Kindern reisen") die 64 000-Ew.-Stadt, die seit Römerzeiten an den Flüssen Boeza und Sil dokumentiert ist. Die kleine Altstadt breitet sich zwischen dem Rathausplatz und den Burgmauern aus. Dazwischen liegt die malerische *Calle del Reloj* mit dem *Museo del Bierzo (Di–Sa 10.30–14 und 17–21, Okt.–April 16 bis 18, So 11–14 Uhr)*, einem volks- und kulturkundlichen Museum, das den hiesigen Landstrich El Bierzo näherbringt. Im Renaissancebau der *Basílica de la Encina* verehren die Gläubigen das Bildnis der hl. Jungfrau aus der Steineiche, der Stadtpatronin.

Für die Übernachtung empfiehlt sich das moderne *Hotel AC Ponferrada (60 Zi. | Avenida Astorga 3 | Tel. 987 40 99 73 | Fax 987 40 99 74 | www.ac-hoteles.com | €€)*; die Zimmer sind geräumig, die Minibar mit alkoholfreien Getränken ist kostenlos. Insider Tipp Gut essen können Sie in der *Taberna Los Arcos (tgl. | Plaza del Ayuntamiento 4 | Tel. 987 40 90 01 | €€)*, die in einem vormaligen Weinlager untergebracht ist. Auskunft: *Gil y*

Die ehemaligen Goldminen der Römer stehen heute unter Unesco-Schutz: Las Médulas

Carrasco 4 | Tel. 987 42 42 36 | www.ponferrada.org

ZIELE IN DER UMGEBUNG

LAS MÉDULAS [174 C3]

Die bizarre Goldminenlandschaft aus der Römerzeit ca. 25 km südwestlich wurde von der Unesco zum Welterbe erhoben. Die Auffahrt mit dem Fahrzeug ist bis zum Aussichtspunkt *Orellán* mit beeindruckendem Panorama möglich. Ab dem Örtchen *Las Médulas* können Sie das Areal auf Wegen durchstreifen.

O CEBREIRO [174 C2]

Das Dorf, einer der schönsten Jakobswegorte und bereits zu Galicien gehörig, liegt etwa 50 km nordwestlich auf 1300 m und bewahrt eine präromanische *Kirche* mit dem heiligen Gral Galiciens. Charakteristisch sind wiederaufgebaute *pallozas* aus der Keltenzeit, Bruchsteinhäuser mit Strohbedachung. Es gibt einige kleine Kneipen und Restaurants, darunter in der Ortsmitte das *Moreno (tgl. | Tel. 982 18 12 57 | €)* mit günstigem Tagesmenü.

VILLAFRANCA DEL BIERZO [174 C2]

Dieses Jakobswegstädtchen (4000 Ew.) 20 km westlich ist für seine Weingärten und die einschiffige *Jakobskirche* mit ihrem Ablassportal für Pilger bekannt. Hier konnten bereits im Mittelalter Pilger, die aus Krankheitsgründen nicht in der Lage waren, bis nach Santiago zu ziehen, ihren Ablass erhalten. Das freundliche Zentrum konzentriert sich um den Rathausplatz mit einigen Terrassencafés. Außerhalb der Altstadt liegt der kleine, aber feine *Parador (39 Zi. | Avenida Calvo Sotelo 28 | Tel. 987 54 01 75 | Fax 987 54 00 10 | www.parador.es | €€)*, dem ein vorzügliches Restaurant angeschlossen ist. Insider Tipp

SANTIAGO DE COMPOSTELA

[174 B2] ★ **Folgt man der Legende, begab es sich zu Beginn des 9. Jhs.: Von seltsamen Lichtern gelenkt, entdeckte der Eremit Pelayo hier das längst vergessene Grab des Apostels Jakobus.** Ein neuer Wallfahrtsort war geboren, der heute zur Hauptstadt (100 000 Ew.) Galiciens aufgestiegen ist. Ob die sterblichen Überreste des Heiligen wirklich in der Kathedrale ruhen, ist reine Glaubenssache. Rund um den Jakobustag 25. Juli steigt das große Stadtfest. Zu jeder Zeit mischt sich das Pilger- mit regem Studentenleben. Belebte Ausgehzonen liegen um die Rúa do Franco und die Rúa do Vilar.

Über die von der Unesco zum Weltkulturerbe erklärte Altstadt von Santiago verteilen sich nicht weniger als 80 historische Monumente, die meisten in Granit erbaut. Die Hauptfront der alles beherrschenden Kathedrale weist zur Praza do Obradoiro, auf der sich weitere sakrale und weltliche Bauten konzentrieren.

SEHENSWERTES

CATEDRAL

Geräusch- und Geruchspegel schlagen weit aus. Verschwitzte Wanderer und lautstark geführte Gruppen bahnen sich den Weg zum barocken Hauptaltar und zur Jakobus-Krypta. All dies gehört zur Atmosphäre in der Pilgerkathedrale (11.–18. Jh.), die ihre Besucher hinter dem Haupteingang mit dem berühmten *Pórtico de la Gloria* aufnimmt. Am Mittelpfeiler blickt man zur Jakobusskulptur auf. An hohen Festtagen wird der riesige Weihrauchwerfer *(botafumeiro)* in Schwung gebracht.

Der Kathedrale ist ein *Museum (Mo–Sa 10–14 und 16–20, So 10–14*

Seit über 1000 Jahren zieht es die Pilger in die Kathedrale mit dem riesigen Weihrauchkessel

Uhr) angeschlossen; das Kombiticket erlaubt den Eintritt ins Königliche Pantheon, die Ausstellungsräume, den Kreuzgang sowie in den benachbarten erzbischöflichen Palast *Pazo de Xelmírez* (sehenswertes Kreuzrippengewölbe im Festsaal).

CENTRO GALEGO DE ARTE CONTEMPORÁNEA

Im Zentrum für zeitgenössische Kunst sind wechselnde Ausstellungen zu sehen. *Di–So 11–20 Uhr | Rúa de Valle Inclán*

COLEXIATA DE SAR

Die romanische Stiftskirche mit kurios geneigten Säulen liegt im Süden der Stadt; kleiner Kreuzgang und Museum. *Mo–Sa 10–13 und 16–19 Uhr | Sar*

Insider Tipp

MUSEO DAS PEREGRINACIÓNS

Pilgermuseum mit vielen Skulpturen und Infos zur Santiago-Wallfahrt. *Di–Fr 10–20, Sa 10.30–13.30 und 17–20, So 10.30–13.30 Uhr | Rúa de San Miguel 4*

MUSEO DO POBO GALEGO

Weitläufiges Volkskundemuseum, das Fischfang und alte Handwerke ebenso abdeckt wie Trachten und Musik. Den Rahmen bildet ein ehemaliges Dominikanerkloster. *Di–Sa 10–14 und 16–20, So 11–14 Uhr | Rúa de Valle Inclán*

PARQUE DA ALAMEDA

Santiagos Stadtpark ist von breiten Flanierpromenaden durchsetzt. Hier bietet sich der schönste Ausblick auf die Hauptfassade der Kathedrale.

Insider Tipp

ESSEN & TRINKEN

Ó-42

Insbesondere bei den Meeresfrüchten ein Hit. Von den Einheimischen stark frequentiert und auch gut für ein paar Tapas. *Tgl. | Rúa do Franco 42 | Tel. 981 58 10 09 | €–€€*

TOÑI VICENTE

Galicische Schätze aus Meer und Garten, in edelste Kochkunst verpackt. *So geschl. | Avenida Rosalía de Castro 24 | Tel. 981 59 41 00 | www.tonivicente.com | €€€*

EINKAUFEN

Mo–Sa vormittags lebhafter *Wochenmarkt* an der *Praza de Abastos,* frischer Fisch (außer Mo), Käse, Kräuter- und Gemüsefrauen mit Körben.

ÜBERNACHTEN

CAMPANAS DE SAN JUAN

Freundliche Altstadtpension mit gehobenem Standard nahe der Kathedrale. Sie liegt etwas versteckt und ist für Besucher mit Auto eher ungeeignet. *7 Zi. | Campanas de San Juan 6 | Tel. 981 55 27 37 | Fax 981 55 27 38 | www.campanasdesanjuan.com | €*

HESPERIA PEREGRINO

Das gepflegte Viersternehaus liegt 20 Fußminuten von der Altstadt entfernt und somit ein Stück abseits des Citytrubels. Klimatisierter Sommerpool mit Grünanlagen, von den oberen Etagen schöne Ausblicke. *149 Zi. | Avenida Rosalía de Castro | Tel. 981 52 18 50 | Fax 981 52 17 77 | www.hesperia.com | €€€*

AUSKUNFT

Rúa do Vilar 30–32 | Tel./Fax 981 57 65 86 | www.santiagoturismo.com

ZIEL IN DER UMGEBUNG

RIA DE MUROS E NOIA [174 A2]

Den äußersten Inlandseinschnitt der Ria knapp 35 km westlich von Santiago de Compostela markiert das Städtchen *Noia* (16 000 Ew.), wo Sie sich die Kirchen *San Martiño* (schönes Portal) und *Santa María a Nova* (Grabplatten) ansehen sollten. Angenehme Unterkunft finden Sie im *Hotel Park Ria de Noya (63 Zi. | Río do Porto | Tel. 981 82 37 29 | Fax 981 82 31 33 | www.hotelpark.es | €–€€).* Am Nordauslauf der von künstlich zur Muschelzucht angelegten Inseln durchsetzten Ria breitet sich die *Praia de San Francisco* aus, ein herrlicher sandiger Badestrand.

Insider Tipp

Muros (3000 Ew.) präsentiert sich als ein besonders malerischer galicischer Fischerort. Natürlich dürfen Fischrestaurants wie das vorzügliche *Don Bodegón (tgl. | Porta da Vila | Tel. 981 82 78 02 | €–€€)* nicht fehlen, und auch aus den Tapakneipen an der Durchgangsstraße wehen verführerische Düfte. Nach dem kulinarischen Stopp lohnt ein Bummel am Kai entlang und durch die handtuchschmalen Gassen der kleinen Altstadt.

IM SCHATTEN DER BERGRIESEN

Wer die Natur liebt, liegt hier goldrichtig – und folgt unausgetretenen touristischen Pfaden

Als natürliche Barriere schirmen die Pyrenäen Spanien von Mitteleuropa ab und spannen sich von der Atlantik- zur Mittelmeerküste. Im Zentralkamm wirft sich das Gebirge bis auf 3404 m auf, die raue Natur steht in Nationalparks unter Schutz. Dank des boomenden Landtourismus werden zunehmend auch verstecktere Winkel wie die aragonesische Provinz Huesca entdeckt, doch sind das keine Urlaubsregionen der Massen, sondern ideale Gebiete für Individualisten. Ruhe und Abgeschiedenheit sind garantiert – mit einer Einschränkung: Im Gebiet von Los Monegros südostlich von Huesca soll das „Las Vegas Europas" mit Kasinos, Golfplätzen und über 30 Hotels entstehen.

HUESCA

[177 E3] **Die Provinzhauptstadt (55000 Ew.) liegt auf knapp 500 m zwischen Pyrenäen und Ebrobecken.** Als Osca war sie

Bild: Nationalpark Aigüestortes

PYRENÄEN UND EBROTAL

schon den Römern bekannt und diente im Mittelalter kurzzeitig als Hauptstadt des Königreichs Aragonien. Die Innenstadt ist rasch überschaubar, Huesca wirkt auf angenehme Art provinziell.

Die gotische *Kathedrale (Sommer tgl. 8–13.30 und 16–19, sonst 8–13 und 16 (Sa/So 16.30) bis 18.30 Uhr | Plaza de la Catedral)* hat ihren Ursprung im 13. Jh., im Hochaltar mischen sich Gotik und Renaissance. Romanischen Ursprungs ist *San Pedro El Viejo (Mo–Sa 10–14 und 16 bis 19, Sommer 18–20 Uhr | Cuatro Reyes)* mit außergewöhnlich schönem Kreuzgang.

Im *Restaurante 1900 (tgl. | Padre Huesca 73 | Tel. 974 24 48 58 | €–€€)* finden Sie ein breites Angebot von Meeresfrüchten bis Entrecote und eine überzeugende Menüauswahl. Eine gute Wahl trifft man wochentags mit dem günstigen Tagesmenü. Insider Tipp

Eine imposante aragonesische Trutzburg in den Pyrenäen: Castillo de Loarre

Reisende ohne größere Ansprüche übernachten im *Hostal Lizana II (Plaza Lizana 6 | Tel. 974 22 07 76 | Fax 974 23 14 55 | www.hostal-lizana.com | €)* in guter Lage und zu gutem Preis. Modernen Dreisternekomfort im Herzen der Stadt bietet das *Pedro I de Aragón (129 Zi. | Calle del Parque 34 | Tel. 974 22 03 00 | Fax 974 22 00 94 | www.gargallo-hotels.com | €€)*. Auskunft: *Plaza Luis López Allue | Tel. 974 29 21 70 | Fax 974 29 21 54 | www.huescaturismo.com*

ZIELE IN DER UMGEBUNG

CANDANCHÚ [177 E2]

Klassischer Wintersportort 100 km nördlich an der französischen Grenze mit Berghotels, Skiliften und Pisten bis auf 2400 m. Der Großparkplatz liegt direkt an der Straße hinauf zum Pass von Somport. Ein typisches Wintersporthotel, in dem die Sommerpreise deutlich günstiger sind, ist das *Candanchú (54 Zi. | Carretera de Francia | Tel. 974 37 30 25 | Fax 974 37 30 50 | www.hotelcandanchu.com | €€)*.

CASTILLO DE LOARRE [177 E3] Insider Tipp

Als Bastion gegen die Mauren in der ersten Hälfte des 11. Jhs. errichtet, ist das Kastell eine der imposantesten Burgen Spaniens. Knapp 30 km nordwestlich von Huesca, wenige Kilometer hinter dem Dorf Loarre *(Nov.–Mitte März Di–So 10–16.30, Mitte März–Juni und Sept./Okt. Di bis So 10–13.30 und 16–19, Juli/Aug. tgl. 10–20 Uhr | www.castillodeloarre.com)*. Hier wurden Teile des monumentalen Hollywoodstreifens „Königreich der Himmel“ gedreht.

JACA [177 E2]

Lebhaftes 14 000-Ew.-Städtchen 65 km nördlich von Huesca mit strategischer Bedeutung und Zeugnissen mittelalterlicher Blüte. Über den Pass von Somport kommen seit alters Jakobspilger auf dem Camino Aragonés durch Jaca. In der City spielt sich das Leben um die lang gestreckte Calle Mayor ab, mitten in der Altstadt steht die romanische *Kathedrale* mit sehenswertem Kreuzgang. Weiteres wichtiges Monument ist die *Zitadelle.* Solide Unterkunft im *Hotel Conde Aznar (34 Zi. | Paseo de la Constitución 3 | Tel. 974 36 10 50 | Fax 974 36 07 97 | www.condeaznar.com | €€).* Auskunft: *Avenida Regimiento de Galicia 2 | Tel. 974 36 00 98 | Fax 974 35 51 65 | www.jaca.com*

Gut 20 km südwestlich (Abzweig an der N 240) lohnt das eindrucksvolle frühromanische Felsenkloster Insider Tipp *Monasterio de San Juan de la Peña (Kernzeiten Di–So, im Sommer tgl. 11–14 und 16–17.30 Uhr)* aus dem 10. Jh. einen Besuch. Auf dem Weg hinauf sollten Sie einen Stopp an der romanischen Klosterkirche *Santa Cruz de Serós* einschieben.

LEYRE, JAVIER, SANGÜESA UND SOS DEL REY CATÓLICO [177 D2–3]

Hoch über dem Klosterplateau des ★ *Monasterio de Leyre* (ausgeschilderter Abzweig ab der N 240) türmen sich die zerklüfteten Felsgebilde der Sierra de Leyre auf, im tiefen Tal breitet sich der blaugrüne Stausee von Yesa aus. Oben in der Bergeinsamkeit 120 km nordwestlich von Huesca erreichen Sie eines der schillerndsten Klöster am Camino Aragonés.

Aus der Frühzeit des Klosters stammt die romanische Krypta mit ihren klobigen Bögen und den tief in den Boden eingelassenen Säulen; das reich dekorierte Portal (12. Jh.) geleitet in die romanisch-gotische *Kirche (tgl. 10.15–14 und 16–19, Nov.–Feb. bis 18 Uhr).* Das Kloster wird von Benediktinern bewohnt. Bei deren gregorianischen Gesängen *(in der Regel tgl. 19 Uhr)* kommen Sie kostenlos in die Kirche, die ansonsten nur mit einem Eintrittsticket für den Gesamtkomplex betreten werden darf.

Sehr heimelig übernachten können Sie in den 32 recht kleinen Zimmern der *Hospedería (Tel. 948 88 41 00 | Fax 948 88 41 37 | www.monasteriodeleyre.com | €€)* gleich neben dem Kernbereich des Klosters. Hier tankt man Ruhe und genießt die gute Küche im angeschlossenen Restaurant.

In Sichtweite zur Sierra de Leyre klebt die *Burg von Javier (tgl. 9–13 und 16–19 Uhr)* auf einem schroffen Felsplateau. Auf dem Kastell kam 1506 Francisco Javier zur Welt, Mitbegründer des Jesuitenordens und Schutzpatron von Navarra.

MARCO POLO HIGHLIGHTS

★ Monasterio de Leyre
Gebirgskloster in den Pyrenäen mit einzigartiger Krypta und Gästehaus (Seite 75)

★ Parque Nacional Ordesa y Monte Perdido
Wandern im Herzen der Pyrenäen (Seite 76)

Prunkstück des alten Pilgerstädtchens *Sangüesa* am Río Aragón ist die Kirche *Santa María la Real* (12. Jh.), deren reich dekoriertes Figurenportal den kleinen Abstecher lohnt. Außerhalb des historischen Kerns liegt das moderne, solide Zweisternehotel *Yamaguchi (40 Zi. | Carretera Sangüesa–Javier | Tel. 948 87 01 27 | Fax 948 87 07 00 | www.hotelyamaguchi.com | €).*

15 km südöstlich von Sangüesa erreichen Sie den traumhaften Steinort *Sos del Rey Católico,* dessen Kern komplett unter Denkmalschutz steht.

PARQUE NACIONAL ORDESA Y MONTE PERDIDO ★ [177 E–F2]

Wilde Gebirgsromantik – in den aragonesischen Pyrenäen haben die Gletscherströme der Eiszeit u-förmige Täler wie jenes von Ordesa hinterlassen, die heute Wanderer in ihren Bann ziehen. Überragt von den Gipfeln um den 3355 m hohen Monte Perdido, steht das gut 150 km² große Gebiet rund 100 km nordöstlich von Huesca als Nationalpark *(www.ordesa.net)* unter Schutz.

„Höhe 1700 m – Übernachten erst ab 2100 m gestattet": Der Naturschutz im Nationalpark Ordesa y Monte Perdido bewirkt ungewöhnliche Vorschriften

Für Wanderer beginnt der Tagestourklassiker ca. 10 km nordöstlich von Broto auf einer Höhe von rund 1200 m am Großparkplatz Pradera de Ordesa (während der Karwoche, Anfang Juli–Mitte Sept. sowie um den 12. Okt. gesperrt, dann Busshuttle). Ziel der Wandertour (hin und zurück rund 20 km) ab Pradera de Ordesa ist der Wasserfall *Cola de Caballo* am Ende des spektakulären Ordesatals. Ausgedehntere Bergwanderstrecken führen bis auf den Monte Perdido. Im urigen *Torla* gibt es einige Unterkünfte wie das Zweisternehotel *Edelweiss (57 Zi. | Avenida Ordesa | Tel. 974 48 61 73 | Fax 974 48 63 72 | www.ordesa.net/hotel-edelweiss | €).*

RONCAL [177 D2]

Das Valle de Roncal formt das östlichste Pyrenäental Navarras, ein tiefer, grüner Einschnitt mit weißer Pracht im Winter. Dann werden die Langlaufloipen eröffnet. Ansonsten ist das Steindorf *Roncal* 120 km nordwestlich von Huesca ein beliebter Stützpunkt für Wander- und Naturfreunde. Kleine Geschäfte bieten Insider Tipp herzhaft-würzigen Schafskäse an. Auskunft: *Carretera Isaba | Tel. 948 47 52 56 | Fax 948 47 53 16 | oit.roncal@navarra.es*

LA SEU D'URGELL

[182 C1] **Alleine die Umgebung lohnt die Anfahrt: ein breites, sattgrünes Tal mit Weiden und Apfelbaumwiesen, nach Süden der Ausblick auf die Silhouette der Serra del Cadí, im Norden der Hauptstrang der Pyrenäen.** Außerdem bietet das 13 000-Ew.-Städtchen malerische Altstadtgassen wie den Carrer Major und vor allem den von Arkaden flankierten Carrer dels Canonges, wo man sich in den Einheimischenbars Tapas und *vino* gönnen sollte. Nette Cafés an der Plaça dels Oms. Architektonisches Prunkstück der Altstadt ist die romanische Kathedrale *Santa Maria,* an die sich einer der prächtigsten spanischen Kreuzgänge und das lohnende *Diözesanmuseum (Sommer Mo–Sa 10–13 und 16–19, So 10–13, sonst tgl. 11–13 Uhr)* anschließen. Beim Bummel durchs Grün hat man die Auswahl zwischen den beiden *Stadtparks Valira* und *Parc Olímpic del Segre.*

Eine gute Zweisterneunterkunft mit angeschlossenem Restaurant ist das im Zentrum gelegene *Hotel Nice (51 Zi. | Avinguda Pau Claris 4–6 | Tel. 973 35 21 00 | Fax 973 35 12 21 | www.hotelnice.net | €€).* Auskunft: *Avinguda Valls d'Andorra 33 | Tel. 973 35 15 11 | www.turismeseu.com*

ZIELE IN DER UMGEBUNG

ANDORRA [182 C1]

Die Grenze zum 464 km² großen Zwergstaat und Steuerparadies Andorra liegt 10 km nördlich von La Seu d'Urgell. In den Einkaufsschneisen der Hauptstadt Andorra la Vella (22 000 Ew.) herrscht ein unver-

> LOW BUDGET

> Das Pyrenäengebiet um Roncal ist ein Zentrum des Landhaustourismus in Navarra. Hier findet man vielerorts günstige Unterkünfte (Übersicht auf *www.roncal-salazar.com*). Gute Adressen sind z. B. in *Roncal* das *Hostal Rural Zaltua (11 Zi. | Tel. 948 47 50 08 | €)* und die *Villa Pepita (7 Zi. | Tel. 948 47 51 33 | €)* und in *Ochagavía* die *Casa Osaba (7 Zi. | Tel. 948 89 00 11 | www.casaosaba.com | €).*

> Andorra mag als Einkaufsparadies überbewertet sein, doch eines lohnt sich auf alle Fälle: volltanken! Die Benzinpreise sind wesentlich günstiger als in Spanien.

gleichliches Gewimmel. Banken und Megashops voller Alkoholika, Parfums, Kameras und Kleider reihen sich vor allem an der Avinguda Meritxell auf. Ansonsten bietet Andorra la Vella keine zwingenden Ziele. Höchster Punkt ist der *Pic de Coma Pedrosa* (2946 m). Das 65 000 Ew. zählende Andorra ist auch ein beliebtes Wintersportziel, über das sich rund 270 km Pisten verteilen. Offizielle Amtssprache ist Katalanisch.

PARC NATURAL DEL CADÍ-MOIXERÓ [182 C1]

Der gut 400 km^2 große Naturpark, der 25 km südöstlich von La Seu d'Urgell beginnt, bietet Lebensraum u. a. für Gämsen, Marder und Steinadler. Prägnant für die Flora sind Weißtannen, Kiefern, Wacholder und Rhododendron. Die schroffe Vorgebirgswelt der Pyrenäen ragt hier bis zu 2648 m hoch auf. Im Frühjahr und Herbst gehen Wanderer ab Cava, Estana und Ansovell auf Tour.

PARQUE NACIONAL DE AIGÜESTORTES [182 B–C1]

Wilde Gebirgskulissen von fast 3000 m Höhe, Wasserfälle, Gletscherseen und Kiefernwälder machen einen Trip in den Nationalpark 80 km nordwestlich zum unvergesslichen Naturerlebnis. Größter See ist der *Estany de Sant Maurici.* Einstiegspunkte in den Nationalpark über Espot oder Boí. Infos im Internet unter *www.ribagorca.com*

ZARAGOZA

[177 E4] **Die Expo 2008 mit ihrem Weltausstellungsgelände an den Ufern des Río Ebro hat Zaragoza nachhaltig geprägt.** Angesichts der Fülle an Gewerbegebieten und Satellitenvierteln erweckt Aragóns Hauptstadt (640 000 Ew.) allerdings keine Liebe auf den ersten Blick – doch im historischen Kern ändert sich der Eindruck. Hier spürt man dem alten Zaragoza der Römer und Mauren nach und lässt sich von

Markant ragen die Türme von Zaragozas Basilika aus der Ebene des Río Ebro

einer quicklebendigen Metropole einfangen. Zu den Hinterlassenschaften der Expo zählen ein riesiges Süßwasseraquarium *(Acuario Fluvial)*, die von Zaha Hadid entworfene Flussbrücke *(Pabellón Puente)* und der Wasserturm *(Torre del Agua)*, mit seinen 73 m Wahrzeichen der Expo.

SEHENSWERTES

BASÍLICA DE NUESTRA SEÑORA DEL PILAR

Die pompöse Glaubensburg ist das Wahrzeichen der Stadt. Die heutige Gestalt der Basilika geht auf das 17. bis 20. Jh. zurück. Im dreischiffigen Inneren mischen sich barocke und klassizistische Einflüsse. Lohnende Panoramablicke über die Stadt vom Turm. *Sommer tgl. 5.45–21.30, sonst Mo–Sa 5.45–20.30, So bis 21.30 Uhr | Plaza del Pilar*

CATEDRAL DE SAN SALVADOR (LA SEO)

Stilmixtur vom 12. bis 18. Jh., einst auf den Resten einer Moschee errichtet. *Sommer Di–So 10–19, sonst Di bis Fr 10–14 und 16–18, Sa 10–13 und 16–18, So 10–12 und 16–18 Uhr | Plaza de la Seo*

LA LONJA

Die einstige Börse, ein prächtiges Renaissancepalais aus dem 16. Jh., dient heute als Ausstellungszentrum. *Di–Sa 10–14 und 17–21, So 10–14 Uhr | Plaza del Pilar*

MUSEO DEL FORO DE CAESARAUGUSTA

Hier geht es auf unterirdische Spurensuche in Zaragozas römischer Vergangenheit; mit guter audiovisueller Schau. *Di–Sa 10–14 und 17–20, So 10–14 Uhr | Plaza de la Seo 2*

ESSEN & TRINKEN

GOYESCO

Ein zuverlässiger Klassiker in der Restaurantszene der Stadt. *So geschl. | Manuel Lasala 44 | Tel. 976 35 68 70 | €€€*

EL PATIO DE DON JULIÁN

Günstige Mittagsmenüs in angenehmem Ambiente. *Mo/Di geschl. | Don Teobaldo 8–10 | Tel. 976 20 17 38 | €*

EINKAUFEN

Exklusive Shoppingzonen konzentrieren sich um die *Avenida de la Independencia*. Ein Bummel durch die schöne Markthalle *(Mercado Central, Avenida César Augusto)* ist allein wegen der stählernen Bautechnik von 1903 interessant.

ÜBERNACHTEN

NH CIUDAD DE ZARAGOZA

Zentral, komfortabel und freundlich. *124 Zi. | Avenida César Augusto 125 | Tel. 976 44 21 00 | Fax 976 44 33 61 | www.nh-hotels.com | €€€*

SANTA GEMA

Pension mit einfachen Zimmern, teils nur mit Waschbecken. *16 Zi. | Santander 3 | Tel. 976 35 30 90 | www.hostalsantagema.com | €*

AM ABEND

Bars für junges Publikum vor allem um die *Calle Predicadores*, Cafés im Bereich der *Plaza Santa Cruz*, Tapabars und Pubs im Viertel *El Tubo*.

AUSKUNFT

Plaza del Pilar | Tel. 976 39 35 37 | Fax 976 72 12 81 | http://cmisapp.zaragoza.es

> IM KLASSISCHEN LAND DES URLAUBS

An den Küsten zwischen der französischen Grenze und Andalusien reihen sich Buchten, Strände und lebendige Städte auf

> Alljährlich erfüllen die Küstenregionen am Mittelmeer Millionen Ferienträume und halten für jeden Geschmack etwas bereit. Zubetonierte Streifen wechseln sich mit wildromantischen Badebuchten ab, scharfe Klippen mit langen Sandbändern, Urlaubskracher wie Benidorm und Lloret de Mar mit historischen Städten wie Tarragona. Und das weltoffene Barcelona ist ein Kapitel für sich.

Von Nordost nach Südwest stehen zur Wahl: die Wilde Küste (Costa Brava), die Goldküste (Costa Daurada), die Orangenblütenküste (Costa del Azahar), die Costa de València, die Weiße (Costa Blanca) und die Warme Küste (Costa Cálida). In einigen Regionen erfreut man sich an weit über 300 Sonnentagen pro Jahr. Viele auswärtige *residentes* haben sich Erst- oder Zweitwohnsitze zugelegt. Wegen ihrer Wasserqualität sind viele Strände mit der Blauen Flagge ausgezeichnet worden. Über die Fülle an

Bild: Cadaqués an der Costa Brava

ÖSTLICHE MITTELMEER KÜSTE

sehenswerten Zielen berichten die MARCO POLO Bände „Costa Brava", „Costa Blanca" und „Barcelona"; dieser Band muss sich auf das Allerwichtigste beschränken.

ALACANT (ALICANTE)

[181 E4] **Schon die alten Römer rühmten das besondere Licht, das sich heute sowohl über nüchterne Blocks als auch über schöne Promenaden, Jachten und angenehme Parkanlagen legt.** Das Leben in Alicante (320 000 Ew.) spielt sich rund ums Meer ab, in der Altstadt um das barocke Rathaus und die Kathedrale San Nicolás und in den geschäftigen Zonen um die Rambla Méndez Núñez. Marktatmosphäre lässt sich auf dem *Mercado Central* schnuppern, Gott und die Welt trifft sich auf der palmenbestandenen *Ex-*

planada de España, auf der 6,6 Mio. verschiedenfarbige Marmorstückchen eingelassen sind. Ein beliebter stadtnaher Strand ist die kilometerlange *Playa de Sant Joan,* Bootstouren führen zur *Isla de Tabarca* mit ihrer kleinen *Playa de Levante.* Die

MUSEO ARQUEOLÓGICO PROVINCIAL

Spaziergänge durch die Vergangenheit mit Schwerpunkten zwischen Prähistorie und Mittelalter. *Di bis Sa 10–19, So 10–14 Uhr | Plaza del Dr. Gómez Ulla | www.marqalicante.com*

Palmenpromenade: die Explanada de España, Alicantes Flaniersteg

Szene trifft sich in der ▶▶ Ausgehzone am Hafen, wo es eine Vielzahl an Cafés und Pubs gibt.

SEHENSWERTES

CASTILLO DE SANTA BÁRBARA

Imposant thront die Burg auf dem schroffen Monte Benacantil über der Stadt – die Ausblicke sind grandios. Die Ursprünge reichen in maurische Zeiten Ende des 9. Jhs. Das Kastell ist bequem mit dem Aufzug erreichbar. *Tgl. 10–20, Winter 9–19 Uhr*

> www.marcopolo.de/spanien

ESSEN & TRINKEN

BIOMENÚ

Beliebtes vegetarisches Restaurant mit großer Auswahl, die man sich selbst zusammenstellt. Das Salatbuffet ist der Renner. *So geschl. | Navas 17 | Tel. 965 21 31 44* | €

Insider Tipp

DÁRSENA

Hier stimmen Meerblick und Küche, die Reisgerichte sind famos. *Tgl. | Marina Deportiva | Muelle de Levante 6 | Tel. 965 20 75 89* | €€€

ÜBERNACHTEN

CASTILLA ALICANTE

Modernes Dreisternehaus an der Playa de Sant Joan, günstige Nebensaisontarife. *155 Zi. | Avenida Países Escandinavos 7 | Tel. 965 16 20 33 | Fax 965 16 20 61 | www.hotelcastillalicante.com* | €–€€

GOYA

Solide Zweisternequalität 1 km vom Meer. Alle Zimmer klimatisiert. *84 Zi. | Maestro Bretón 19 | Tel. 965 14 16 59 | Fax 965 20 01 30 | www.centrotelgoya.com* | €

AUSKUNFT

Rambla de Méndez Núñez 23 | Tel. 965 20 00 00 | Fax 965 20 02 43 | www.alicanteturismo.com

ZIELE IN DER UMGEBUNG

BENIDORM [181 E–F3]

„Manhattan am Mittelmeer" – dieser Beiname trifft den Kern dieser Urlauberboomtown (65 000 Ew.) an der Costa Blanca. Hotelangebot und Entertainment sind riesig. Aus der Skyline ragt das Gran Hotel Bali hervor, eines der höchsten Hotels Europas. Den natürlichen Boden der Beliebtheit haben die beiden feinsandigen Strände bereitet, die *Playa de Levante* und die *Playa de Poniente.* Schöne Aussichten auf die Strände bieten Promenaden und Plateaus am Rand der Altstadt. Historisch wichtiges Bauwerk ist die Kirche *Sant Jaume* mit dem Marienbildnis der Virgen del Sufragio.

Wer in Benidorm Fun will, bekommt Fun. Für lange Nächte stehen all die Restaurants, Cafés, Pubs, Konzerte, Liveshows und Diskotheken. Viele ▸▸ Diskos befinden sich an der nordöstlichen Stadtausfahrt Richtung Altea *(Avinguda Comunitat Valenciana).* Vergnügen besonderer Art bietet der reißerisch aufgemachte Themenpark *Terra Mítica (März–Anfang Dez., Juni–Mitte Sept. tgl., sonst oft nur an den Wochenenden 10–20 oder 10–1 Uhr | www.terramiticapark.com)* – vorausgesetzt, man ist bereit, 34 Euro Eintritt zu investieren. Unter dem Oberthema alte Kulturen geht es auf die neuesten Fahrgeschäfte.

Auskunft: *Avinguda Martínez Alejos 16 | Tel. 965 85 13 11 | Fax 966 80 88 58 | www.benidorm.org*

ELX (ELCHE) [181 E4]

In Elx 20 km südwestwärts gibt es mehr Palmen als Bewohner (200 000 Ew.). *El Palmeral,* der historische Palmenhain aus der Maurenzeit,

MARCO POLO HIGHLIGHTS

★ Girona
Streifzüge durch die verwinkelte Altstadt (Seite 89)

★ Gaudís Barcelona
Das steinerne Erbe des genialen katalanischen Jugendstilarchitekten (Seite 86)

★ Tarragona
Hier lebt die römische Vergangenheit fort (Seite 98)

★ Teatre-Museu Dalí
Dalís surrealistische Phantasien bestaunt man am besten in seiner Heimatstadt Figueres (Seite 92)

zählt ebenso zum Welterbe der Unesco wie das Mysterienspiel *Misteri d'Elx,* das alljährlich am 14. und 15. August in der Basilika Santa María aufgeführt wird. Höhepunkt des Streifzugs durch die Palmenhaine ist der *Huerto del Cura (Nov.–Feb. tgl. 10–17, sonst tgl. ab 9 Uhr mit wechselnden Schließzeiten in den späteren Abendstunden | Porta de la Morera).* In der Nähe liegt das stilvolle *Hotel Huerto del Cura (81 Zi. | Porta de la Morera 14 | Tel. 966 61 00 11 | Fax 965 42 19 10 | www.hotelhuertodelcura.com | €€–€€€).* Auskunft: *Parque Municipal | Tel. 965 45 27 47 | Fax 965 45 78 94 | www.turismedelx.com*

BARCELONA

KARTE AUF SEITE 184/185

[183 D3] Kataloniens Hauptstadt (1,6 Mio. Ew.) zählt zu den pulsierendsten und faszinierendsten Metropolen Europas. Barcelonas Geschichte reicht bis in die Römerzeit zurück. Größter Pluspunkt der Stadt ist ihre Vielgesichtigkeit. Da gibt es Parks und Promenaden, Altstadt und Ausgehzonen, den Hafen und die Rambla, reichlich Museen und die Jugendstilbauten Antoni Gaudís. Barcelona breitet sich zwischen den Ausläufern der Serra de Collserola und dem Mittelmeer aus, die 13 km breite Uferzone ist von mehreren lohnenden Stränden durchsetzt. Hausberge sind der hafennahe *Montjuïc* und der rückwärtig gelegene *Tibidabo* (532 m), die beide hervorragende Ausblicke bieten. Da sich nicht alles zu Fuß bewältigen lässt, wird man wahrscheinlich öfter auf die bestens ausgebaute Metro zurückgreifen. Über der Erde verkehrt der speziell auf die Bedürfnisse von Besuchern zugeschnittene *Bus Turístic,* eine Buslinie, die auf den großen Routen Nord und Süd verkehrt; Schnittstelle ist die Plaça de Catalunya. Tickets sind entweder an Bord oder im Touristenbüro an der Plaça de Catalunya erhältlich.

Ausführliche Informationen finden Sie im MARCO POLO Band „Barcelona".

> CATALÀ, EUSKERA, GALEGO

Selbstgefühl durch eigene Sprachen und Traditionen

Spanien ist offiziell viersprachig. Außer Spanisch *(castellano)* sind Katalanisch *(català),* Baskisch *(euskera)* und Galicisch *(galego)* verbreitet. Besonders ausgeprägt ist die Benutzung von *català,* das von etwa 6 Mio. Menschen gesprochen bzw. verstanden wird. Die Verbreitung reicht von den Pyrenäen bis hinab an die Costa Blanca (hier heißt die Sprachvariante allerdings *valencià*), während sich *euskera* auf das historische Baskenland und *galego* auf die Region Galicien beschränkt. Der Gebrauch der eigenen Sprachen unterstreicht regionales Selbstbewusstsein, das zu Zeiten der Franco-Diktatur nach Kräften unterdrückt wurde. In Katalonien ist man ebenso stolz auf eigene Sitten und Gebräuche, tanzt die *sardana,* baut bei Festen atemraubende Menschenburgen und hisst natürlich die eigene Flagge, *senyera* genannt.

SEHENSWERTES

BARRI GÒTIC [185 D–E5]

Im Gotischen Viertel schlägt Barcelonas wahres Altstadtherz, pocht das Leben zwischen Rambla und *Kathedrale.* Im Kreuzgang des wuchtigen Gotteshauses erinnern 13 weiße Gänse an jenes Alter, in dem die junge Stadtpatronin Eulalia ihr Martyrium erlitt. Die *Pla de la Seu,* die *Plaça del Pi* und die *Plaça de Sant Jaume* zählen zu Barcelonas Vorzeigeplätzen, Letztere mit dem Rathaus. Die architektonische Pracht setzt sich mit dem *Königspalast* und dem *Historischen Stadtmuseum* fort.

Mindestens ebenso schön ist ein Streifzug durch die engen Gassen; im Bereich um den *Carrer del Call* lag im Mittelalter das Judenviertel. Für den abschließenden Höhepunkt und den Übergang zur nahen Rambla sorgt die arkadenumzogene *Plaça Reial* – hier sollten Sie sich einen Drink gönnen.

EIXAMPLE [184–185 C–D 4–5]

Eixample heißt der Neustadtgürtel nordwestlich der Plaça de Catalunya, der im 19. Jh. am Reißbrett entworfen wurde. Der *Passeig de Gràcia,* eine 60 m breite Promenade mit vielen Restaurants und eleganten Geschäften, versammelt die besten architektonischen Zeugnisse des *modernisme,* der katalanischen Variante des Jugendstils.

Zentraler Knotenpunkt im Herzen der Stadt am Ende der Rambles ist die Plaça de Catalunya

FUNDACIÓ TÀPIES [185 D4]

Werkschau des katalanischen Malers und Grafikers Antoni Tàpies. Wechselnde Exponate des Meisters. *Di–So 10–20 Uhr | Aragó 255 | www.fundaciotapies.org*

GAUDÍS BARCELONA ★

In Barcelona hat Jugendstilgenie Antoni Gaudí (1852–1926) seine weltweit bekanntesten Werke hinterlassen. Nach englischem Vorbild einer Gartenstadt schuf er den traumhaften *Parc Güell* ([0] | *tgl. 10–18, Sommer 10–21 Uhr;* dort auch *Casa-Museu Gaudí,* sein vorübergehendes Wohnhaus); die *Casa Milà* (*[184 C4] | tgl. 10–20 Uhr | Passeig de Gràcia 92);* die *Casa Batlló* (*[185 D4] | tgl. 9–20 Uhr | Passeig de Gràcia 43 | www.casabatllo.es);* den kuriosen Stadtpalast für seinen Förderer Eusebi Güell, *Palau Güell* (*[185 D5] | Di–Sa 10 bis 14.30 Uhr | Nou de la Rambla 3–5),* und die grandiose Sühnekirche *Sagrada Família* (*[0] | März–Sept. tgl. 9–20, Okt.–Feb. 9–18 Uhr | Carrer de Mallorca | www.sagradafamilia.org),* an der immer noch weitergebaut wird; in der Krypta liegt Gaudí begraben. Gute Internetinfos zu Gaudí und seinen Werken unter *www.gaudiallgaudi.com.*

Gaudís Meisterwerk: die Sagrada Familia

MUSEU MARÍTIM [185 D–E6]

Allein der Rahmen des Schifffahrtsmuseums – die alten königlichen Werfthallen – ist ein Erlebnis. *Tgl. 10–20 Uhr | Avinguda de Drassanes | www.museumaritimbarcelona.org*

MUSEU PICASSO [185 E5]

Hervorragend aufbereitete Werkschau von Meister Picasso, die sich über mehrere miteinander verbundene Paläste erstreckt. Für Kunstliebhaber ein Muss! *Di–So 10–20 Uhr | Montcada 15–19 | www.museupicasso.bcn.es*

PARC DE LA CIUTADELLA [185 E–F 4–5]

Weitläufige grüne Lunge und 1888 Schauplatz der Weltausstellung, an die der *Arc de Trionf* erinnert. Das Areal ist beliebt unter Spaziergängern und Joggern. Einen Teil des Parks nimmt der täglich geöffnete *Zoo (www.zoobarcelona.com)* ein. Ebenfalls hier zu finden ist das katalanische Parlament.

PARC DE MONTJUÏC [184–185 C–D6]
Über den 213 m hohen Berg verteilen sich gleich mehrere Sehenswürdigkeiten. Traumhafte Ausblicke gibt das historische *Kastell* frei. Das *Olympiastadion* erinnert an die Sommerspiele 1992, das künstliche „Spanische Dorf" *Poble Espanyol (Mo 9 bis 20, Di–Do 9–2, Fr 9–4, Sa 9–5, So 9–24 Uhr | www.poble-espanyol.com)* an die Weltausstellung 1929: Man geht durch ein künstliches Spanien in Kleinformat, das angefüllt ist mit Kneipen und Restaurants; gelegentlich Musik und Shows. Einen Höhepunkt beschert das im vieltürmigen Palau Nacional untergebrachte *Museu Nacional d'Art de Catalunya (Di–Sa 10–19, So 10–14.30 Uhr | www.mnac.es)*, das die Kunstgeschichte vom 10. bis 20. Jh. aufrollt. Ganz im Zeichen des Malers und Bildhauers Joan Miró (1893–1983) steht das vorzüglich aufgemachte Museum *Fundació Joan Miró (Di/Mi und Fr/Sa 10–19, Sommer bis 20, Do 10–21.30, So 10–14.30 Uhr | www.bcn.fjmiro.cat)*.

PORT VELL [185 E5–6]
Der Alte Hafen beginnt hinter dem Kolumbus-Denkmal und lockt nicht nur mit dem Blick auf die Jachten. Magnetisch zieht der stilvolle Geschäfts- und Ausgehkomplex *Maremagnum* Besucher an, das *Aquarium (Mo–Fr 9.30–21, Sa/So 9.30–21.30, im Sommer abends bis 23 Uhr | www.aquariumbcn.com)* ist eines der besten in ganz Spanien. An Bord der *golondrinas*-Boote stechen Sie zu interessanten Hafenrundfahrten in See. An Land lohnt sich von hier aus ein Abstecher ins Viertel Barceloneta.

RAMBLA [185 D5]
Flanierpromenade Nummer eins, bei Tag und Nacht ein Erlebnis. Die Rambla verläuft von der Plaça de Catalunya 1200 m hinab Richtung Kolumbus-Denkmal und Hafen, vorbei an Cafés, Hotels, dem *Mercat de la Boqueria* (legendäre, stimmungsvolle Markthalle) und dem Opernhaus *Gran Teatre del Liceu*. Für buntes Leben sorgen Straßenkünstler, Musiker, Karikaturisten, Blumenhändler. Vorsicht vor Taschendieben!

ESSEN & TRINKEN

CULLERETES [185 D5]
Seit 1786 ein Klassiker unter Barcelonas Speisetempeln, typische regionale Kost. *So-Abend und Mo geschl. | Quintana 5 | Tel. 933 17 64 85 | www.culleretes.com* | €€–€€€

MOO [184 C4]
Das Spitzenrestaurant im Designhotel Omm überzeugt mit seiner innovativen Küche. Auch die Weinkarte ist exzellent bestückt. *So geschl. | Rosselló 265 | Tel. 934 45 40 00* | €€€

TAPA TAPA [185 D4]
Hier bekommen Sie Häppchen bis zum Abwinken. *Tgl. | Passeig de Gràcia 44 | Tel. 934 88 33 69* | €

EINKAUFEN

In der Oberstadt ([184–185 C–D4] | *Rambla de Catalunya, Passeig de*

Gràcia, Avinguda Diagonal und Seitenstraßen) werden die Geschäfte erlesener und teurer. Bodenständiger geht es in der Altstadt zu, auch was Konditorwaren und Delikatessen betrifft. Die Kaufhauskette *El Corte Inglés* ist gleich mehrfach vertreten (u. a. an der *Plaça de Catalunya* [185 D4–5] und an der *Avinguda del Portal de l'Àngel* [185 D5]). Eine gute Auswahl an junger Mode für sie und ihn findet sich in der Altstadt im Bereich um den *Carrer de la Portaferrissa*. Insider Tipp

> LOW BUDGET

- In Barcelona besorgen Sie sich am besten die Barcelona Card. Damit erhalten Sie Ermäßigungen bzw. freien Eintritt in vielen Museen, außerdem ist die kostenlose Benutzung öffentlicher Verkehrsmittel enthalten. Die Card bekommen Sie in den Touristeninformationen; sie kostet je nach Gültigkeitsdauer (zwei bis fünf Tage) 24–36 Euro.
- In Benidorm bietet das strandnahe Hotel *El Palmeral* (63 Zi. | *Altea 2, Playa de Poniente | Tel. 965 85 01 76 | Fax 965 85 97 77 | www.hotelpalmeral.com | €)* ein gutes Preis-Leistungs-Verhältnis. Fair sind auch die Preise für das Frühstücksbuffet und für das Mittag- bzw. Abendessen (6 bzw. 10,80 Euro), jeweils zuzüglich sieben Prozent Mehrwertsteuer.
- In Alicante ist der Eintritt ins Museum der Schönen Künste frei. Die Bandbreite reicht vom Mittelalter bis ins 20. Jh. *Museo de Bellas Artes Gravina | Di–Sa 10–14 und 16–20 (Mai–Sept. 17–21), So 10–14 Uhr | Gravina 13–15 | www.mubag.org*

ÜBERNACHTEN

ARTS [185 F4]

Das 154 m hohe Hotel mit Gourmetrestaurant und Spa liegt beim Olympiahafen und ist ein modernes Wahrzeichen der Stadt. Nichts ist zu aufwendig, um höchsten Ansprüchen zu genügen. Der Fitnessbereich ist rund um die Uhr zugänglich. Insider Tipp *459 Zi. und 27 Apartments | Carrer de la Marina 19–21 | Tel. 932 21 10 00 | Fax 932 21 10 70 | www.hotelartsbarcelona.com | €€€*

CENTRAL [185 D4]

Ordentliches Hostal, Zimmer mehrheitlich mit Bad, strategisch günstig im erweiterten Zentrumsbereich unweit der Plaza Tetuán gelegen. *13 Zi. | Carrer Diputació 346 | Tel. 932 45 19 81 | Fax 932 70 07 54 | www.hostalcentralbarcelona.com | €€*

NERI [185 D5] Insider Tipp

Stilvolles Designhotel, aus einem Stadtpalais des 18. Jhs. mitten im Barri Gòtic erwachsen. Zeitgenössisches Dekor schlägt die Brücke zwischen Alt und Neu. Mit Restaurant. *22 Zi. | Sant Sever 5 | Tel. 933 04 06 55 | Fax 933 04 03 37 | www.hotelneri.com | €€€*

AM ABEND

Gute Anlaufstellen für junges Publikum sind die *Plaça Reial* [185 D–E5] und der *Carrer Escudellers* sowie die Kneipen im Riberaviertel [185 E5]. Im Stadtteil *Gràcia* [0] schwärmen die Einheimischen besonders gerne in Tapabars aus. Der Freizeitkomplex *Maremàgnum* [185 E6] am Hafen ist ein Dauerbrenner. In der Theaterszene macht das *Teatre Victòria*

In den Clubs und Bars um die Plaça Reial tauchen Sie in Barcelonas Nachtleben ein

([185 D6] | Avinguda Paral.lel 67 | Tel. 933 29 91 89 | www.teatrevictoria.com) immer wieder mit Insider Tipp exzellenten Musicalproduktionen auf sich aufmerksam.

AUSKUNFT

Plaça de Catalunya 17 [185 D4–5], *Tel. 932 85 38 34, www.barcelonaturisme.com;* weitere Infobüros an der *Plaça Sant Jaume* [185 E5] und der *Estació de Sants* [184 B5] sowie am *Flughafen* [0].

ZIEL IN DER UMGEBUNG

SITGES [182 C3]

Strand- und Badestadt (20 000 Ew.), die sich gerne „Juwel des Mittelmeers" nennt und eine bewegte Gayszene anzieht. Sandstrände und Palmenpromenaden sind die großen Pluspunkte, die verwinkelten Gassen der Altstadt bieten freundliche Ansichten und reichlich Möglichkeiten zur Einkehr und zum Shoppen. In und um Sitges gibt es mehrere Campingplätze; das Viersternehotel *Antemare (112 Zi. | Verge de Montserrat 48–50 | Tel. 938 94 70 00 | Fax 938 94 63 01 | www.antemare.com | €€€)* bietet feudale Unterkunft in einer relativ ruhigen Zone.

GIRONA

[183 D2] ★ **Die freundliche Provinzhauptstadt (75 000 Ew.) liegt am Riu Onyar und zeigt sich mit den flussnahen *Cases de l'Onyar* von ihren buntesten Seiten – die Häuser erstrahlen in gelben, roten und blauen Farben.** In der überaus charmanten Altstadt hält sich die Erinnerung an das mittelalterliche Judenviertel lebendig. Markanteste Bauwerke in der Altstadt sind die *Kathedrale* und die gotische Stiftskirche *Sant Feliu* mit ihrem hoch aufragenden Glockenturm. Überall laden kleine Bars und Restaurants zum Einkehren und verwinkelte Gassen zum Entdecken ein. Als breitere Bummelmeile sticht die *Rambla de* *la Llibertat* hervor, etwas außerhalb liegt der Stadtpark *La Devesa.*

SEHENSWERTES

BANYS ÀRABS

Araber haben sich in diesen „arabischen Bädern" nie geaalt. Es handelt sich um einen gleichwohl sehr interessanten Nachbau aus dem 12. Jh. *Mo-Sa 10–19, im Sommer bis 20, So 10–14 Uhr| Ferrán el Catòlic*

EL CALL

Dieser Name umreißt Kataloniens wichtigstes mittelalterliches Judenviertel, gelegen im Bereich um die Gasse Carrer de la Força. Gironas Judenviertel entwickelte sich ab dem 9. Jh., bis zu 1000 Menschen lebten hier; bei den großen antisemitischen Unruhen 1391 wurden viele Bewohner getötet oder vertrieben. Mitten im Viertel hält das im *Centre Bonastruc ça Porta* untergebrachte Jüdische Geschichtsmuseum *(Museu d'Història dels Jueus | Mo–Sa 10–18, Sommer 10–20, So 10–15 Uhr | Sant Llorenc)* die Erinnerung wach.

El Call: Gironas jüdisches Viertel

CATEDRAL

Eine breite Freitreppe führt hinauf zur Kathedrale, die vom 11. bis 18. Jh. in verschiedenen Stilen erbaut wurde. Im Innern Zugang zum Kathedralmuseum mit Domschatz und Kreuzgang. *Mo–Sa 10–19, im Sommer bis 20, So 10–14 Uhr | Plaça Catedral 12 | www.catedraldegirona.org*

MUSEU ARQUEOLÒGIC

Archäologisches Museum, teilweise untergebracht im vormaligen Benediktinerkloster Sant Pere de Galligants (11./12. Jh.). *Sommer Di–Sa 10.30–13.30 und 16–19, So 10–14, sonst Di–Sa 10–14 und 16–18, So 10–14 Uhr | Plaça de Santa Llúcia | www.mac.es*

MUSEU D'ART

Interessantes Kunstmuseum neben der Kathedrale. Exponate aus dem Mittelalter (Romanik, Gotik) und auch aus dem 19./20. Jh. *(modernisme). Di–Sa 10–18 (März–Sept. bis 19), So 10–14 Uhr | Pujada de la Catedral 12 | www.museuart.com*

MUSEU DEL CINEMA

Kinomuseum, das auf die Sammelleidenschaft des katalanischen Cineasten Tomàs Mallol zurückgeht. Auch Wechselausstellungen. *Mai bis Sept. Di–So 10–20, Okt.–April Di–Fr 10–18, Sa 10–20, So 11–15 Uhr | Carrer Séquia 1 | www.museudelcinema.org*

Insider Tipp **PASSEIG DE LA MURALLA**

Spaziergang über die Stadtmauerpromenade, wo Sie sich hoch über das historische Viertel erheben und von Türmen und Mauergängen schöne Aussichten genießen. Einstiegspunkte nahe Kathedrale und Plaça de Catalunya.

ESSEN & TRINKEN

ALBEREDA

Katalanische Küche, gehobenes Niveau. *Mo-Abend und So geschl. | Albereda 9 | Tel. 972 22 60 02 | €€€*

TAPAS

Kneipen und Cafés im Bereich der ▶▶ *Rambla de la Llibertat.*

ÜBERNACHTEN

COSTABELLA

Solides Dreisternehaus mit kleinem Pool. Am Wochenende oft günstigere Preise (nach *tarifa fin de semana* fragen!). *47 Zi. | Avinguda França 61 | Tel. 972 20 25 24 | Fax 972 20 22 03 | www.hotelcostabella.com | €€€*

AUSKUNFT

Rambla de la Llibertat 1 | Tel. 972 22 65 75 | Fax 972 22 66 12 | www.ajuntament.gi

ZIELE IN DER UMGEBUNG

Ausführliche Informationen finden Sie im MARCO POLO Band „Costa Brava/Barcelona".

BLANES [183 D2]

Letztes Strand- und Hafenstädtchen (34 000 Ew.) am Südende der Costa Brava, das sich unter Campern großer Beliebtheit erfreut und auch sonst mit einem beachtlichen Unterkunftangebot auftrumpft. Die Hauptstrände heißen *Platja de Blanes* und *Platja de S'Abanell,* etwas abseits liegt die malerische Badebucht *Cala de Sant Francesc.* Insider Tipp Die Promenaden und das geschäftige Hafenviertel sollten Sie nicht versäumen. Die traditionelle *Fischauktion* steigt Mo–Fr ab etwa 16 Uhr am Hafen. Im ▶▶ Altstadtviertel um den Passeig de Dintre finden Sie Bars und Cafés, die überwiegend von Einheimischen frequentiert werden.

Etwas außerhalb, in traumhafter Lage hoch über dem Meer, breitet sich der botanische Garten *Jardí Botànic Mar i Murtra (Juni–Sept. tgl. 9–20, April/Mai und Okt. 9–18, Nov.–März 10–17 Uhr | Passeig Carles Faust 9 | www.marimurtra.cat)* aus. Auskunft: *Passeig de Catalunya 2 | Tel. 972 33 03 48 | Fax 972 33 46 86 | www.blanes.cat*

CADAQUÉS UND PORT LLIGAT [183 E1]

Das malerische Küsten- und Hafenstädtchen (3000 Ew.) an der Costa Brava wurde von Künstlergenie Salvador Dalí einst als „verträumtes Dorf" betitelt. Dalí und andere sorgten dafür, dass Cadaqués zum viel beachteten Künstlertreff aufstieg und noch heute von diesem Image profitiert. Geblieben sind die kalkweißen Häuser, die pittoreske Bucht und die südländische Stimmung in den Altstadtgassen. Im Juli und August kann es drangvoll eng werden, dann empfehlen sich Reservierungen in den Restaurants, von denen sich viele am ▶▶ *Passeig Marítim* aufreihen. Für komfortable Unterkunft steht das Hotel *Playa Sol (49 Zi. | Pianc 3 | Tel. 972 25 81 00 | Fax 972 25 80 54 |*

www.playasol.com | €€); die vom Ausblick abhängigen Zimmerpreise schwanken ganz erheblich.

Lohnende Ausflüge führen ab Cadaqués nach Port Lligat und zum Cap de Creus. Im winzigen *Port Lligat* erwartet Sie die *Casa-Museu Salvador Dalí (Führungen in kleinen Gruppen, offiziell nur Zugang mit Vorabreservierung | Tel. 972 25 10 15 | www.salvador-dali.org | Mitte März–Mitte Juni sowie Mitte Sept.–Anfang Jan. Di–So 10.30–18, Mitte Juni–Mitte Sept. tgl. 9.30–21 Uhr),* das einstige Wohnhaus Dalís und seiner Muse Gala, das sie gemeinschaftlich aus Fischerhäuschen erwachsen ließen. Herausgekommen ist eines der kuriosesten Häuser in ganz Spanien, das in jedem Winkel herrlich versponnene Verrücktheiten bietet.

Im Naturpark *Cap de Creus* herrscht eine wildromantische Szenerie vor: Felsformationen, schroffe Buchten, Inselchen. Die letzten Pyrenäenausläufer versinken im Meer, das Kap selbst schiebt sich tief in die See hinein. Einen weithin sichtbaren Anhaltspunkt bietet der Leuchtturm; das benachbarte Restaurant *Cap de Creus (Tel. 972 19 90 05 | €€)* lohnt den Besuch allein wegen der Panoramaterrasse und des Blicks über die See. Im Restaurant werden Fischgerichte serviert, man kann auch eines von drei Apartments mieten (€€).

FIGUERES **[183 D1]**

Niemand kommt allein wegen des Bummelns, Einkaufens und Ausgehens in dieses Binnenstädtchen (35 000 Ew.). Magnetische Kraft übt das ★ *Teatre-Museu Dalí (Juli bis Sept. tgl. 9–20, März–Juni und Okt. Di–So 9.30–18, Nov.–Feb. Di–So 10.30–18 Uhr | www.salvador-dali.org)* aus, das einstige Stadttheater, das Meister Dalí in seiner Heimatstadt mit überbordenden Phantasien in einen Kunsttempel erster Güte verwandelte. Neben ausgewählten Bildern Dalís sind eigens für dieses Museum gestaltete Säle wie die Sala Mae West zu sehen. Im Foyer begrüßt einen der Cadillac mit Kühlerfigur, in der vergleichsweise schlichten Krypta liegt Dalí begraben. Ergänzend dazu bietet sich der Besuch von *Dalí – Joies (gleiche Öffnungszeiten | Pujada del Castell)* an; hier sind Schmuckarbeiten des Meisters zu sehen.

Nach dem Museumsbesuch können Sie sich der freundlichen, kleinen Altstadt und der Rambla zuwenden. Unterkunft bietet das *Hotel Duran (65 Zi. | Lasauca 5 | Tel. 972 50 12 50 | Fax 972 50 26 09 | www.hotelduran.com | €€),* das überdies mit einem guten Restaurant (€€–€€€) lockt; hier wird katalanische Speisetradition seit 1855 zelebriert. Auskunft: *Plaça del Sol | Tel. 972 50 31 55 | Fax 972 67 31 66 | www.figueresciutat.com*

LA BISBAL UND PÚBOL **[183 D–E2]**

Nehmen Sie sich genügend Zeit für Ausflüge ins Hinterland! *La Bisbal d'Empordà* bietet reichlich Keramikshops, bei *Ullastret* liegen die Reste einer Siedlung der Iberer. In *Pals* und *Peratallada* halten sich die mittelalterlichen Bilder mit lauschigen Plätzen und Gassen, Bogendurchgängen und Bruchsteinhäusern lebendig. In Peratallada sitzen Sie in den Terrassencafés im Bereich der Plaça de les Voltes besonders nett.

Insid Tip

Nehmen Sie ein weiteres Mal die Spur von Salvador Dalí auf, diesmal im eigentlich unscheinbaren *Púbol* 10 km nordwestlich von La Bisbal. Dalí schenkte die dortige Burg seiner Muse Gala, zu Beginn der Achtzigerjahre wohnte er vorübergehend selbst hier. Heute ist diese *Casa-Museu Castell Gala Dalí (Mitte Juni–Mitte Sept. tgl. 10–20, Mitte März–Mitte Juni und Mitte Sept.–Okt. Di–So 10 bis 18, Nov./Dez. 10–17 Uhr | www.salvador-dali.org)* für Besucher freigegeben. Zu den Skurrilitäten zählen Elefantenskulpturen im Garten.

Stippviste beim Genie: Das Teatre-Museu Dalí ist eine architektonische Wundertüte

LLORET DEL MAR [183 D2]

Dutzende Diskos, Kneipen, Bettenburgen, Spielhallen, Highlife und Anmache bis zum Abwinken – fröhlich rein ins Sommergetümmel. Wer sich für diesen Freiluftrummelplatz (22 000 Ew.) an der Costa Brava entscheidet, weiß, was er will. Tagsüber trifft man sich am 1,6 km breiten Hauptstrand, nach Einbruch der Dunkelheit geht es in den dahinter liegenden Straßen so richtig los. Die Innenstadt mit ihrer weit ausgreifenden Fußgängerzone ist ein einziges Einkaufscenter. Auskunft: *Avinguda de les Alegries 3 | Tel. 972 36 57 88 | Fax 972 36 18 18 | http://es.lloretdemar.org*

PALAFRUGELL UND CAP ROIG [183 E2]

Palafrugell (18 000 Ew.) dient als Sprungbrett an die nahen Strände und hat das Korkmuseum *Museu del Suro (Sommer tgl. 10–14 und 17–21, sonst Di–Sa 17–20, So 10.30–13.30 Uhr | Tarongeta 31 | www.museudelsuro.org)* zu bieten. Sonntags findet ein großer Markt statt. Auskunft: *Carrer Carrilet 2 | Tel. 972 30 02 28 | www.turismepalafrugell.org*

An der Küste locken der Strand- und Fischerort *Calella de Palafrugell, Tamariu* und *Llafranc,* wo sich der sommerliche Zustrom rund um den Hafen und die gefällige Promenade konzentriert. Die ursprünglichen, freundlichen Bilder haben ihren Preis – speziell in Llafranc wirkt manches ein wenig überteuert. Ein kurzer Ausflug führt zum *Cap Roig* mit seinem botanischen Garten, hoch hinauf geht es zum Leuchtturmplateau des *Far de Sant Sebastià.*

PALAMÓS [183 E2]

Rund 40 km südöstlich von Girona liegt dieses Hafenstädtchen (15 000 Ew.) mit breitem Sandstrand bis zur Nachbargemeinde Sant Antoni de Calonge. Ausgedehnte Promenaden und sommerliche Sportangebote zählen zu den weiteren Pluspunkten. In der Altstadt sind die gotische Kirche *Santa Maria del Mar* und der *Carrer Major* die wichtigsten Anhaltspunkte. Eine angenehme Unterkunft mit Swimmingpool und Garten bietet das Hotel *Sant Joan (22 Zi. | Avinguda Llibertat 79 | Tel. 972 31 42 08 | Fax 972 31 20 28 | www.hotelsantjoan.com | €€).* Auskunft: *Carrer Pere Joan 44 | Tel. 972 60 05 00 | www.palamos.cat.*

Ein Stück weiter südwestlich schließt sich mit *Platja d'Aro* das nächste Ferienzentrum an der Costa Brava an; auch dort überzeugt der lange Hauptstrand.

ROSES [183 E1]

Roses (15 000 Ew.) ist für seine ausgedehnten Sandstrände, seine Promenaden und vielfältigen Sportmöglichkeiten sowie sommerliches Highlife bekannt. Wer es ruhiger liebt, quartiert sich im außerhalb gelegenen Landhaus *Mas Palou (5 Zi. | Arenes | Tel. 972 25 57 04 | www.masplouroses.com | €€)* ein. Kulturell Interessierte merken sich die Zitadelle vor. Auskunft: *Avinguda de Rhode 101 | Tel. 902 10 36 36 | www.roses.cat*

TOSSA DE MAR [183 D2]

Schon die Römer schätzten diesen Küstenstreifen, den die Kunstszene im Lauf des 20. Jhs. für sich entdeckte. Der Maler Marc Chagall schwärmte vom „blauen Paradies“ Tossa de Mar (4000 Ew.). Trotz aller Besuchermassen bleibt das Städtchen eine der schönsten Entdeckungen an der Costa Brava. Hier stimmt die Mischung aus Natur und Kultur: die Strände, die Altstadt, die historische Mauerbefestigung, die Restaurants, das *Museu Municipal* u. a. mit einem Werk von Marc Chagall. Auskunft: *Avinguda Pelegrí 25 | Tel. 972 34 01 08 | Fax 972 34 07 12 | www.infotossa.com*

MURCIA

[181 D4] **Die 1200-jährige Stadt (350 000 Ew.) geht auf die Mauren zurück, die sie in einen wuchtigen Mauermantel steckten und Mursiya nannten.** Heute sticht die Region Murcia als einer der größten Obst- und Gemüselieferanten Spaniens hervor. Pfirsiche und Aprikosen gedeihen hier ebenso wie Weintrauben und Paprika. Angesichts von

2800 Sonnenstunden pro Jahr passt der touristische Slogan „Wo die Sonne zu Hause ist" haargenau – im Sommer nicht selten mit Temperaturen um 40 Grad.

Wichtigstes Bauwerk in der Stadt ist die Ende des 14. Jhs. im gotischen Stil begonnene Kathedrale. Während der Karwoche ist Murcia Schauplatz von interessanten Prozessionen. Beliebter Treffpunkt ist der ▶▶ Kathedralvorplatz mit seinen Terrassencafés; der weitläufige Fußgängerbereich spannt sich bis zur Plaza Santo Domingo.

SEHENSWERTES

MUSEO HIDRÁULICO DE LOS MOLINOS DE RÍO SEGURA

Aufschlussreiches Museum zu Mühlen und Bewässerungstechniken. *Sommer Mo–Fr, sonst Mo–Sa 10–14 und 17–20 Uhr | Molinos 1 | www.molinosdelrio.org*

MUSEO SALZILLO

Werke des einheimischen Bildhauers Francisco Salzillo (1707–1783). *Di bis Sa 9.30–14 und 17–20, So 11–14 Uhr | Plaza San Agustín 1 | www.museosalzillo.es*

ESSEN & TRINKEN

TABERNA DOÑA LOLA

Traditionsrestaurant, das auch die Einheimischen gerne aufsuchen. *So geschl. | Plaza Cristo del Rescate | Tel. 968 22 00 96 | €€*

TAPAS

Auf Häppchensuche bieten sich die Gegenden um die *Plaza de las Flores,* die *Plaza San Juan* und die Kathedrale an.

Costa Brava, Costa Blanca, Costa Daurada, wild, weiß oder golden: die Mittelmeerküste

ÜBERNACHTEN

ROSA VICTORIA

Modernes Viersternehaus nahe dem Sportpalast, häufig Kongressgäste. *90 Zi. | Avenida del Rocío 2 | Tel. 968 27 28 29 | Fax 968 20 20 21 | www.hotelrosavictoria.com | €€*

AM ABEND

Nachtleben u. a. in der Universitätsgegend *(Saavedrea Fajardo und Seitenstraßen)* und um die *Calle Doctor José Tapia*.

AUSKUNFT

Plaza de Belluga | Tel. 968 35 86 00 | Fax 968 35 87 23 | www.murciaciudad.com

ZIEL IN DER UMGEBUNG

CARTAGENA UND MAR MENOR [181 E5]

Bereits zu Römerzeiten bedeutsame Hafenstadt (210 000 Ew.) mit Promenaden, Einkaufszonen, Altstadt und dem historischen Burghügel. In der zweiten Septemberhälfte lebt die Antike bei zahlreichen Straßenschauspielen und einem abschließenden Aufmarsch der *Cartagineses y Romanos* wieder auf. Zu einem schönen Tag in Cartagena zählt der Besuch des *Burghügels* (schöner Ausblick); an der Meeresfront starten Hafenrundfahrten.

Weiter nordöstlich an der Küste erreichen Sie das Feriengebiet um das *Mar Menor,* einen salzhaltigen Binnensee, der vom Mittelmeer durch den über 20 km langen Landstreifen La Manga getrennt wird. Obgleich der Landstreifen durchgehend zugebaut ist, haben die zur See- und Meerseite weisenden Strände ihren Reiz. Lebhaftes Treiben herrscht um das Sporthafenbecken im nahen *Cabo de Palos*. Angenehme Unterkunft bietet das Hotel *Villas La Manga (Gran Vía km 3 | Tel. 968 14 52 22 | Fax 968 14 53 23 | www.villaslamanga.es | €€€)* mit seinen 60 Minisuiten.

Insider Tipp

PEÑÍSCOLA

[182 B4] **Kilometerweit auseinandergezogenes Tourismusstädtchen (5000 Ew.) an der Costa del Azahar, das Besucher mit gänzlich unterschiedlichen Gesichtern empfängt:** mit Stränden, Hafenbecken, breiten Promenaden und einem malerisch verschachtelten Altstadthügel. Dort geht es atemschwer hinauf zur Festung. Überall sieht man kalkweiße Häuser, handtuchschmale Gassen, Balkone voller Pflanzengrün und verlockende Bars und Restaurants wie das kleine, familiäre *Restaurante Casa Dorotea (Di geschl. | San Vicente 12 | Tel. 964 48 08 63 | €);* hier bekommt man gute Paellas. Strandnahe Unterkunft in den 130 freundlich eingerichteten Apartments des *Aparthotel Jardines del Plaza (130 Apartments | Av. Papa Luna 154 | Tel. 902 50 51 55 | www.zthotels.net | €€).* Auskunft: *Paseo Marítimo | Tel. 964 48 02 08 | Fax 964 48 93 92 | www.peniscola.org*

Insider Tipp

ZIELE IN DER UMGEBUNG

CASTELLÓ DE LA PLANA [182 A4–5]

Provinzhauptstadt (150 000 Ew.) an der Orangenblütenküste, die ihrem Namen mit reichlich Obstanbau alle Ehre macht. Jaime I. verlegte Castelló 1251 an den heutigen Standort. Wichtigster Platz ist die *Plaza Mayor* mit der *Catedral de Santa María* (Ursprung 14. Jh.). Auskunft: *Plaça Ma-*

CHE MITTELMEERKÜSTE

Sonne, Palmen, Mittelmeer: Bei Peñiscola finden Sie das klassische Spanien der Urlauber

ria Agustina 5 | Tel. 964 35 86 88 | Fax 964 35 86 89 | www.castellon-costaazahar.com

Der Ausflug nach Castelló lässt sich gut mit einem Stopp im Strandstädtchen *Benicàssim* verbinden. Parallel zu den ausgedehnten Sandstränden verlaufen schöne Promenaden. (sider ipp) Im Hinterland steigt das Naturschutzgebiet *Desert de les Palmes* bis auf eine Höhe von 729 m an: eine lohnende Auffahrt mit Blicken aufs Meer, außerdem *Bergkloster* und Wandermöglichkeit zum *Felsenkastell Montornés.*

EBRODELTA [182 B3–4]

Das weit verästelte Delta des Naturparks Ebro bildet eine der größten Feuchtlandschaften des südwestlichen Europa. Landwirtschaftlich wird das Gebiet für Reisanbau genutzt, Hauptorte sind *Deltebre* und *Sant Jaume d'Enveja.* Für den Naturhaushalt sind Marschlandschaften, Kanäle und küstennahe Seen charakteristisch. Beliebte Besuchsziele sind der bei El Garxal gelegene Strand *Riumar* sowie – nordwestlich der Platja de la Marquesa – die *Punta del Fangar* mit ihren Dünen. Im Park kommen viele Vogelarten vor, mit Glück bekommt man Reiher und Flamingos zu Gesicht.

SIERRA DE IRTA [182 B4]

Im Süden grenzt Peñiscola an den von kleinen Wanderwegen durchzogenen Höhenzug der Sierra de Irta, der zum Naturschutzgebiet erklärt worden ist. Aus der Ferne wirkt die Strauch- und Buschvegetation spärlich, beim Näherkommen entdeckt man die reiche Vegetation mit Stechginster, Lavendel und weiteren duftenden Kräutern. Markierte Wege (Insider Tipp) führen durch Schluchten und hinauf zur *Einsiedelei San Antonio.* Zur Meerseite hin liegen die abgeschiedenen *Strände Russo* und *Pebret,* die man ab Peñíscola über eine holprige Straße erreicht.

TARRAGONA

[182 C3] ★ **An der Costa Daurada gelegene Hafen- und Provinzhauptstadt (115 000 Ew.) mit hochinteressantem römischem Erbe.** Unter den Römern stieg Tarraco zu einem der wichtigsten Orte am Mittelmeer auf und wurde in eine 4,5 km lange Stadtmauer gefasst. Im heutigen Tarragona paart sich Altehrwürdiges mit moderner Eleganz. Tolle Blicke aufs Meer genießen Sie vom *Balcó del Mediterrani,* lebhafte Stimmung schnuppern Sie rund um den Sporthafen und die ▶▶ Fischerzone *El Serrallo* mit ihren Meeresfrüchterestaurants. In der Altstadt geht es hinauf zur Kathedrale *Santa Maria* (schöne gotische Fassade) durch stimmungsvolle schmale Gassen und belebte Bummel- und Einkaufssträßchen wie den *Carrer Major.*

SEHENSWERTES

AMFITEATRE

Das sehr gut erhaltene Amphitheater liegt zwischen der Via Augusta und dem Strand Miracle. *Sommer Di–Sa 9–21, So 9–15, sonst Di–Sa 9–17, So 10–15 Uhr*

MUSEU NACIONAL ARQUEOLÒGIC

Interessantes archäologisches Museum, das ganz im Zeichen der Römer steht. *Sommer Di–Sa 10–20.30, So 10–14 Uhr, Winter Di–Sa 9.30 bis 13.30 und 15.30–19, So 10–14 Uhr | Plaça del Rei 5*

PASSEIG ARQUEOLÒGIC

Die Reste der römischen Stadtmauern *(muralles)* laden zur „Archäologischen Promenade“ um einen Teil der Altstadt ein, lohnende Aussichten

Aquädukt bei Tarragona: Die zwei Jahrtausende alte Stadt ist geprägt von den Römern

inklusive. *Sommer Di–Sa 9–21, So 9–15, sonst Di–Sa 9–17, So 10–15 Uhr | Avinguda Catalunya*

PRETORI I CIRC ROMANS

Im Circ Romà (1. Jh.) fanden einst Wagenrennen statt; der Pretori ist der Turm, der den Zugang verschaffte. *Sommer Di–Sa 9–21, So 9–15, sonst Di–Sa 9–17, So 10–15 Uhr | Plaça del Rei*

ESSEN & TRINKEN

LA PUDA

Im Fischerviertel El Serrallo werden Fisch und anderes Meeresgetier serviert. Sehr zu empfehlen ist Mo–Fr das mittägliche Tagesmenü. *So-Abend geschl. | Muelle Pescadors 25 | Tel. 977 21 15 11 | €€*

TAPAS

Cafés und Kneipen an der *Rambla Nova*.

ÜBERNACHTEN

LAURIA

Dreisternehotel in zentraler Lage. *72 Zi. | Rambla Nova 20 | Tel. 977 23 67 12 | Fax 977 23 67 00 | www.hlauria.es | €€*

AUSKUNFT

Major 39 | Tel. 977 25 07 95 | Fax 977 24 55 07 | www.tarragonaturisme.cat

ZIEL IN DER UMGEBUNG

RUTA DEL CISTER [182 C3]

Die Route der mittelalterlichen Zisterzienserklöster *(www.larutadelcister.info)* bringt Sie im Hinterland von Tarragona zu den imposanten Abteien *Poblet (tgl.), Santes Creus (Mo geschl.)* und *Vallbona de les Monges (Mo geschl.)*. In der Nähe des Klosters Santa María de Poblet bietet das *Hotel Monestir (30 Zi. | Les Masies/L'Espluga de Francolí | Tel./Fax 977 87 00 58 | www.hotelmonestir.com | €–€€)* stilvolle Unterkunft.

VALÈNCIA

KARTE IN DER HINTEREN UMSCHLAGKLAPPE

[182 A5] **Zu Recht wird das über 2000-jährige València (800 000 Ew.) als eine der lebenslustigsten Städte Spaniens gerühmt.** Als Küsten- und Hafenmetropole nimmt València immer neue Trends auf, zwischen der Altstadt und der Ciutat de les Arts i de les Ciències gehen Tradition und Moderne Hand in Hand. Mit Großereignissen wie dem America's Cup und dem neuen Formel-1-Rennkurs hat València weltweit auf sich aufmerksam gemacht. Stadtentdeckungen erleichtert die *València Tourist Card (ab 8 Euro/Tag bis 18 Euro/3 Tage | www.valenciacard.es)*, die u. a. im Touristenbüro an der Plaza de la Reina erhältlich ist. Mit der Karte bekommt man Ermäßigungen in ausgewählten Museen und kann die öffentlichen Verkehrsmittel im Stadtgebiet (Zone A–B) kostenlos benutzen.

SEHENSWERTES

CATEDRAL

Kathedrale mit Ursprung im 13. Jh., integriert ist das Diözesanmuseum. Donnerstags um 12 Uhr tagt vor dem Apostelportal seit dem Mittelalter das sogenannte Wassergericht. Einen gesonderten Besuch verdient der Glockenturm *Miguelete* (schöne

Ausblicke). *Mo–Sa 10–17.30, So 14 bis 17.30 Uhr | Plaza de la Reina*

CIUTAT DE LES ARTS I DE LES CIÈNCIES
Valèncias Wahrzeichen ist die „Stadt der Künste und der Wissenschaften" mit mehreren Bereichen: dem *Palau de les Arts* (Theater, Musik- und Tanzshows), dem *L'Hemisfèric* (mit *Planetarium, Vorstellungen tgl. 10 bis 21 Uhr*) vom katalanischen Architektenstar Santiago Calatrava, dem Wissenschaftsmuseum *Museu de les Ciències Príncipe Felipe (Sommer tgl. 10–21, sonst 10–19 Uhr)* und dem Aquarium *L'Oceanogràfic (Juni–Mitte Juli und erste Sept.-Hälfte tgl. 10–20, Mitte Juli–Aug. 10–24, Mitte Sept.–Mai So–Fr 10–18, Sa 10–20 Uhr).* Kaufen Sie ein Kombiticket *(entrada conjunta)!* Das Ozeanarium mit seinem Glastunnel und Biotopen wie Arktis und Antarktis ist vorzüglich aufbereitet. *Autovía del Saler | www.cac.es*

INSTITUT VALÈNCIA D'ART MODERN (IVAM)
Ausstellungen zeitgenössischer Kunst, Schwerpunkt 20. Jh. *Di–So 10–20,*

> BÜCHER & FILME

Schauplatz Spanien in Wort und Bild

- **Der zweisprachige Liebhaber** – Juan Marsé, einer der schrägsten Erzähler der spanischen Gegenwart, gießt kübelweise Spott über Kataloniens Oberschichtler und Sprachnationalisten aus. Ein Roman voller Sprachwitz und Absurditäten.
- **Helena oder das Meer des Sommers** – Für die Tageszeitung El País zählt dieser leise Roman von Julián Ayesta zu den zehn wichtigsten spanischen Prosawerken des 20. Jhs. Aufgezogen an zwei unbeschwerten Sommern an der Küste Asturiens, hat man selten eine berührendere Hommage an die Kindheit gelesen.
- **Abenteuer Jakobsweg** – opulenter Bildband mit rund 270 Farbfotos. Specials drehen sich um Pilgerrituale, Herbergen, die schönsten Wegstellen und die Jakobsmuschel.
- **Kulturschock Spanien** – MARCO POLO Autor Andreas Drouve bietet mit diesem Buch einen umfassenden Schlüssel zum Verständnis des Landes. Da geht es um Fiestas und Legenden, Glaube und Aberglaube, Familie und Gesellschaft, Geschichte und Gegenwart, den Terrorismus der Eta und das Opus Dei.
- **Das Meer in mir** – Der bewegende Film von 2004 um das Schicksal eines Gelähmten, der in Würde sterben will, basiert auf einer wahren Geschichte aus Galicien und wurde mit dem Oscar für den besten ausländischen Film ausgezeichnet. Unter der Regie von Alejandro Amenábar legt Hauptdarsteller Javier Bardem eine Glanzleistung ab.
- **Frauen am Rande des Nervenzusammenbruchs** – Filmklassiker von Pedro Almodóvar, eine herrlich überdrehte Komödie von 1988. Für seine späteren Filme „Alles über meine Mutter" und „Sprich mit ihr" bekam der Kultregisseur in Hollywood jeweils einen Oscar.

im Sommer bis 22 Uhr | Guillém de Castro 118 | www.ivam.es

LONJA DE LA SEDA

Gegenüber vom Mercado Central steht das prächtige gotische Zivilgebäude der Seidenbörse. *Di–Sa 10–14 und 16.30–20.30, So 10–15 Uhr*

MUSEO DE BELLAS ARTES

Kunstmuseum u. a. mit Werken von El Greco und Velázquez. Der Eintritt ist frei! *Di–So 10–20 Uhr | San Pio V 9 | www.cult.gva.es/mbav*

ESSEN & TRINKEN

Insider Tipp

BAMBOO DE COLÓN

Tagesmenüs und Reisgerichte im Unterbereich des Mercat Colón in modernem, schlichtem Dekor. Stark frequentiert von den Einheimischen. *Sa-Mittag und So geschl. | Carrer Jorge Juan | Tel. 963 53 09 00 | €€*

TAPAS

Kneipen- und Häppchenkultur in der Altstadt, speziell im Bereich der Straßen *Caballeros, Moro* und *Bolsería.*

EINKAUFEN

Klassiker ist die Markthalle *Mercado Central (Mo–Sa 7–14 Uhr).* Die Auswahl an Obst, Gemüse, Käse und Würsten ist überbordend.

ÜBERNACHTEN

Insider Tipp

LAS ARENAS BALNEARIO RESORT

Spitzenhaus nahe dem Sporthafen und direkt hinter dem Las-Arenas-Strand. Höchste Qualität, geräumige Zimmer, Spa, Pool. *253 Zi. | Eugenia Viñes 22–24 | Tel. 963 12 06 00 | Fax 963 12 06 15 | www.hotel-lasarenas.com | €€€*

Charmant und voller Lebenslust: València

VENECIA

Zweisternehaus, zentral. Klimatisierte Zimmer mit Bad, TV, Telefon. *54 Zi. | Plaça Ayuntamiento/En Llop 5 | Tel. 963 52 42 67 | Fax 963 52 44 21 | www.hotelvenecia.com | €€*

AM ABEND

Die valencianischen Nächte haben im Altstadtviertel ▶▶ *Barri del Carmen* ihr besonderes Flair, ob in Designerbars oder beschaulicheren Terrassencafés. Weitere beliebte Ausgehzonen hinter den Strandpromenaden, u. a. hinter dem *Strand von Malvarrosa.* Erstklassiges Konzertprogramm (Klassik, Jazz, Pop) im *Palau de la Música (Paseo de la Alameda 30 | Tel. 963 37 50 20 | www.palaudevalencia.com).* Insider Tipp

AUSKUNFT

Carrer de la Paz 48 | Tel. 963 98 64 22 | Fax 963 98 64 21 | www.turisvalencia.es; weitere Infostellen u. a. an der *Plaza de la Reina,* im *Flughafen* und im Bahnhof *Estación del Norte.*

> IM WEITEN KERNLAND DER HALBINSEL

Hier erwarten Sie faszinierende Städte, Burgen, Klöster und urtümliche Landschaften

> Vor Jahrhunderten machte Spaniens König Philipp II. Madrid zur Hauptstadt, ließ Meisterliterat Cervantes seinen Don Quijote gegen Windmühlen kämpfen, widmete sich die Nationalheilige Teresa von Ávila ganz der Nächstenliebe.

All deren Fährten nimmt man im Zentrum der Iberischen Halbinsel auf, das im Wesentlichen von den Großregionen Kastilien-León, Kastilien-La Mancha und Extremadura gebildet wird. Im Westen grenzt die Extremadura an Portugal und im Süden an Andalusien. Toledo, Salamanca und Segovia sind klingende Namen. Andernorts geht es touristisch unbeleckter zu, vor allem in der Provinz Soria.

Topografisch prägt die Meseta, die weite kastilische Hochebene, das Landschaftsbild. Je nach Bewässerungszonen herrschen Getreideanbau, Viehzucht und Weinfelder vor. Häufig bewegt man sich in Höhen

Bild: Windmühlen in der Mancha

ZENTRAL SPANIEN

zwischen 800 und 1000 m über dem Meer, was extreme Temperaturschwankungen mit sich bringt. Die Winter sind hart, die Sommer heiß. Und über allem hängt ein strahlendes Himmelblau, auch über der Millionenmetropole Madrid.

ARANJUEZ

[176 B6] **Die knapp 50 km südlich von Madrid am Río Tajo gelegene Stadt (45 000 Ew.) gehörte zu den Auserwählten des spanischen Königshauses.** Hier ließ sich Philipp II. ab 1560 einen Prachtpalast errichten. Zwei Großbrände und zwei Jahrhunderte später beauftragte Karl III. seinen Hausarchitekten Francesco Sabatini mit dem Ausbau dieses *Palacio Real (April–Sept. Di–So 10 bis 18.15, Okt.–März 10–17.15 Uhr | Mi für EU-Bürger Eintritt frei | www.patrimonionacional.es | Plaza de Parejas),* der wichtigsten Sehenswürdigkeit in Aranjuez. In der Außenansicht beeindrucken die weit ausladenden Flügel, bei der Innendekoration herrscht der barocke Zeitgeschmack vor.

Ebenfalls lohnend ist ein Streifzug durch den benachbarten *Jardín de la Isla* mit seinen verspielten Brunnen. Größeren Raum – rund 150 ha – nimmt der Anfang des 19. Jhs. angelegte *Jardín del Príncipe* ein. Hier sind viele Baumarten, weitere Brunnen, Pavillons und der neoklassizistische Herrensitz *Real Casa del Labrador* zu sehen. Die Gartenanlagen breiten sich bis an die Ufer des Tajo aus und sind in der Regel täglich zugänglich *(Sommer 8–20.30, sonst 8 bis 18.30 Uhr)*. In der nahen Altstadt spielt sich das Leben im Bereich um Rathaus, Theater und Markt ab.

Zwischen Madrid (Atocha-Bahnhof) und Aranjuez verkehrt an den meisten Wochenenden im April, Mai und Juni der *Tren de la Fresa (Infos unter Tel. 902 22 88 88 22 | www.museodelferrocarril.org/tren_fresa)*, der „Erdbeerzug". Um die Erdbeerverkostung an Bord kümmert sich Personal in historischen Trachten.

50 Ausluge und neun Tore zählt Ávilas mittelalterliche Stadtmauer

Stilvolle Unterkunft bietet das Hotel *El Cocherón 1919 (18 Zi. | Montesinos 22 | Tel. 918 75 43 50 | Fax 918 75 43 47 | www.elcocheron1919.com | €€)*, ein Altstadthaus mit eleganter Dekoration bis ins letzte Detail. Insider Tipp Für vorzügliche Küche ist die *Casa Pablo (tgl. | Almíbar 42 |*

Tel. 918 91 14 51 | €€€) bekannt, einfacher geht es im *Café Tapitas (So geschl. | Capitán 41 | Tel. 918 91 82 31 | €)* zu. Auskunft: *Plaza San Antonio 9 | Tel. 918 91 04 27 | Fax 918 91 41 97 | www.aranjuez.com*

ÁVILA

[176 A5] ★ **Spaniens höchstgelegene und im Winter auch kälteste Stadt (50 000 Ew.) thront auf 1130 m Höhe und setzt sich mit den gigantischen Stadtmauern *Las Murallas* selbst die Krone auf.** Ávilas Ringwall verläuft über eine Länge von 2,5 km, ist durchschnittlich 12 m hoch und 3 m dick, durchsetzt von neun Toren und Dutzenden Türmen. Weithin sichtbar kündigt sich Ávila mit diesem einzigartigen Rückgrat aus Mauerwirbeln an, dessen Bau Ende des 11. Jhs. einsetzte. Die Mauern umhüllen nach wie vor einen großen Teil der verwinkelten Altstadt und stehen auf der Unesco-Liste des Welterbes. An drei Toren ist der Aufstieg *(Sommer tgl., sonst Di bis So)* auf die Mauern möglich: an der *Puerta de Alcázar,* der *Puerta de las Carnicerías* und der *Puerta del Carmen.*

Für zusätzliche Bekanntheit sorgt die 1622 hl. Teresa de Ávila (1515 bis 1582), die Schutzpatronin Spaniens. Als junge Frau trat sie in den Karmeliterorden ein, lebte in strenger Buße, wurde von Visionen geleitet und trieb die Reform des Ordens und die Gründung neuer Frauenklöster voran. Der Geist Teresas begleitet Besucher bis hin zur Stelle ihres Geburtshauses; begraben ist sie allerdings nahe Salamanca in Alba de Tormes.

SEHENSWERTES

Das Fremdenverkehrsamt weist ausdrücklich auf die stark wechselnden Öffnungszeiten der Monumente und Museen hin. Im Vorfeld Ihres Programms sollten Sie daher zunächst die *Oficina de Turismo* aufsuchen.

BASÍLICA DE SAN VICENTE

Ursprünglich romanische Kirche aus dem 11., vollendet im 14. Jh. An dieser Stelle sollen der hl. Vicente und seine Schwestern Sabina und Cristeta

MARCO POLO HIGHLIGHTS

★ Segovia
Aquädukt, Burg und Altstadt fügen sich zu einem faszinierenden Miteinander (Seite 122)

★ Toledo
Verwinkelte Gassen und prächtige Kirchen (Seite 126)

★ Museo del Prado
In Madrid eine der weltweit besten Museumsadressen (Seite 114)

★ Salamanca
Junges Flair in der altehrwürdigen Universitätsstadt (Seite 118)

★ Ávila
Die monumentale Stadtmauer gehört vollkommen zu Recht zum Welterbe der Menschheit (Seite 105)

★ Parque del Retiro
Oase in der Metropole: Madrids große grüne Lunge (Seite 115)

im Jahr 307 den Christenverfolgungen zum Opfer gefallen sein. *Mo–Sa 10–13.30 und 16–18.30, im Sommer 10–18 Uhr | Plaza de San Vicente*

CATEDRAL

Frühgotische Kathedrale, deren Apsis mit dem Verteidigungswall verbunden ist. Die äußere Stärke schwindet im Innern und geht in einer lichterfüllten Pracht auf. *Mo–Fr 10–17, Sa 10–18, So 12–18, im Sommer Mo–Fr 10–19.30, Sa 10–20, So 12–18.30 Uhr | Plaza de la Catedral*

CONVENTO DE SANTA TERESA

Im 17. Jh. auf dem Grundstück des Geburtshauses der hl. Teresa de Ávila erbaut, untergliedert sich der Komplex in die *Klosterkirche (tgl. 9 bis 13.30 und 15.30–19.30 Uhr),* das *Museum (tgl. 10–13.30 und 15.30 bis 17.30, Sommer nachmittags 16–19 Uhr)* und den *Reliquiensaal (tgl. 9.30 bis 13.30 und 15.30–19 Uhr). Plaza Santa Teresa*

MONASTERIO DE LA ENCARNACIÓN

In diesem Kloster, dessen Bau im Geburtsjahr der hl. Teresa abgeschlossen wurde (1515), verbrachte die Heilige rund drei Jahrzehnte ihres Lebens. *Mo–Fr 9.30 (Sa/So ab 10) bis 13.30 (Sommer 13) und 15.30 (Sommer 16) bis 18 Uhr | Paseo de la Encarnación*

MUSEO PROVINCIAL

Provinzmuseum außerhalb der Stadtmauer nahe der Kathedrale. Den Rahmen bildet ein Palast aus dem 16. Jh., zu sehen sind u. a. Skulpturen, Mobiliar und Gemälde. Am Wochenende freier Eintritt! *Di–Sa 10 bis 14 und 16–19, Sommer nachmittags 17–20, So generell 10–14 Uhr | Plaza de los Nalvillos 3*

ESSEN & TRINKEN

HOSTERÍA BRACAMONTE

Kastilische Spezialitäten in rustikalem Umfeld. *Tgl. | Bracamonte 6 | Tel. 920 25 12 80* | €€€

Außerhalb Spaniens noch kaum bekannt sind die Berge der Sierra de Gredos

TAPAS

Ávila rühmt sich einer breiten Palette an Tapas, Ende Juni bestreiten die Kneipen einen eigenen Tapawettbewerb. Gute Häppchenzonen liegen in der Altstadt im Bereich der *Plaza José Tomé* und der *Plaza Pedro Dávila*.

ÜBERNACHTEN

ARCO SAN VICENTE

Einfach und freundlich, alle wichtigen Monumente direkt in der Nähe. *23 Zi. | López Núñez 6 | Tel. 920 22 24 98 | Fax 920 22 95 32 | www.arcosanvicente.com* | €

DOÑA XIMENA

Kleines Haus mit Charme und Stil, zentrale Lage. *19 Zi. | Estrada 4–6 | Tel. 902 44 55 90 | Fax 920 35 21 77 | www.ximenagranhotel.com* | €€€

AUSKUNFT

Plaza Pedro Dávila 4 | Tel. 920 21 13 87 | Fax 920 25 37 17 | www.avilaturismo.com

ZIEL IN DER UMGEBUNG

SIERRA DE GREDOS [175 E5–6]

Beliebtes Ausflugsziel für Naturliebhaber, das rund 70 km südwestlich von Ávila beginnt. Die Sierra de Gredos ist Naturschutzgebiet, Berge wie der Almanzor kratzen mit 2591 m an den Wolken. In und um den Naturpark sind Wandern, Klettern, Wintersport und andere Outdooraktivitäten beliebt. Nahe Candeleda starten organisierte Kanutrips auf dem Río Tiétar *(Vive Tiétar | Carretera Candeleda–Madrigal km 2,1 | Tel. 920 37 18 17 | www.vivetietar.com)*, die auch für Anfänger geeignet sind. Reitausflüge arrangiert *La Peña del Toro (Domingo Labajo 14 | Candeleda | Tel. 920 38 01 73)*.

Populär sind Unterkünfte in Landhäusern und Landhotels wie *El Milano Real* (Insider Tipp) in *Hoyos del Espino (21 Zi. | Tel. 920 34 91 08 | Fax 920 34 91 56 | www.elmilanoreal.com | €€)*. Zum Tourismus auf dem Land gute Infos im Internet unter *www.turismoruralgredos.com*.

BADAJOZ

[178 C2] In der Extremadura gelegene Städte wie Badajoz (140 000 Ew.) spielten in römischen und maurischen Zeiten eine wichtige Rolle, ehe sie in ihren Dornröschenschlaf versanken. Daraus sind sie nun erwacht. Für die benachbarten Portugiesen war die Stadt schon immer ein Ziel, vor allem zu Karneval, wenn es besonders ausschweifend hergeht. Doch auch sonst zeigen sich die Bewohner lebenslustig und aufgeschlossen wie in Spaniens Süden.

SEHENSWERTES

ALCAZABA

Im 12. Jh. erbaute maurische Festung auf dem Monturiohügel, schöne Ausblicke auf die Stadt und den Río Guadiana. Besonders gut erhalten ist der Wachturm *Espantaperros* mit seiner achteckigen Struktur. Bis ins 16. Jh. lebte fast die gesamte Bevölkerung innerhalb der Alcazaba.

CATEDRAL

Mit ihrem wuchtigen Turm wirkt die im 13. Jh. erbaute Kathedrale festungsartig. Bis ins 18. Jh. hinein wurde an Badajoz' wichtigstem Gotteshaus gebaut. Mit Kathedralschatz im angeschlossenen *Museo Catedralicio*

(Di–Sa 11–13 und 18–20 Uhr), Werke u. a. des Malers Luis de Morales. *Plaza de España*

MUSEO ARQUEOLÓGICO PROVINCIAL

Das archäologische Museum deckt die Zeiten zwischen Prähistorie und maurischer Epoche ab. *Di–So 10–15 Uhr | Plaza Sáez de Buruaga*

PUERTA DE PALMAS

Turmbeflanktes Stadttor, um 1460 begonnen. Die nahe *Puente de Palmas* spannt sich in der beeindruckenden Länge von knapp 600 m über den Río Guadiana.

ESSEN & TRINKEN

AZCONA

Reis- und Fleischgerichte, insbesondere zur Jagdzeit. *Mi-Abend und So-Abend geschl. | Avenida Adolfo Díaz Ambrona 36 | Tel. 924 27 24 07 | €€€*

LOS MONTEROS

Spezialisiert auf die regionale Küche, einfach, doch schmackhaft. Eine feste Institution in Badajoz. Gut auch das Tagesmenü. *Tgl. | Plaza de Santo Domingo 8 | Tel. 924 22 15 15 | €*

TAPAS

Zu den beliebten Tapakneipen zählen *Almadraba (Jacinta García Hernández 10 | Tel. 924 22 51 98 | €), Cervecería 100 Montaditos (Avenida Villanueva 5 | Tel. 924 22 53 59 | €)* und *Tapería El Camino (Dos de Mayo 19 | Tel. 924 26 02 62 | €)*.

ÜBERNACHTEN

CERVANTES

Solide Adresse in einem 1920 erbauten Haus, Zimmer mit Bad und TV. *38 Zi. | Trinidad 2 | Tel. 924 22 37 10 | Fax 924 22 09 31 | €*

ZURBARÁN

Bewährte Qualität der spanischen Hotelkette Husa; in zentraler Lage, vier Sterne, mit Pool. Gute Angebote auf der Homepage. *215 Zi. | Paseo de Castelar | Tel. 924 00 14 00 | Fax 924 22 01 42 | www.hotelhusazurbaran.com | €€–€€€*

AUSKUNFT

Plaza de la Libertad 3 | Tel. 924 01 36 59 | Fax 924 01 36 58 | www.turismobadajoz.es

ZIEL IN DER UMGEBUNG

MÉRIDA [179 D2]

Das Miteinander aus lebhafter Atmosphäre und reichem kulturellem Erbe lockt Besucher ins rund 60 km östlich von Badajoz gelegene Mérida (53 000 Ew.). Die baulichen Hinterlassenschaften der Römer sind von der Unesco zum Welterbe erhoben worden. Diese rund 2000 Jahre alten Spuren verteilen sich über die ganze Stadt, beginnend bei der annähernd 800 m langen und 60 Bögen umfassenden Römerbrücke (*Puente Romano*, 1. Jh.) über den Río Guadiana. Zahlreiche Funde aus der Antike zeigt das *Museo Nacional de Arte Romano (Di–Sa 10–14 und 16–18, Sommer bis 21, So 10–14 Uhr | http://museoarteromano.mcu.es | José Ramón Mélida)*. Für den Besuch all der interessanten Monumente – *Teatro Romano, Anfiteatro, Alcazaba, Casa del Anfiteatro, Casa del Mitreo, Circo Romano, Área Arqueológica de Morería, Área Funeraria de los Columbarios, Cripta y Basílica de Santa*

Eulalia – lösen Sie am besten ein Kombiticket, mit dem Sie einiges sparen können *(tgl. 9.30–14 und 16 bis 18.30, Sommer bis 19.30 Uhr, gelegentlich auch Abendbesuche des Teatro Romano | www.consorciomerida.org).*

924 31 60 67 | www.hostalsenero.com | €). Anspruchsvollere entscheiden sich für den *Parador (80 Zi. | Plaza de la Constitución 3 | Tel. 924 31 38 00 | Fax 924 31 92 08 | merida@parador.es | €€€).* Auskunft: *Paseo Sáez de Buruaga | Tel.*

Kulturelles Zentrum von Extremadura: Mérida mit römischem Theater

Mérida besteht jedoch nicht aus alten Monumenten allein. Bars und Cafés konzentrieren sich im Bereich um die *Plaza España,* die Fußgängerzone lädt zum Bummeln und Shopping ein. Solide Unterkunft finden Sie im Dreisternehotel *Nova Roma (55 Zi. | Suárez Somonte 42 | Tel. 924 31 12 61 | Fax 924 30 01 60 | www.novaroma.com | €€),* deutlich preiswerter ist die Übernachtung im einfachen *Hostal Senero (11 Zi. | Holguín 12 | Tel. 924 31 72 07 | Fax*

924 00 97 30 | Fax 924 00 97 31 | www.merida.es

CÁCERES

[179 D1] **Eine der schönsten Städte (87 000 Ew.) im westlichen Spanien, die Altstadt ist von der Unesco zum Welterbe erklärt worden.** Die Stadtgeschichte begann mit der römischen Gründung 25 v. Chr., im Mittelalter wurde die bis heute erhaltene Stadtmauer auf römischen Fundamenten errichtet.

Seinerzeit war Cáceres hart zwischen Spaniern und Mauren umkämpft. Nach der Eingliederung ins Königreich León im 13. Jh. setzte eine rege Bautätigkeit im Bereich der Plätze Santa María und San Mateo ein.

Schöne Gassen, alte Adelspaläste, Kirchen und monumentale Bauwerke wie die Kathedrale *Santa María (mit Museum, tgl.)* machen den Reiz von Cáceres aus. Das archäologisch und kunstgeschichtlich interessante *Museo de Cáceres (Di–Sa 9–14.30 und 16–19.15, So 10.15–14.30 Uhr | www.museosextremadura.com/caceres | Plaza de las Veletas)* ist im Palacio de las Veletas untergebracht. Kunstfreunde werden das *Museo de Bellas Artes (Di–Fr 10–14 und 16–20, Sa/So 10–14 Uhr | Duque de San Germán 13)* nicht auslassen .

Geschäfte und Cafés finden Sie vor allem in den Straßen *Pintores* und *Avenida de España.* Dort befindet sich auch das Spitzenrestaurant *Atrio (tgl. | Avenida de España 30 | Tel. 927 24 29 28 | www.restauranteatrio.com | €€€).* Typische Küche der Gegend bietet das *Restaurante El Figón (Plaza de San Juan 14 | Tel. 927 24 43 62 | €€)* – Lärm- und Besucherpegel bezeugen den guten Ruf. Eine zentrale, solide Unterkunft bietet das *Hotel Alfonso IX (37 Zi. | Moret 20 | Tel. 927 24 64 00 | Fax 927 24 78 11 | www.hotelalfonsoix.com | €€).* Auskunft: *Plaza Mayor 3 | Tel. 927 01 08 34 | Fax 927 01 08 36 | www.caceresturismo.net*

ZIELE IN DER UMGEBUNG

GUADALUPE [179 E1]

Das 3000-Ew.-Städtchen steht ganz im Zeichen seiner *Basilika (tgl. 8.30 bis 20, Sommer bis 21 Uhr)* und des Kults um die hl. Jungfrau von Guadalupe, das Bildnis einer schwarzen Madonna. Man verehrt sie in ihrer Heiligennische *camarín (tgl. 10.30 bis 13.30 und 16.30–19 Uhr)* u. a. als Schutzpatronin der Extremadura. Das *Real Monasterio de Santa María de Guadalupe* gehört zum Welterbe der Unesco. Im Kloster leben seit 1908 Franziskaner. Das angeschlossene Hotel *Hospedería del Real Monasterio (47 Zi. | Plaza de Juan Carlos I | Tel. 927 36 70 00 | Fax 927 36 71 77 | www.monasterioguadalupe.com | €)* bietet stilvolle Unterkunft.

PARQUE NATURAL DE MONFRAGÜE [179 D–E1]

Rund 50 km nordöstlich von Cáceres gelegener Naturpark *(www.monfrague.com)* mit interessanten Felsformationen und einer reichen Vogelwelt, zu der Geier, Adler, Schwarzstörche und Falken gehören. Der Park wird vom Tajo und vom Tiétar durchflossen. *Villarreal de San Carlos* dient als Ausgangspunkt von Wanderungen.

PLASENCIA [175 D6]

Historisch bedeutsame Stadt (39 000 Ew.) an den Ufern des Río Jerte, im 12. Jh. vom kastilischen König Alfonso VIII gegründet. Von den alten Stadttoren haben sich u. a. die Puerta del Sol und die Puerta Coria erhalten, der Kathedralbau splittet sich in den alten Teil (13./14. Jh.) und den neuen Teil (15.–18. Jh.). Eine einfache Unterkunft etwas außerhalb ist das *Hostal Real (30 Zi. | Avenida de Salamanca | Tel. 927 41 29 00 | Fax*

927 41 68 24 | *www.hostalreal.com* | *€)* mit Restaurant. Auskunft: *Plaza de la Torre de Lucía* | *Tel. 927 01 78 40* | *Fax 927 01 78 41* | *www.plasenciaweb.com*

TRUJILLO **[179 D–E1]**

Diese Kleinstadt (10 000 Ew.) ist ein wahres Juwel der Extremadura. Nach langer maurischer Herrschaft brachen die Christen erst 1232 den Widerstand, worauf sich in Trujillo zahlreiche Adelsfamilien nieder- und prächtige Paläste errichten ließen. Berühmtester Sohn der Stadt ist Francisco Pizarro (1478–1541), dem auf der zentralen Plaza Mayor ein monumentales Reiterstandbild aus Bronze gewidmet ist. Der Gedenkprunk ist nicht ganz nachvollziehbar, denn Pizarro, der den Inkaherrscher Atahualpa in Peru feige hinrichten ließ, ist als einer der grausamsten Konquistadoren in die Weltgeschichte eingegangen.

Mit oder ohne Pizarro – die *Plaza Mayor,* einer der malerischsten Plätze Spaniens, ist zum Teil von Arkaden umzogen und stößt an die *Iglesia de San Martín* (14.–16. Jh.) und den *Palacio de los Duques de San Carlos* (16./17. Jh.). Rund um die Plaza Mayor lagen einst die Stadtviertel der Mauren und Juden. Versäumen Sie nicht, in die Oberstadt zur *Iglesia de Santa María la Mayor* zu steigen und den Blick über die Mauerreste hinweg in die Weite zu genießen. Auf dem höchsten Punkt der Stadt, genannt „Fuchskopf" *(Cabeza de Zorro),* breitet sich die arabische *Burg* aus dem 10./11. Jh. aus.

Für gute Küche in urigem Ambiente bürgt *La Troya (tgl.* | *Plaza Mayor 10* | *Tel. 927 32 13 64* | *€€),* besonders empfehlenswert ist das Mittagsmenü. Für stilvolle Unterkunft in einem Konvent aus dem 16. Jh. sorgt der *Parador (50 Zi.* | *Santa Beatriz de Silva 1* | *Tel. 927 32 13 50* | *Fax 927 32 13 66* | *www.parador.es* | *€€€).* Deutlich preisgünstiger, aber mit ebenfalls sehr viel Stil betten Sie sich in der *Posada Dos Orillas (13 Zi.* | *Cambrones 6* | *Tel./Fax 927 65 90 79* | *www.dosorillas.com* | *€€).* Insider Tipp

Fragwürdiges Gedenken: Pizarro-Reiterstandbild auf der Plaza Mayor in Trujillo

Auskunft: *Plaza Mayor* | *Tel. 927 32 26 77* | *Fax 927 65 91 40* | *www.trujillo.es*

CUENCA

[180 C1] Die knapp 1000 m hoch gelegene Provinzhauptstadt (46 000 Ew.) setzt ein absolutes Glanzlicht im östlichen Kernland Spaniens und ist unbedingt einen Abstecher wert. Malerische Ansichten bescheren die berühmten *casas colgadas,* die „hängenden Häuser" über der Schlucht Hoz del Huécar. Dort ist auch das *Museo de Arte Abstracto (Di–Fr 11–14 und 16–18, Sa 11–14 und 16–20, So 11–14.30 Uhr | www.march.es/arte/cuenca)* untergebracht; zur Sammlung des Museums für Abstrakte Kunst gehören Werke von Antoni Tàpies, und immer wieder finden Wechselausstellungen statt. Interessant ist auch die gusseiserne Brückenkonstruktion des *Puente San Pablo.*

In der örtlichen Geschichte setzten die Mauren erste Akzente; Alfonso VIII brachte die Stadt 1177 auf die Seite der Spanier. In der Innenstadt führen alle Wege zur *Plaza Mayor* mit der *Kathedrale* (Ende 12. Jh.) und dem barocken *Rathaus.* In diesem Bereich finden Sie gute Tapabars; erlesene Kost serviert das *Mesón Casas Colgadas (Mo-Abend und Di geschl. | Canónigos | Tel. 969 22 35 09 | €€€).* Als Unterkunft empfiehlt sich das urige Altstadthotel *Posada de San José (22 Zi. | Julián Romero 4 | Tel. 969 21 13 00 | Fax 969 23 03 65 | www.posadasanjose.com | €–€€).* Auskunft: *Alfonso VIII 2 | Tel. 969 24 10 51 | www.cuenca.org*

ZIEL IN DER UMGEBUNG

CIUDAD ENCANTADA [180 C1]

„Verzauberte Stadt" – so heißt dieses Naturschutzgebiet rund 35 km nördlich, wo geologische Formationen zu bestaunen sind. Regen und Wind haben im Lauf der Zeit phantasiereiche Gebilde geformt.

MADRID

KARTE AUF SEITE 184/185

[176 B5] In Spanien laufen alle Fäden in der Landeshauptstadt im Herzen des Königreichs zusammen. Hier empfangen Königspaar und Regierungschef die Staatsgäste, hier haben die wichtigsten Unternehmen ihren Sitz, hier konzentriert sich der größte behördliche Wasserkopf. Umso mehr erstaunt, dass man es hier mit einer Metropole über-

> DIEGO VELÁZQUEZ

Kunstgenie mit Meisterwerk im Madrider Prado

Diego Velázquez (1599–1660) war Spaniens wichtigster Maler des Barockzeitalters. Während seiner Sevillaner Frühzeit begann er mit religiösen und Genrebildern, ehe er 1623 nach Madrid kam und zum Hofmaler Philipps IV. aufstieg. Unterbrochen von mehreren Italienaufenthalten, kehrte Velázquez immer wieder nach Madrid zurück und verewigte Mitglieder des Königshauses in farbig leuchtenden Porträts. Sein berühmtestes Werk, Las Meninas, hängt im Prado. Es zeigt die Infantin Margarita im Kreise ihren Hofdamen – und links im Hintergrund Velázquez selbst an der Staffelei.

schwänglicher Lebenslust zu tun hat. Kneipenkultur, Kinos, Theater und Konzerte lassen unter Nachtschwärmern keinen Wunsch offen. Höhepunkt für Kunstliebhaber ist das Museumsdreieck Prado/Reina Sofía/ Thyssen-Bornemisza.

SEHENSWERTES

Ideal für Kunstfreunde ist die Madrid Card *(www.madridcard.com | 25/35/45 Euro)* für einen, zwei oder drei Tage; sie berechtigt zum Besuch von ca. 40 Museen und zu beliebig vielen Fahrten im Touristenbus Madrid Visión.

Seit Jahrhunderten Zentrum und gute Stube der Stadt: Madrids Plaza Mayor

Die Einwohnerzahl bewegt sich irgendwo zwischen 3,2 und mehr als 6 Mio., je nachdem, welche Vorortgebiete noch mit dazugerechnet werden – aber so genau weiß das hier ohnehin niemand. Empfehlenswertes Fortbewegungsmittel in der Stadt ist die Metro *(www.metromadrid.es)* mit ihrem dichten Netz an Haltestellen. Ausführliche Informationen finden Sie im MARCO POLO Reiseführer „Madrid".

ALTES MADRID [184 B–C 2–3]

1561 verwandelte Spaniens Monarch Felipe II jenes vormals unbedeutende Fleckchen am Río Manzanares in die Hauptstadt seines Königreichs. Was im Lauf der Zeiten folgte, war die Anlage prächtiger Gärten und Bauwerke. Dreh- und Angelpunkt in der Altstadt ist die arkadenumkränzte *Plaza Mayor*, einer der schönsten Plätze in Spanien. Rundherum gehen Gassen ab, und die Einkaufszonen um die Puerta del Sol und der Königspalast sind problemlos zu Fuß erreichbar.

CASA DE CAMPO **[0]**

Westlich der City gelegene grüne Lunge mit weitem Wegenetz, Restaurantzonen, zoologischem Garten und Freizeitpark. Immer wieder bieten sich schöne Ausblicke auf die Silhouette Madrids.

CENTRO DE ARTE REINA SOFÍA **[185 D–E3]**

Eines der landesweit besten Museen, das ganz im Zeichen der jüngeren Kunstgeschichte steht, zeigt Werke u. a. von Dalí, Miró, Magritte, Tàpies und Bacon. Unumstrittener Höhepunkt ist Pablo Picassos weltberühmtes Antikriegsgemälde „Guernica". *Mo und Mi–Sa 10–21, So 10–14.30 Uhr | Santa Isabel 52 | www.museoreinasofia.es*

MONASTERIO DE LAS DESCALZAS REALES **[184 C1]**

Klosterkomplex aus dem 16. Jh. im Herzen der Stadt, überraschend viele Kunstschätze (Skulpturen, Ölgemälde, Wandteppiche). *Di–Do und Sa 10.30–12.45 und 16–17.45, Fr 10.30 bis 12.45, So 11–13.45 Uhr | Plaza de las Descalzas 3 | www.patrimonionacional.es*

MUSEO DEL PRADO ★ **[185 E2]**

Die berühmte Gemäldesammlung zählt zu den weltweit besten mit zahlreichen Exponaten alter Meister wie Rubens, Rembrandt, van Dyck, Tizian und El Greco. Zu den Höhepunkten zählen Diego Velázquez' „Las meninas" und die „Schwarzen Malereien" von Francisco de Goya. Unter dem Architekten Rafael Moneo ist der Prado umfangreich erweitert worden. Die ständige Sammlung ist Di–Sa ab 18 und So ab 17 Uhr Insider Tipp

> BLOGS & PODCASTS

Gute Tagebücher und Files im Internet

- > *www.spanisch-live.de* – Mit diesem Spanisch-Podcast können Sie die spanische Sprache üben oder sich in die Sprachmelodie einhören.
- > *www.ecos-online.de/podcast* – Der Podcast der Spanisch-Zeitschrift versammelt aktuelle Themen mit Schwerpunkt Kultur, dazu Sprachtraining und Interviews.
- > *www.spanien.org.es* – Reisen, Sport, Stierkampf, Nachrichten, Tipps für die Automiete – die Vielfalt der Themen und die übersichtliche Aufmachung sprechen für diesen Blog. Suchfunktion auch nach Erscheinungsmonat des Beitrags.
- > *www.auswandern-spanien.net* – interessanteste Infos und Details, etwa zum günstigen Telefonieren – keineswegs nur für Auswanderungswillige.
- > *www.urlaub-spanien-reise.de/blog* – Was kostet ein Sprachkurs ungefähr, wo finde ich gute Tauchspots, wie wird Weihnachten in Spanien gefeiert? Dies und vieles mehr lässt sich hier nachlesen.

Ein Tempel der Kunst: Das Museo del Prado genießt Weltruhm

kostenlos zugänglich. *Di–So 9–20 Uhr | Paseo del Prado | http://museoprado.mcu.es*

MUSEO THYSSEN-BORNEMISZA [185 D1–2]

Das dritte Museumshighlight der Hauptstadt mit zahlreichen Sälen im Palacio de Villahermosa: von frühen italienischen Meistern bis zur Pop-Art. Werke u. a. von Caravaggio, Dürer, El Greco, Rubens, Goya, Toulouse-Lautrec, van Gogh, Munch, Chagall und Picasso. *Di–So 10–19 Uhr | Paseo del Prado 8 | www.museothyssen.org*

PALACIO REAL [184 B2]

Königspalast aus dem 18. Jh., in dem Spaniens Staatsoberhaupt gelegentlich hohe Gäste empfängt – dann ist er geschlossen. Ansonsten führt der ausgiebige Rundgang durch prächtige Säle mit Kronleuchtern, Spiegeln, Fresken, Teppichen, Skulpturen und wertvollen Gemälden. Ebenfalls sehenswert sind die alte Apotheke *(Farmacia)* sowie die Rüstungen im Saal der *Real Armería.* In unmittelbarer Nachbarschaft des Königspalasts erhebt sich die moderne *Catedral de la Almudena,* erst 1993 offiziell beendet. *Palast Okt.–März Mo bis Sa 9.30–17, So 9–14, April–Sept. Mo–Sa 9–18, So 9–15 Uhr | Bailén | www.patrimonionacional.es*

PARQUE DEL RETIRO ★ [185 E–F 1–3]

Parkanlage im Herzen der Stadt, ein echtes Naherholungsgebiet mit Wiesen, Wegen, Blumenbeeten und großem, zentralem See. In Erinnerung an die Todesopfer des islamistischen Terrorattentats 2004 ist der *Bosque de los Ausentes,* der „Wald der Abwesenden", gepflanzt worden.

ESSEN & TRINKEN

LOS ARRIEROS [184 B2] Insider Tipp

Behagliche Speiseatmosphäre im alten Haus des Malers Gerardo Rueda (1926–1996), mehrere Essräume. Mo–Fr ist mittags das preisgünstige Tagesmenü zu empfehlen. *Mo-Abend und So geschl. | San Nicolás 9 | Tel. 915 48 14 27 | €–€€*

CAFÉ DE LA ÓPERA [185 B1]

Mo–Fr sind die Mittagsmenüs beliebt (€), Sa/So etwas teurer (€€). Der wahre Hit jedoch sind die „gesungenen Dinner" ab 22 Uhr (Reservierung unerlässlich!). Während man tafelt, bekommt man live Opern- und Zarzuelastücke zu hören. Dann isst man recht teuer à la carte (€€€). *Arrieta 6 | Tel. 915 42 63 82 | www.elcafedelaopera.com*

TAPAS

Tapafans finden im weiten Einzugsbereich um die ▶▶ *Plaza de Santa Ana* [185 D2] eine schier unendliche Zahl entsprechender Lokale – und natürlich in der 1860 gegründeten *Casa Labra (*[184 C2], *Tetuán 12 | €).*

>LOW BUDGET

> In Badajoz gibt das *Museo Extremeño e Iberoamericano de Arte Contemporánea (Di–Sa 10–13.30 und 17–20, So 10–13.30 Uhr | Calle del Museo | www.meiac.org)* zeitgenössischen Künstlern aus Spanien, Portugal und Lateinamerika Raum. Das moderne Gebäude geht auf den Architekten José Antonio Galea zurück. Und der Eintritt ist frei!

> Ideal für den Madridbesuch ist die *Madrid Card (u. a. in der Touristeninformation an der Plaza Mayor 27 | www.madridcard.com),* die 24 Stunden (42 Euro), 48 Stunden (55 Euro) oder 72 Stunden (68 Euro) gültig ist. Damit kann man beliebig oft im Touristenbus „Madrid Visión" fahren und kommt in 40 Museen, darunter auch Prado, Reina Sofía und Thyssen-Bornemisza.

EINKAUFEN

Beliebte Shoppinggegend mit zahlreichen Boutiquen und Juwelieren ist das gutbürgerliche Salamancaviertel [185 D–E1], vor allem im Bereich um die *Calle Serrano*. Ungebrochen beliebt: der Floh- und Allerleimarkt *El Rastro* sonntags vormittags in der *Ribera de Curtidores* [184 C3] und umliegenden Straßen.

ÜBERNACHTEN

ALHAMBRA [184 C2]

Die zentrale Lage nahe der Puerta del Sol ist der große Pluspunkt dieser Pension. *13 Zi. | Espoz y Mina 6 | Tel. 915 21 31 14 | Fax 915 32 70 78 | www.hostalalhambra.com | €*

GRAN VERSALLES [0]

Moderner Viersternekomfort in stilvoll-gepflegtem Ambiente. *145 Zi. | Covarrubias 4–6 | Tel. 914 47 57 00 | Fax 914 46 39 87 | www.hotelgranversalles.es | €€€*

MARIO [0]

Komfortables Designerhotel in zentraler Lage nahe Oper und Königspalast. *54 Zi. | Campomanes 4 | Tel. 915 48 85 48 | Fax 915 59 12 88 | www.room-matehoteles.com | €€*

AM ABEND

In Madrid sind die Nächte besonders lang, das Unterhaltungs- und Vergnügungsangebot ist riesig. Ausgehzonen finden Sie u. a. rund um die Plätze *Santa Bárbara* [0], ▶▶ *Santa Ana* [185 D2] und *Dos de Mayo* [0] sowie um die *Plaza Alonso Martínez* [0]. Im Sommer verströmen Teile des *Paseo de la Castellana* [0] mit ihren Terrassenbars und Openaircafés ein besonderes Flair. Musicalfans zieht es ins zentrale Insider Tipp *Teatro Lope de Vega*

Bei nächtlicher Beleuchtung der Plaza de la Cibeles mit ihrem Springbrunnen präsentiert sich der Palacio de Comunicaciones, einst Madrids Hauptpostamt, besonders pompös

([184 C1] Gran Vía 57 | Tel. 915 47 20 11), das mit aufwendigen Inszenierungen Erfolge feiert.

AUSKUNFT

[184 C2] *Plaza Mayor 27 | Tel. 915 88 16 36 | Fax 913 66 54 77 | www.descubremadrid.com*

ZIELE IN DER UMGEBUNG

ALCALÁ DE HENARES [176 B5]

Die traditionsreiche Universitätsstadt (200 000 Ew.) rund 30 km östlich von Madrid wird von Madridern gern als Wohnstadt genutzt und verbreitet in ihrem historischen Zentrum ein äußerst angenehmes Flair. Kein Wunder, denn 20 000 Studierende fühlen sich hier pudelwohl.

Kunsthistorischer Höhepunkt ist die Ende des 15. Jhs. von Kardinal Cisneros gegründete Universiät *Colegio Mayor de San Ildefonso (Führungen Mo–Fr 11.30–13.30 und 16 bis 18, Sa/So 11–14 und 16–19 Uhr | Plaza de San Diego)*, die sich mit ihrer überschwänglich verzierten Fassade zum Vorplatz hin wendet. Im Innern erwarten Sie schöne Innenhöfe, die Kapelle San Ildefonso mit dem Marmorgrabmal des Kardinals und die von einer Kassettendecke im Mudejarstil überzogene Aula Magna. An der frequentiertesten Altstadtstraße, der *Calle Mayor,* liegt das Geburtshaus von Meisterdichter Cervantes *(Casa de Cervantes | Di–So 10–18 Uhr | www.museo-casa-natal-cervantes.org).* An der weit ausladenden ▸▸ *Plaza de Cervantes* können Sie sich zum Drink niederlassen. Auskunft: *Plaza de los Santos Niños | Tel. 918 89 26 94 | www.alcalaturismo.com*

Insider Tipp
CHINCHÓN [176 B6]
Lauschiges Städtchen (4000 Ew.) 45 km südöstlich, ein klassisches Ausflugsziel der Hauptstädter mit vielen urigen Tavernen und Bodegas. Die besonders schöne *Plaza Mayor* ist von Holzgalerien umzogen, eine Etage höher schaut man auf die *Torre de Santa María de Gracia* (18. Jh.) und die Kirche *Nuestra Señora de la Asunción.* Für geschmackvolle Unterkunft bürgt der in einem vormaligen Augustinerkloster untergebrachte *Parador (38 Zi. | Tel. 918 94 08 36 | Fax 918 94 09 08 | www.parador.es | €€€).*

EL ESCORIAL [176 A5]
Monumentale Renaissancepracht aus den Zeiten von König Felipe II, zwischen 1563 und 1584 unter Juan Bautista de Toledo und Juan de Herrera erbaut. Dieser auf rund 1030 m Höhe erbaute *Real Sitio de San Lorenzo de El Escorial (April bis Sept. Di–So 10–18, Okt.–März 10–17 Uhr | Mi Eintritt für EU-Bürger frei | www.patrimonionacional.es)* diente als Sommerpalast und Kloster. Im barock überladenen Pantheon der Könige fanden viele Herrscher ihre letzte Ruhe, weitere Gräber von Prinzen und Prinzessinnen sind im Panteón de Infantes zu sehen. Im Palasttrakt befindet sich das Sterbezimmer von Felipe II; die einstigen Kapitelsäle der Mönche sind als Gemäldegalerien hergerichtet. Weitere Blickfänge: die Fresken in der Bibliothek und die Basilika mit ihrer 90 m hohen Kuppel. Vor oder nach dem Besuch bietet sich ein Bummel durch das Städtchen *San Lorenzo de El Escorial* (10 000 Ew.) an, das sich mit zahlreichen Bars und Restaurants bestens auf den steten Besucherstrom eingestellt hat.

SALAMANCA

[175 D5] ★ **Die auf rund 800 m an den Ufern des Río Tormes gelegene Provinzhauptstadt (170 000 Ew.) setzt Maßstäbe: mit einem der schönsten Zentralplätze (Plaza Mayor) und einer der traditionsreichsten Universitäten Spaniens (13. Jh.), die Salamanca ewig junges Studentenleben beschert.** Schon Fremdherrscher wie Römer und Mauren fühlten sich hier wohl. König Alfonso VI brachte sie 1085 im Zuge der Reconquista zurück auf die Seite der Spanier. Die von vielfältigen Baudenkmälern durchsetzte Altstadt zählt zum Unesco-Welterbe. Große Tradition haben die Prozessionen während der Karwoche.

SEHENSWERTES

CASA DE LAS CONCHAS
Diese Fassade sollte niemand versäumen: Knapp 400 steinerne Muscheln sind Namensgeber des „Hauses der Muscheln", eines Stadtpalasts, an dem von 1495 bis 1517 gebaut wur-

de. *Mo–Fr 9–21, Sa/So 10–14 und 16 bis 19 Uhr | Rúa Mayor*

CATEDRAL NUEVA/CATEDRAL VIEJA
Kathedralendoppel mit dem romanischen Vorläufer sowie der vom 16. bis 18. Jh. errichteten Catedral Nueva. Besonders schön an der Neuen Kathedrale ist die platereske Portalgestaltung. Das Innere beeindruckt Besucher mit der Wucht seiner Ausmaße (104 m lang, 50 m breit). *Neue Kathedrale tgl. 10–13 und 16–18 Uhr; Alte Kathedrale Sommer tgl. 10–13 und 16–17.30, sonst 10–12.30 und 16–17.30 Uhr*

MUSEO DE SALAMANCA
Das Regionalmuseum widmet sich gleichermaßen archäologischen Funden wie den schönen Künsten. *Di–Sa 10–14 und 16–19, Sommer 17–20, So 10–14 Uhr | Patio de las Escuelas Menores*

PLAZA MAYOR ▶▶
Arkadenumzogener Platz aus dem 18. Jh., ein barockes Gesamtkunstwerk, das vom prallen Studentenleben der Cafés beherrscht wird. Von hier aus lässt sich das historische Viertel prima entdecken.

PUENTE ROMANO
Römerbrücke, mutmaßlich im 1. Jh. in 26 Bögen über den Río Tormes erbaut, im 17. Jh. ausgebessert. Schöne Ausblicke auf Altstadt und Fluss.

UNIVERSIDAD
Salamancas Universität blickt auf eine knapp 800-jährige Geschichte

Jugendliches Flair in einer uralten Stadt: Die Studentenstadt Salamanca ist fast dreimal so alt wie ihre 800 Jahre „junge" Universität

zurück, weite Teile der Architektur (so der *Patio de las Escuelas Menores*) gehen noch auf das 15./16. Jh. zurück. Die reich verzierte, platereske Hauptfassade ist ein Gedicht in Stein. Über der alten Bibliothek hängt der „Himmel von Salamanca", *El Cielo de Salamanca,* ein Ende des 15. Jhs. vollendetes Werk des Malers Fernando Gallego. *Mo–Sa 9.30 bis 13.30 und 16–19, So 10–13 Uhr | Libreros*

ESSEN & TRINKEN

BARDO

Viele Fisch- und Fleischgerichte, Salate und Omeletts, Mittagsmenü. *Tgl. | Compañía 8 | Tel. 923 21 90 89* | €–€€

EL MESÓN

Typisch kastilische Küche im Herzen der Stadt. *So-Abend und Mi geschl. | Plaza del Poeta Iglesias 10 | Tel. 923 21 72 22* | €€€

EINKAUFEN

Keramikgeschäfte finden Sie um die *Calle La Rúa,* Käse und Wurst gibt es auf dem Markt *(Plaza del Mercado).*

ÜBERNACHTEN

CONDAL

Zentral gelegenes, zweckmäßig eingerichtetes Zweisternehotel. Bisweilen spezielle Tarife (Homepage checken!). *70 Zi. | Plaza Santa Eulalia 3 | Tel. 923 21 84 00 | Fax 923 21 13 54 | www.hotelcondal.com* | €€

GOYA

Schnörkelloses Hostal für Preissensible. Die gute, zentrale Lage gibt den Ausschlag, alles ist problemlos zu Fuß erreichbar. *15 Zi. | Paseo Carmelitas 58 | Tel./Fax 923 26 78 86 | www.hostal-goya.com* | €

AM ABEND

Die Kneipenkultur blüht in der Altstadt um die *Plaza Mayor* und die

Im studentisch geprägten Salamanca sind die Nächte oft lang

Calle Zamora. Ein typisches Kaffeehaus ist das *Café Novelty* an der Plaza Mayor. Treffpunkte für junge Leute finden Sie z. B. in der *Calle del Prior.*

AUSKUNFT

Plaza Mayor 14 | Tel./Fax 923 21 83 42 | www.salamanca.es

ZIELE IN DER UMGEBUNG

ALBA DE TORMES [175 E5]

Pittoreskes Kirchenstädtchen (5000 Ew.) 20 km südöstlich, ebenfalls am Río Tormes gelegen. Im *Karmeliterkloster La Anunciación (tgl. 8.30 bis 13.30 und 16–18, Sommer bis 19 Uhr)* verehren die Gläubigen den Reliquienschrein der hier verstorbenen hl. Teresa de Ávila. Zweckmäßig und günstig übernachtet man im *Hotel Alameda (35 Zi. | Avenida Juan Pablo II | Tel. 923 30 00 31 | www.hotelrestaurantealameda.com | €),* dem auch ein Restaurant angeschlossen ist. Auskunft: *El Padre Raimundo 6 | Tel. 923 30 00 24 | www.villaalbadetormes.com*

BÉJAR [175 D5]

Auf 960 m ins Höhengrün gebettetes Städtchen (17 000 Ew.) 70 km südlich mit einigen interessanten Monumenten wie dem Herzogspalast (*Palacio Ducal,* 16. Jh.). Die mittelalterliche Stadtmauer geht auf die Mauren zurück. Béjar nimmt für sich in Anspruch, Spaniens älteste Stierkampfarena zu besitzen (etwas außerhalb). Zentrale Unterkunft im Dreisternehotel *Colón (66 Zi. | Colón 42 | Tel./Fax 923 40 06 50 | www.hotelcolonbejar.com | €€);* in das Hotel ist ein Spa integriert. Auskunft: *Carretera de Salamanca | Tel./Fax 923 40 30 05 | www.i-bejar.com*

CIUDAD RODRIGO [175 D5]

Monumentales Städtchen (15 000 Ew.) 90 km südwestlich von Salamanca Richtung portugiesische Grenze am Río Agueda, entstanden aus einer römischen Siedlung. Der Name geht zurück auf den Grafen Rodrigo González, der im Mittelalter nach der Vertreibung der Mauren die Wiederbesiedlung vorantrieb. Zum historischen Erbe zählen die 2 km langen *Stadtmauern* und die romanisch-gotische *Kathedrale* mit ihrem schönen Figurenportal. Das Stadtbild prägen weitere Kirchen und Herrenhäuser. Stimmungsvoll geht es um die ▶▶ *Plaza Mayor* zu (dort auch Lokale und Tapabars).

Im Kastell des Enrique II de Trastámara aus dem 14. Jh. ist der *Parador (35 Zi. | Plaza del Castillo 1 | Tel. 923 46 01 50 | Fax 923 46 04 04 | www.parador.es | €€€)* untergebracht. Auskunft: *Plaza de Amayuelas 5 | Tel. 923 46 05 61 | www.ciudad-rodrigo.net*

LEDESMA [175 D4–5]

35 km nordwestlich von Salamanca liegt dieser 1000-Ew.-Ort am Río Tormes. Stolz ist man hier auf das historisch-kulturelle Ensemble mit *Burg* (15. Jh.), *Stadtmauern, Plaza Mayor* und einigen Kirchen. Einfache Unterkunft finden Sie im *Hostal La Beata (7 Zi. | Paseo de Carmelitas 18 | Tel. 923 57 02 46 | €).* Wellnessfreunde quartieren sich im Thermalkomplex *Balneario de Ledesma (200 Zi./Apartments | Tel. 923 14 91 00 | Fax 923 57 03 93 | www.balneariole*

desma.com | €–€€) im etwa 10 km südöstlich gelegenen *Baños de Ledesma* ein, wo man die Wahl zwischen Zimmern und Apartments hat. Auskunft in Ledesma: *Plaza Mayor 1 | Tel. 923 57 00 15*

PARQUE NATURAL DE LAS BATUECAS [175 D5]

Gebirgiger, grüner Naturpark, der mit der Sierra de la Peña de Francia eine Höhe von 1728 m erreicht. Über den Gipfeln erheben Adler und Geier ihre Schwingen, in der Flora kommen u. a. Kastanien, Pinien und Wacholder vor.

Es gibt Bergdörfer wie *San Martín del Castañar* und *Las Batuecas;* wichtigster Ort für Erkundungen ist *La Alberca,* wo es ein *Informationsbüro des Naturparks (Mo geschl. | La Puente | Tel. 923 41 52 92)* und mehrere Unterkünfte gibt. Dazu zählen das Landhotel *Las Batuecas (38 Zi. | Avenida de las Batuecas 6 | Tel. 923 41 51 88 | Fax 923 41 50 55 | www.hotelasbatuecas.com | €€),* dem ein gutes Restaurant angeschlossen ist, und das stilvolle, freundliche *Hotel Antiguas Eras La Alberca (32 Zi. | Avenida Batuecas 29 | Tel./Fax 923 41 51 13 | www.antiguaseras.com | €€).* Der Park liegt rund 70 km südwestlich von Salamanca und geht im Süden in die unter Naturfans ebenfalls beliebte Sierra de la Peña de Francia über.

SEGOVIA

[175 F5] ★ Die ziemlich genau 1000 m hoch gelegene Provinzhauptstadt (60 000 Ew.) ist in dreierlei Hinsicht attraktiv: kulinarisch, historisch, baugeschichtlich. Schlemmer kommen gleichermaßen auf ihre Kosten wie Kunstinteressierte. Segovias Traumansichten werden oft mit einem Schiff verglichen: Der Alcázar formt den Bug, der knapp 90 m hohe Kathedralturm den Mast, der römische Aquädukt das Ruder.

Der Tourismus belebt die Atmosphäre, viele Tagesausflügler kommen über die Sierra de Guadarrama aus Madrid. Die breite Fußgängerzone lädt zum Flanieren ein. Die Bilderbuchaltstadt ist mit interessanten Bauwerken gespickt und steckt voller Kirchen, Klöster und Türme. Hinzu gesellen sich die Stadtmauern und Herrenhäuser wie die *Casa de los Picos* (15. Jh.). Dreh- und Angelpunkte sind die Plätze *Azoguejo, Mayor* und *San Martín.* Besonders schöne Ansichten auf die Stadt genießen Sie von der Cuesta de los Hoyos/Parque del Acázar. Eines soll nicht verschwiegen werden: das Klima. Im Winter zählt Segovia zu den kältesten spanischen Städten.

SEHENSWERTES

ACUEDUCTO

Monumentales städtisches Wahrzeichen, von der Unesco zum Erbe der Menschheit erklärt. Über den Aquädukt begannen die Römer im 1./2. Jh. Wasser aus dem fernen Ríofrío nach hier zu leiten; das letzte Teilstück war atemraubend. Hier lief das kühle Nass über 166 pfeilergestützte, zweistöckige Bögen aus mehr als 20 000 mörtellosen Granitblöcken, die maximale Höhe betrug 28 m. Bei maurischen Attacken im 11. Jh. kamen Dutzende Bögen zu Schaden, wurden jedoch wieder hergerichtet.

ALCÁZAR

In strategischer Spitzenlage ragt Segovias im Mittelalter ausgebaute Festung hoch über dem Zusammenfluss von Río Eresma und Río Clamores auf und wirkt wie eine Mischung aus Ritterburg und Hexenschloss. Hier residierten zuweilen die kastilischen Könige, hier betrieb Alfonso X el Sabio („der Weise") seine himmelskundlichen Studien, hier wurde Isabella zur spanischen Königin ausgerufen. Und im 16. Jh. feierte Felipe II auf dem Alcázar Hochzeit mit Anna von Österreich. Nach einer Brandkatastrophe im Jahr 1862 wurde die Burg umfassend restauriert. *Sommer tgl. 10–19, Winter 10 bis 18 Uhr*

CATEDRAL

Man nennt sie die „Dame" unter Spaniens großen Gotteshäusern, ein spätgotischer Prachtbau, der über den Ziegeldächern der Altstadt thront. Die Apsis grenzt an die mittelalterliche *Judería,* das Judenviertel, in dem es seinerzeit fünf Synagogen gab. *Tgl. 9–17.30 (Sommer bis 18.30) Uhr*

Segovias Bilderbuchaltstadt thront in 1000 m Höhe am Hang der Sierra

ESSEN & TRINKEN

MESÓN DE CÁNDIDO

Uriger gehts kaum als in diesem Restaurantklassiker im Schatten des Aquädukts. Die Speiseräume verwinkeln sich über mehrere Ebenen, in Bildergalerien sind illustre Gäste festgehalten, Tradition seit 1884. Kulinarischer Hit ist das Spanferkel. Reservierung empfohlen. *Tgl. | Plaza del*

Azoguejo 5 | *Tel. 921 42 59 11* | *www.mesondecandido.es* | €€€

EL PORTÓN
Für Gäste mit ausgeprägter Lust auf Fleisch; auch mexikanische Gerichte

Komplett aus Backstein und vielfältig geometrisch gegliedert: Castillo de Coca

und Salate. Die Auswahl reicht von Schweinerippchen *(costillas de cerdo)* bis zum Megakotelett vom Rind *(chuletón)*. *Di geschl.* | *Romero 10* | *Tel. 921 44 45 06* | €–€€

ÜBERNACHTEN

LOS ARCOS
Komfortabel, vier Sterne, modern und zentral. *60 Zi.* | *Ezequiel González 26* | *Tel. 921 43 74 62* | *Fax 921 42 81 61* | *www.hotellosarcos.com* | €€€

CORREGIDOR
Ein zweckmäßiges Zweisternehotel mit fairem Preis-Leistungs-Verhältnis. *54 Zi.* | *Carretera de Ávila 1* | *Tel. 921 42 57 61* | *Fax 921 44 24 36* | *www.hotelcorregidor.com* | €€

LA HUERTA DE SAN LORENZO Insider Tipp
Frendliche, ländliche Unterkunft im Stadtgebiet, familiär, alle Zimmer mit Bad. *4 Zi.* | *San Vicente el Real* | *Tel. 921 44 32 25* | *www.lahuerta.org* | €

AM ABEND

Beste Tapagegend in Segovia ist der Bereich um die *Plaza Mayor*, gute Anlaufstelle auch zu späterer Stunde (ebenso wie die *Calle Escuderos*). Liebhaber von Tapas zieht es u. a. ins *Cañas y Tapas (Ezequiel González 41)* und in die *Bar Menorá (San Frutos 21)*.

AUSKUNFT

Plaza del Azoguejo 1 | *Tel. 921 46 67 20* | *Fax 921 46 67 24* | *www.segoviaturismo.es*

ZIELE IN DER UMGEBUNG

CASTILLO DE COCA [175 F4]

In der näheren und weiteren Umgebung von Segovia gibt es einige interessante Festungen und eine Burgenroute, die u. a. das Castillo de los Velasco in Padraza und das Castillo de Condado de Castilnovo passiert. Besonders schön jedoch ist das 50 km nordwestlich gelegene *Castillo de Coca (Sommer Mo sowie Mi–Fr 10.30–13 und 16.30–19, Sa/So 11–13 und 16.30–19, Winter jeweils bis 18 Uhr).* Die Wurzeln des Kastells gehen auf das Jahr 1453 zurück, der Abschluss erfolgte im 16. Jh. Die Architektur wirkt monumental und geometrisch verspielt zugleich. Zentrum der Ortschaft *Coca* ist die *Plaza Mayor,* weitere wichtige Bauwerke sind die *Torre de San Nicolás* und die spätgotische *Iglesia de Santa María la Mayor.* *www.coca-ciudaddecauca.org*

LA GRANJA DE SAN ILDEFONSO [175 F5]

Rund 10 km südöstlich erreichen Sie dieses Barockschloss, das sich Bourbonenherrscher Felipe V als „Klein-Versailles" errichten ließ. Spätere spanische Monarchen nutzten den Sitz als Sommerresidenz. Der Bau wurde 1721 begonnen, auch die mit Wasserspielen und Skulpturenbrunnen aufgelockerten Parkanlagen sind ein Genuss. *Sommer Di–So 10–18, sonst Di–Sa 10–13.30 und 15–17, So 10–14 Uhr, Gärten im Hochsommer 10–21, sonst 10–18 Uhr* | *www.patrimonionacional.es*

RIOFRÍO [175 F5]

12 km südwestlich von Segovia erwartet Sie der *Palacio Real de Riofrío,* ein Mitte des 18. Jhs. auf Initiative von Königin Isabella Farnese errichteter Palast italienischen Stils. Erhalten sind die königlichen Zimmer, außerdem gibt es ein *Jagdmuseum* zu sehen. *Sommer Di–So 10 bis 18, sonst Di–Sa 10–13.30 und 15–17, So 10–14 Uhr* | *www.patrimonionacional.es*

SORIA

[176 C4] Soria (38 000 Ew.), auf stattlichen 1055 m in einem Hochtal am Río

> REAL ODER BARCA?

Der spanische Fußball im Zeichen der Erzrivalen

Fußball steht als Nationalsport unangefochten an der Spitze, Spaniens Vereine sorgen in der Champions League oft für Furore – was ein Leichtes ist, wenn man sich mit Abermillionen Euro Weltstars aus aller Welt zusammenkauft. Umso mehr schmerzen blamable Niederlagen. Die großen Konkurrenten heißen Real Madrid und FC Barcelona, jedes Ligamatch wird als „Jahrhundertspiel" verkauft. Bei dieser Rivalität geht es um mehr als nur um sportliche Aspekte. Barcelona, Dreh- und Angelpunkt katalanischen Selbstbewusstseins, bietet der Hauptstadt Madrid – dem Inbegriff der verhassten Zentralgewalt – seit jeher die Stirn. Dabei tritt in den Hintergrund, dass „Barça" auch bei der erdrückenden Schuldenlast einfach spitze ist.

Duero gelegen, ist die kleinste und bislang am wenigsten entdeckte Provinzhauptstadt in Kastilien-León. Die abgeschiedene Lage der Stadt haben in der Vergangenheit bekannte Dichter wie Gustavo Adolfo Bécquer (1836 bis 1870) und Antonio Machado (1875 bis 1939) genutzt, um hier an ihren Werken zu feilen.

Den besten Überblick über Stadt und Umland erlaubt der Burghügel *Parque del Castillo* mit seinem modernen *Parador (67 Zi. | Tel. 975 24 08 00 | Fax 975 24 08 03 | www.parador.es | €€€);* im Innern ist das Viersternehotel mit viel Stil dekoriert, das angeschlossene Restaurant bürgt für eine sehr gute Küche. Reisende mit kleinerem Budget quartieren sich im beschaulichen *Hostal Arévacos (9 Zi. | Clemente Sáenz 8 | Tel./Fax 975 21 28 32 | www.hostalarevacos.com | €)* ein.

Das kurioseste Bauwerk der Stadt liegt etwas außerhalb am Camino Monte de las Ánimas: das *Monasterio de San Juan de Duero (Sommer Di–Sa 10–14 und 17–20, So 10–14 Uhr, sonst nachmittags 16–19 Uhr),* ursprünglich ein Kloster aus dem 12. Jh., von dem die freistehenden Bögen des Kreuzgangs erhalten sind. An der Plaza de San Pedro liegt die romanisch-gotische Kathedrale *San Pedro,* am Paseo del Espolón macht das *Museo Numantino (Di–Sa 10–14 und 17–19, Sommer bis 20, So 10–14 Uhr)* mit der lokalen Archäologie vertraut. Wichtigstes Zivilgebäude der Stadt ist der *Palacio de los Condes de Gómara,* ein Renaissancepalais nahe der Plaza Mayor. Ebendort, rund um die *Plaza Mayor,* spielt sich auch das meiste Leben ab. Auskunft: *Medinaceli 2 | Tel. 975 21 20 52 | Fax 975 22 12 89 | www.dipsoria.org*

TOLEDO

[180 A1–2] ★ **Toledo (70 000 Ew.) liegt 70 km südwestlich von Madrid über dem Flusstal des Tajo.** Die von der Unesco zum Welterbe erhobene Altstadt gehört zu den Highlights einer Spanienreise und bündelt monumentale Pracht auf überschaubarem Raum – sofern man nicht gerade die Orientierung in den verwinkelten Gassen verliert, was selbst den Spaniern passiert! Immer wieder kann man sich durchschlagen und -fragen zur Catedral und zum Zentralplatz, der Plaza del Ayuntamiento.

Toledo, das Toletum der Römer und die langjährige Reichshauptstadt der Westgoten, erwuchs im Mittelalter zur „Stadt der drei Kulturen": Christliche Spanier, muslimische Mauren und Juden lebten hier mit- und nebeneinander. Auf die Mauren gehen viele kunsthandwerkliche Traditionen der Stadt zurück, die noch heute gepflegt werden. Im Jahreskalender der Fiestas stechen die Karwoche und Fronleichnam *(Corpus Cristi)* hervor.

SEHENSWERTES

ALCÁZAR

Massige Altstadtfestung, die ihre prägnante Gestalt im 16. Jh. bekam und immer wieder Zerstörungen ausgesetzt war, zuletzt im Spanischen Bürgerkrieg. Nach Zeiten wechselnder Nutzung waren die langjährigen Umbauarbeiten bei Redaktionsschluss noch nicht beendet. *Cuesta de Carlos V*

Ein städtebauliches Gesamtkunstwerk: Blick auf Toledo im Tal des Río Tajo

CASA-MUSEO EL GRECO
Werkschau des aus Griechenland stammenden Malers El Greco (1541 bis 1614), der ursprünglich Domenikos Theotokopoulos hieß und seine Ausbildung in Venedig und Rom genoss. In Toledo war er ab 1577 bis zu seinem Tod 1614 tätig. *Di–Sa 10–14 und 16–18 (Sommer bis 21), So 10 bis 14 Uhr | Samuel Leví 3*

CATEDRAL
Blickfang ist der 90 m hohe Turm, der sich genauso wie die gotischen Portale der Hauptfassade zum Rathausplatz hin wendet. Erbaut wurde dieses Meisterwerk von 1226 bis 1493. Mit ihren 120 m Länge und 60 m Breite zählt Toledos Kathedrale zu den größten Gotteshäusern in Spanien. Die Capilla Mayor und das Chorgestühl (15./16. Jh.) verdienen ebenso Beachtung wie der Kapitelsaal und die Sakristei. Angeschlossen ist ein interessantes Museum, das *Museo Catedralicio. Mo–Sa 10.30 bis 18.30, So 14–18 Uhr | Plaza del Ayuntamiento*

HOSPITAL TAVERA
Hinter der Renaissancefassade aus der Mitte des 16. Jhs. verbergen sich wertvolle Kunstwerke u. a. von El Greco. *Tgl. 10.30–13.30 und 15.30 bis 18 Uhr | Duque de Lerma 2*

IGLESIA DE SANTO TOMÉ
Kirche aus dem 12.–14. Jh., in der El Grecos weltberühmtes Gemälde „Das Begräbnis des Grafen von Orgaz" (*El Entierro del Conde de Orgaz,* 1586–88) zu sehen ist. *Tgl. 10 bis 17.45, Sommer 10–18.45 Uhr | Plaza del Conde*

MUSEO DE LOS CONCILIOS Y DE LA CULTURA VISIGÓTICA
Auf Archäologie und Zeugnisse westgotischer Kultur spezialisiertes Museum in der Iglesia de San Román. *Di–Sa 10–14 und 15.30–18.15, So 10–14 Uhr | San Clemente 4*

SINAGOGA DE SANTA MARÍA LA BLANCA
Ursprüngliche Synagoge aus dem 12. Jh., später in eine Kirche umge-

wandelt. Das zum Nationalmonument deklarierte Bauwerk besticht durch seine Bögen und Kapitelle; die Decke besteht aus Lärchenholz. *Tgl. 10–18 Uhr | Reyes Católicos 4*

SINAGOGA DEL TRÁNSITO

Ehemalige Synagoge (14. Jh.) mit interessanter Dekoration im Mudejarstil. Angeschlossen ist das *Museo Sefardí,* das sich um jüdisches Leben in Spanien dreht. *Di–Sa 10–14 und 16 bis 18 (Sommer bis 21), So 10–14 Uhr | Samuel Leví*

ESSEN & TRINKEN

ADOLFO

Erlesene, mit viel Sorgfalt zubereitete Gerichte. *So-Abend und Mo geschl. | Granada 6 | Tel. 925 22 73 21 |* €€€

MESÓN LA POSTA

Die gute Küche lässt sich beim Tagesmenü kosten. Zu den Spezialitäten zählt geschmorter Stierschwanz *(rabo de toro). Tgl. | Plaza Horno de la Magdalena 3 | Tel. 925 21 10 02 |* €€

EINKAUFEN

Über die gesamte Altstadt verteilen sich viele Kunsthandwerksläden. Zu den beliebten Einkaufs- und Bummelzonen zählen die *Calle del Comercio,* die *Calle de Santo Tomé,* die *Calle del Cardenal Cisneros* und die *Calle de la Ciudad.*

ÜBERNACHTEN

ABAD

Stilvolle Unterkunft in der Altstadt. Das Haupthaus diente noch bis in die

Sprühendes Leben: Valladolid präsentiert sich nicht nur an der Plaza de Zorrilla als erfrischend junge und charmante Stadt

Anfänge des 19. Jhs. als Schmiede. *22 Zi. | Real del Arrabal 1 | Tel. 925 28 35 00 | Fax 925 28 35 01 | www.hotelabad.com* | €€

SANTO TOMÉ

Klein, aber fein – und nicht überteuert. Innenstadtlage. *10 Zi. | Santo Tomé 13 | Tel. 925 22 17 12 | Fax 925 22 58 55 | www.hostalsantotome.com* | €

AUSKUNFT

Plaza del Ayuntamiento (gegenüber der Kathedrale) | Tel. 925 25 40 30 | Fax 925 25 59 46 | www.toledoweb.org

VALLADOLID

[175 E4] Die am Río Pisuerga im Dreieck zwischen Madrid, Burgos und León gelegene Hauptstadt (330 000 Ew.) von Kastilien-León zählt zu den versteckteren Entdeckungen in Spanien. Sie diente in der Vergangenheit vorübergehend als Königsresidenz.

Lassen Sie sich nicht von den modernen Gewerbegebieten und Satellitenvierteln an der Peripherie abschrecken – im Kern weiß Valladolid seine Besucher ein ums andere Mal zu überraschen. Das lebendige Studentenleben ist äußerst ausgeprägt, und während der Karwoche finden beeindruckende Prozessionen statt.

SEHENSWERTES

CAMPO GRANDE

Der Parque del Campo Grande, der Stadtpark, ist die beliebte grüne Lunge der Stadt. Er grenzt an die Plaza de Zorrilla.

CASA-MUSEO DE CERVANTES

Adelshaus aus dem frühen 17. Jh., in dem Meisterliterat Cervantes zwischen 1603 und 1606 lebte. *Di–Sa 9.30–15, So 10–15 Uhr | Calle del Rastro | http://museocasacervantes.mcu.es*

CASA-MUSEO DE COLÓN

Dieses Haus des Christoph Kolumbus ist an jener Stelle erbaut worden, an der der Seefahrer 1506 starb. Die Exponate drehen sich um indigene Kulturen der Neuen Welt und das Zeitalter der Entdeckungen. *Di–Sa 10–14 und 17–20.30, So 10–14 Uhr | Colón*

CATEDRAL NUESTRA SEÑORA DE LA ASUNCIÓN

Unvollendet gebliebene Kathedrale, die 1580 zu Zeiten von König Felipe II unter Juan de Herrera begonnen wurde. Die Hauptfassade stammt aus dem 18. Jh. Interessant ist das *Museo Diocesano y Catedralicio* in der ehemaligen Stiftskirche. *Mo–Fr 10 bis 13.30 und 16.30–19, Sa/So 10–14 Uhr | Plaza Universidad/Arribas*

MUSEO NACIONAL DE ESCULTURA

Das Nationalmuseum für Bildhauerei ist untergebracht im Colegio de San Gregorio. Das Colegio wurde Ende des 15. Jhs. von Alonso de Burgos, dem Bischof von Palencia, als theologische Studienanstalt begründet und mit einer der verschnörkeltsten Fassaden jener Epoche ausstaffiert. Das Museum deckt den Zeitraum vom Mittelalter bis zum 19. Jh. ab, u. a. mit Werken von Gregorio Fernández und Alonso Berruguete. *Mitte März–Mitte Sept. Di–Sa 10–14 und 16–21, So 10–14, Mitte Sept. bis Mitte März Di–Sa 10–14 und 16–18, So 10–14 Uhr | http://museoescultura.mcu.es | Cadenas de San Gregorio 1–2*

PATIO HERRERIANO – MUSEO DE ARTE CONTEMPORANEO ESPAÑOL

Die Sammlung zeitgenössischer spanischer Kunst reicht von 1918 bis in die Gegenwart. *Di–Fr 11–20, Sa 10 bis 20, So 10–15 Uhr | www.museopatioherreriano.org | Jorge Guillén 6*

ESSEN & TRINKEN

LA GOYA

Eine der städtischen Traditionsadressen. *So-Abend und Mo geschl. | Puente Colgante 79 | Tel. 983 35 57 24 |* €€€

TAPAS

Die klassische Häppchenzone liegt nahe der Plaza Mayor und ist als *Zona Correos* oder auch als *Zona Coca* (abgeleitet vom Namen eines alten Kinos) bekannt.

ÜBERNACHTEN

CONDE ANSÚREZ

Etwas außerhalb gelegen, was für Autofahrer den Vorteil problemloseren Parkens hat. *46 Zi. | Avenida Gijón 100 | Tel. 983 36 23 10 | Fax 983 01 55 01 | www.condeansurez.com |* €€

PARÍS

Hostal, alle Zimmer mit Bad. Zentrale Lage nahe der Plaza Mayor. Preislich an der Obergrenze in dieser Kategorie. *33 Zi. | Especería 2 | Tel. 983 37 06 25 | Fax 983 35 83 01 | www.hostalparis.com |* €

AM ABEND

Wem die Gegend der Plaza Mayor zu ruhig ist, findet – speziell am Wochenende – ausschweifenderes Nachtleben im Bereich der ▶▶ *Calle Francisco Suárez.*

AUSKUNFT

Pabellón de Cristal | Acera de Recoletos | Tel. 983 21 93 10 | www.asomateavalladolid.org

ZIELE IN DER UMGEBUNG

PALENCIA [175 E–F3]

Knapp 50 km nordöstlich gelegene Provinzhauptstadt (82 000 Ew.), die unter der Sonne der Meseta eher ein Schattendasein führt – zu Unrecht, denn es gibt einige interessante Stellen wie die *Plaza Mayor* und die *Calle Mayor* mit ihren Laubengängen zu entdecken. Am nördlichen Rand der Stadt zieht der *Cristo del Otero* die Blicke an, eine moderne Christusstatue des Bildhauers Victorio Macho.

Im 13. Jh. erlebte Palencia mit der Gründung der Universität und dem Baubeginn der gotischen Kathedrale seine wahre Blüte. Für die Besichtigung gibt es ein Kombiticket für *Kathedrale, Krypta* und *Kathedralmuseum (Juli–Sept. So–Fr 10.30–13.30 und 16.30–19.30, Sa 10.30–17, Okt. bis Juni Mo–Sa 10.30–13.30 und 16 bis 18.30, So 11.15–13 Uhr | Plaza de la Inmaculada).* Das *Museo de Palencia (Di–Sa 10–14 und 16–19, Sommer 17–20, So 10–14 Uhr | Plaza del Cordón)* zeigt Stücke von der Vorgeschichte bis zum Mittelalter. Solide Dreisterneunterkunft im Hotel *Castilla Vieja (69 Zi. | Avenida Casado del Alisal 26 | Tel.*

979 74 90 44 | Fax 979 74 75 77 | www.hotelessuco.com | €€).

Besonders stilvoll betten Sie sich 25 km südwestlich in *Ampudia,* das wegen seines historisch-künstlerischen Gepräges ohnehin einen Abstecher verdient. In einem dortigen Haus aus dem 17. Jh. ist das schöne Insider Tipp Landhotel *Casa del Abad* (*16 Zi. | Plaza Francisco Martín Gromaz 12 | Tel. 979 76 80 08 | Fax 979 76 83 00 | www.casadelabad.com | €€€)* untergebracht; das angeschlossene Restaurant *Arambol* (€€€) genießt einen ausgezeichneten Ruf.

Auskunft in Palencia: *Mayor 105 | Tel. 979 74 00 68 | Fax 979 70 08 22 | www.palenciaturismo.com*

Ritterburg und Weinmuseum: Peñafiel in der Weinregion Ribera del Duero

PEÑAFIEL **[175 F4]**

Peñafiel liegt rund 55 km östlich von Valladolid inmitten der Weinbauregion Ribera del Duero. Man reibt sich die Augen: Fast unwirklich thront das Kastell von Peñafiel auf dem örtlichen Felsen und nimmt eine gewaltige Länge von über 200 m ein. Es ist eine der imposantesten Burgen Spaniens und beherbergt das *Weinmuseum (Di–So 11–14.30 und 16.30 bis 20.30, Winter bis 19 Uhr).* Es besteht auch die Gelegenheit zu einer Weinprobe *(degustación).* Auskunft: *Plaza del Coso, 2 | Tel. 983 88 15 26 | Fax 983 88 06 50 | http://turismopenafiel.com*

TORDESILLAS **[175 E4]**

30 km südwestlich am Río Duero gelegene Kleinstadt (9000 Ew.), die einen geschichtlich klangvollen Namen hat: Mit dem 1494 geschlossenen Vertrag von Tordesillas steckten die Eroberernationen Spanien und Portugal die Lage ihrer kommenden Territorien in der Neuen Welt ab. Wichtigstes Bauwerk ist das *Real Monasterio de Santa Clara,* ein Klarissenkloster, das von Alfonso XI im 14. Jh. ursprünglich als Palast erbaut wurde. Auskunft: *Casas del Tratado | Tel./Fax 983 77 10 67 | www.tordesillas.net*

> AM URSPRUNG DES SPANIENMYTHOS

Berge, Städte und Küsten Andalusiens verzaubern seit jeher die Besucher

> Spaniens Süden verheißt berauschende Lebensfreude, sonnendurchglühte Küsten und das historisch-kulturelle Erbe der Mauren. Hier durchfährt man weiße Dörfer, weite Weidegebiete für Kampfstiere und Olivenhaine mit Millionen knorriger Bäume.

Andalusien, das Al-Andalus der Mauren, zeigt sich als eine der abwechslungsreichsten Gegenden Europas. In die 87 600 km^2 große Autonome Gemeinschaft würden die Niederlande mehr als zweimal hineinpassen – die Entfernungen sind nicht zu unterschätzen. Ein gut ausgebautes Straßennetz verbindet die wichtigsten Städte miteinander, doch in Gebirgsgegenden ist nur langsames Fortkommen möglich.

Was große Städte wie Almería, Granada und Sevilla verbindet: die hässlichen, hoffnungslos verbauten Vorstädte. Doch keine Sorge, es gibt auch genügend prächtige Monumen-

Bild: Plaza de España in Sevilla

SÜDSPANIEN

te und romantische Winkel. Aus der Fülle an sehenswerten Zielen kann dieser Band nur eine Auswahl präsentieren. Ausführliche Informationen finden Sie in den MARCO POLO Bänden „Andalusien" und „Costa del Sol/Granada".

ALMERÍA

[180 C6] ***Al-Mariyya*, „Spiegel des Meeres", nannten die Mauren diese Hafenstadt (170 000 Ew.) am Mittelmeer und hielten sie gegen die Katholischen Könige fast bis zum Ende der Reconquista.** Der Hafen hat unverändert große Bedeutung; heute dient er vor allem für die Obstverschiffung. Maurisches Erbstück ist die trutzige *Alcazaba (Di–So 9–18.30, Sommer bis 20.30 Uhr);* diese weit ausgreifende Festung hat ihre Wurzeln im 10. Jh. und erlaubt prächtige Ausblicke. Das monumentale Bild setzt sich in der Altstadt mit der wehrhaften *Catedral (Mo–Fr 10–16.30, Sa 10–13 Uhr | Plaza de la Catedral)* fort. Spaziergänge führen durch den *Parque de Nicolás Salmerón* und zur *Plaza de la Constitución,* die Einkaufs- und *res Sopeña 4 | Tel. 950 23 11 11 | Fax 950 23 10 28 | www.hotelindalico.com | €€).* Auskunft: *Parque de Nicolás Salmerón | Tel. 950 27 43 55 | Fax 950 27 43 60 | www.almeria-turismo.org*

Eine eindrucksvolle Trutzburg ist die 800 Jahre alte Alcazaba von Almería

Bummelzonen liegen um die *Calle de las Tiendas.*

Fischfreunde kehren am Jachthafen im exzellenten Restaurant *Club de Mar (Di geschl. | Playa de las Almadrabillas | Tel. 950 23 50 48 | www.rcmalmeria.com | €€€)* ein. Auf ein ausgesprochenes Tapaviertel stoßen Sie hinter dem Paseo de Almería, zwischen Calle Real und Calle Trajano.

Insider Tipp

Zum Übernachten empfiehlt sich das zweckmäßig eingerichtete, zentral gelegene *Indálico (100 Zi. | Dolo-*

ZIELE IN DER UMGEBUNG

DESIERTO DE TABERNAS [180–181 C–D 5–6]

Rund 20 km nördlich der Stadt steht die Hitze über einer Wüstenszenerie, die oft als Filmkulisse für Western gedient hat. Stunt- und Westernshows können Sie in *Mini-Hollywood (wechselnde Anfangszeiten | www.minihollywood.es)* verfolgen.

Ab dem Ort *Tabernas* ist die Anfahrts zur *Plataforma Solar de Almería (Besuche nach Vereinbarung Mo bis Fr 8.30–16.30 Uhr | Tel.*

Insider Tipp

950 38 79 90 | www.psa.es) ausgeschildert; mit wahren Armeen aus Parabolspiegeln zur Gewinnung von Sonnenenergie wirkt dieses riesige Versuchs- und Forschungszentrum inmitten der Wüste futuristisch.

PARQUE NATURAL CABO DE GATA-NÍJAR [180 C6]

Karg und wildromantisch zeigt sich dieser östlich von Almería beginnende, vulkanisch geprägte Naturpark *(www.cabodegata-nijar.com)*, der sich um das weit ins Meer vorstoßende Cabo de Gata legt. Ins Bild gehören Sandstrände, Felsformationen, kleine Dörfer und das halbwüstenartige Hinterland. Über 140 Vogelarten sind in diesem Gebiet dokumentiert worden – mit etwas Glück können Sie sogar Flamingos beobachten.

Unterkünfte im Strand- und Hafenort *San José,* u. a. im *Hostal Las Gaviotas (38 Zi. | Entrada 8 | Tel. 950 38 00 11 | Fax 950 38 00 13 | www.hlasgaviotas.com | €€).*

CÁDIZ

[179 D5] **Die Atlantikstadt (150 000 Ew.) blickt auf mehr als 3000 Jahre Geschichte zurück – der Legende zufolge soll sie von Herkules begründet worden sein.** In Frühzeiten nutzten schon Phönizier und Römer das alte Gadir als Umschlagplatz; heute noch spielen Handel und Hafen eine wichtige Rolle.

Der ältere und interessantere Teil von Cádiz breitet sich über das Ende einer Landzunge aus, die von historischen Bollwerken und freundlichen Promenaden besetzt ist. Für Badefreuden empfiehlt sich die Kernstadt nicht, die ausgedehnten Strände liegen weiter südlich. Während der Karnevalsfeiern verwandelt sich Cádiz alljährlich in ein Tollhaus.

Im netten, sehr ausgedehnten Zentrum empfiehlt sich ein Besuch der *Catedral Nueva (Di–Fr 10–13.30 und 16.30–19, Sa 10–13 Uhr | Plaza de la Catedral).* Beachtung verdienen die große Kuppel und die Grabstätte des aus Cádiz stammenden Komponisten Manuel de Falla (1876 bis 1946). Weitere interessante Kirchen sind *San Juan de Dios, Santa María* und das *Oratorio de San Felipe Neri (Mo–Sa 10–13.30 Uhr | Santa Inés 9).* Das nahe der Kathedrale gelegene *Teatro Romano (Di bis So 10–14 Uhr | Campo del Sur)* datiert aus dem 1. Jh. v. Chr. und ruft die Römerzeit ins Gedächtnis. Im

MARCO POLO HIGHLIGHTS

★ Alhambra
Die „rote Burg" in Granada wurde von den maurischen Herrschern als Paradies auf Erden angelegt (Seite 140)

★ Mezquita
Die Moschee in Córdoba mit ihrem grandiosen Säulenwald und hineingebauter Kirche (Seite 138)

★ Sevilla
Kathedrale mit maurischem Turm, rundherum die Altstadt mit traumhaften Plätzen und Kneipen (Seite 144)

★ Jerez de la Frontera
Namhafte Bodegas verlocken am Ursprungsort des Sherrys zum Besuch und zu Kostproben (Seite 136)

Zentrum lohnt sich hinter der Plaza de las Flores ein Bummel über den Wochenmarkt mit seiner reichen Fischauswahl. Nicht versäumen sollten Sie den Aufstieg auf die **Insider Tipp** *Torre Tavira* *(tgl. 10–18, im Sommer bis 20 Uhr | Marqués del Real Tesoro 10 | www.torretavira.com)*. Dieser 33 m hohe Turm gibt von der Dachterrasse den besten Blick in der Altstadt frei: auf die Verladekräne am Hafen, die Kathedralkuppel und das Meer.

Sherryprobe in einer Bodega in Jerez

Gut für die Einkehr: die *Plaza de la Catedral* mit reichlich Terrassencafés und die schönen Tapabars im Bereich des Rathausplatzes. Ausschweifenderes Abend- und Nachtleben geht vor allem im Sommer um die *Punta de San Felipe*, die *Plaza de Argüelles* und die *Calle General Muñoz Arenilla* ab. Zentrale und nicht überteuerte Unterkunft im Dreisternehaus *Hotel de Francia y París (57 Zi. | Plaza de San Francisco 6 | Tel. 956 21 23 19 | Fax 956 22 24 31 | www.hotelfrancia.com | €€)*. Auskunft: *Paseo de Canalejas | Tel. 956 24 10 01 | Fax 956 24 10 05 | www.cadizturismo.com*

ZIELE IN DER UMGEBUNG

ARCOS DE LA FRONTERA [179 E5]

Weißes Traumstädtchen 65 km nordöstlich von Cádiz über den Ufern des Río Guadalete. Das historische Viertel breitet sich mit schmalen Gassen und verschachtelten Häusern über ein Felsmassiv. Schöner Ausblick vom *Mirador* nahe dem Rathaus. Geschmackvolle Unterkunft im kleinen Hotel *La Casa Grande (7 Zi. | Maldonado 10 | Tel. 956 70 39 30 | Fax 956 71 70 95 | www.lacasagrande.net | €€)*, das in einem Herrenhaus aus dem 18. Jh. eingerichtet ist und ein gutes Preis-Leistungs-Verhältnis bietet.

JEREZ DE LA FRONTERA ★ [179 D5]

Weit ausgreifende Stadt (200 000 Ew.) der Andalusierpferde und der Reitsporttraditionen, der Sherry- und Brandyproduzenten. Ein Erlebnis ist der Besuch einer Sherrybodega, durch deren heilige Hallen und Fässerlager Führungen gehen. Natürlich darf weder die abschließende Kostprobe noch die Möglichkeit zum Einkauf fehlen – auf günstige Preise direkt vom Erzeuger darf man dabei allerdings nicht hoffen, manches bekommen Sie andernorts günstiger!

Besonders gut organisiert sind die Besuche bei den zentral gelegenen *Bodegas González Byass (Manuel María González 12 | Anmeldung Tel. 956 35 70 16 | www.bodegastiopepe.com),* wo man innerhalb des Geländes einige Strecken mit einem Bähnchen zurücklegt.

Lohnend ist ein Innenstadtbummel zur wuchtigen *Kathedrale* und zum *Alcázar* mit den Resten einer Moschee und arabischen Bädern im Innern. Zwischendurch lässt sich der Sherry in kleinen Kneipen kosten. In der berühmten Andalusischen Schule der Reitkunst *(Real Escuela Andaluza de Arte Ecuestre)* können Sie den „Tanz der andalusischen Pferde" miterleben, eine profesionelle Dressurvorführung in großer Halle *(Di und Do 12, Aug. zusätzlich Fr 12 Uhr | Avenida de Abrantes | Tickets auch online unter www.realescuela.org).* Ebenfalls lohnend ist ein Besuch des Kutschenmuseums *Museo del Enganche (Mo–Sa 10–15 Uhr | Avenida Duque de Abrantes).*

Insider Tipp

Für ein faires Preis-Leistungs-Verhältnis steht das *Hotel Tierras de Jerez (50 Zi. | Corredera 58 | Tel. 956 34 64 00 | Fax 956 32 11 13 | www.hoteltierrasdejerez.com | €€)* in zentraler Altstadtlage. Auskunft: *Alameda Cristina, Edificio Los Claustros | Tel. 956 34 17 11 | Fax 956 33 88 74 | www.turismojerez.com*

SANLÚCAR DE BARRAMEDA [179 D5]

Die 55 km nördlich gelegene Kleinstadt (50 000 Ew.) gehört zum Sherrygebiet und stößt an den Mündungstrichter des breiten Guadalquivir. Zu empfehlen ist ein mehrstündiger Bootsausflug mit dem einstigen Dampfschiff *Buque Real Fernando (wechselnde Zeiten, in der Saison meist tgl. 10 und 16 oder 17 Uhr | Centro de Visitantes Fábrica de Hielo, Avenida Bajo de Guía | Tel. 956 36 38 13 | www.visitasdonana.com),* der gute Möglichkeiten zur Vogelbeobachtung und zum Landgang im *Nationalpark Coto de Doñana* bietet.

TARIFA [179 E6]

Die alte Festungs- und Seefahrerstadt (15 000 Ew.) an der schmalsten Stelle der Meerenge von Gibraltar liegt nur 14 km vom afrikanischen Kontinent entfernt. Tarifa gilt als Windsurferparadies, auf die entsprechende Klientel hat sich das *Hurricane Hotel (33 Zi. | Carretera de Cádiz | km 78 | Tel. 956 68 49 19 | Fax 956 68 03 29 | www.hotelhurricane.com | €€€)* eingestellt. Etwas günstiger ist das nahe *Hotel Valdevaqueros (selbe Kontaktnummern | €€).*

CÓRDOBA

[179 F3] In der weit ausgeuferten Stadt (320 000 Ew.) am Río Guadalquivir hält sich das maurische Erbe mit der weltberühmten Mezquita lebendig, in deren Säulenwald die christlichen Herrscher im 16. Jh. eine Kathedrale platzierten. Gleichwohl hat sich der alte islamische Glanz jener Stadt erhalten, die im 10. Jh. die fortschrittlichste auf der ganzen Iberischen Halbinsel war. Abd ar-Rahman III. erhob sie zum politisch-kulturellen Mittelpunkt seines Kalifats, überall gab es Schulen, Bet- und Badehäuser.

Die Innenstadt können Sie problemlos zu Fuß erkunden; weiße

Häuser und schmale Gassen fügen sich zu einem faszinierenden Mosaik. Im Kontrast dazu herrschen in den modernen Außenbereichen wenig einladende Bilder vor. Wer sich länger in der Stadt aufhält und viele Baudenkmäler und Museen besichtigen will, sollte sich die Córdoba Card *(www.cordobacard.com)* besorgen.

SEHENSWERTES

ALTSTADT

Von der Seite des Guadalquivir her ist die belebte *Calle Torrijos* ein beliebter Einstiegspunkt in die Altstadt; dort warten auch Pferdefuhrwerke zu Rundfahrten. Ganz in der Nähe liegt der im 14. Jh. auf den Fundamenten einer maurischen Festung begonnene *Alcázar de los Reyes Cristianos (Di bis Sa 10–14 und 16.30–18.30, im Hochsommer 8.30–14.30, So 9.30 bis 14.30 Uhr | Campo Santo de los Mártires),* eine einstige Königsresidenz. Córdobas Vorzeigegasse ist das schmale „Blumengässchen" *Calleja de las Flores,* in dem sich allerdings gelegentlich die Besuchergruppen stauen. In einem anderen verwinkelten Gassengeflecht erreichen Sie bei der *Plaza Tiberiades* das mittelalterliche Judenviertel, die *Judería.* In stark restauriertem Zustand hat sich in der Calle Judíos die *Sinagoga (Di bis Sa 9.30–14 und 15.30–17.30, So 9.30–13.30 Uhr)* erhalten; interessant sind dort die Stuckdekorationen.

MEZQUITA ★

Die *Mezquita (Mo–Sa 10–18, So abhängig von den Gottesdienstzeiten 9 bis 10.45 und 14–18.30, Sommer jeweils bis 19 Uhr | Torrijos)* zieht Besucher mit ihrem einzigartigen Bogen- und Säulenwald in den Bann. Begonnen wurde die einstige Moschee Ende des 8. Jhs., gefolgt von mehreren Erweiterungsphasen. Im Orangenhof, dem *Patio de los Naranjos,* nahmen die Moslems ihre rituellen Waschungen vor; zum Glockenturm wurde unter den Christen das Minarett umfunktioniert. Im Innern der Mezquita ist das Allerheiligste, die Gebetsnische *mihrab,* von ausgemachtem Prunk umgeben. Die stilfremd ins Zentrum hineingebaute Kathedrale ist im Renaissancestil gehalten.

MUSEO JULIO ROMERO DE TORRES

Das Werk des großen cordobesischen Malers (1874–1930), der sich insbesondere durch viele Genreszenen hervortat. *Di–Sa 10–14 und 16.30 bis 18.30, Hochsommer 8.30–14.30, So 9.30–14.30 Uhr | Plaza del Potro*

ESSEN & TRINKEN

BODEGAS CAMPOS

Altstadtkneipe und -restaurant, bei Einheimischen extrem beliebt. *Tgl. | Los Lineros 32 | Tel. 957 49 75 00 |* €–€€

ÜBERNACHTEN

CASA DE LOS AZULEJOS

Architektonisch wertvolles Hotel in einem Haus, das Elemente aus dem 17. Jh. bewahrt. Einrichtung mit viel Stil und Geschmack. *8 Zi. | Fernando Colón 5 | Tel. 957 47 00 00 | Fax 957 47 54 96 | www.casadelosazulejos.com |* €€

AUSKUNFT

Torrijos 10 | Tel. 957 35 51 79 | Fax 957 35 51 80 | www.turismodecordoba.org

Die Mezquita in Córdoba – ein interreligiöses Gesamtkunstwerk

GRANADA

KARTE IN DER HINTEREN UMSCHLAGKLAPPE

[180 B5] **Diese spanische Topdestination (280 000 Ew.) verdankt ihre Zugkraft im Wesentlichen den Glaubensfeinden:** den Mauren, die mit ihrer „roten Burg" (so die Bedeutung des arabischen Worts *alhambra*) ein Weltwunder schufen. Granada war die letzte Stadt auf der Iberischen Halbinsel, die sich 1492 der Reconquista beugte. Das Stadtviertel Albaicín hat den Charakter einer Medina bewahrt; die Altstadt legt sich um die Kathedrale.

Die Lebensfreude ihrer Bewohner macht Granada zu etwas Besonderem – und die umliegende Landschaft auch. In der Ferne glänzen Eis und Schnee der Sierra Nevada. Abseits des touristischen Mainstreams durch das Zigeuner- und Flamencoviertel Sacromonte empfiehlt sich ein Besuch der Abtei Sacromonte mit ihrer San-Cecilio-Höhle, während sich die zentrumsnahen Flusspromenaden des Río Genil für ausgiebige Spaziergänge eignen. Ausführliche Informationen finden Sie im MARCO POLO Band „Costa del Sol/Granada".

SEHENSWERTES

ALBAICÍN

In einem der schönsten Stadtviertel Spaniens bleibt keine andere Wahl, als es zu Fuß zu entdecken. Handtuchschmale Gassen ziehen sich den Hang hinauf, an arabischen Teestuben und Souvenirshops vorbei geht es aufwärts – am besten mit Stadtplan: Die Orientierung ist alles andere als einfach! Der Lohn wartet ganz oben mit der *Plaza de San Nicolás* und einem Aussichtspunkt, der ein grandioses Panorama garantiert: die Alhambra in monumentaler Breite vor der Kulisse der Sierra Nevada.

ALHAMBRA ★
Auf den Höhen über der Stadt im 13./14. Jh. wahr gewordenes Märchen aus Tausendundeiner Nacht, speziell im Palastbezirk der Nasriden mit dem Myrtenhof *(Patio de los Arrayanes)* und dem Löwenhof *(Patio de los Leones)* mit seinen grazilen Galerien und phantasievollen Ornamenten. Die Vorburg *Alcazaba* trägt Wehrcharakter, in den dahinter liegenden Lustgärten des *Generalife* bestimmen Wasserspiele und Grün das Bild. Stilbrüchig wurde im 16. Jh. der *Palacio de Carlos V* auf das Alhambraplateau platziert.

Der tägliche Besucherzustrom auf die Alhambra ist begrenzt; telefonische Kartenreservierung unter *Tel. 902 88 80 01*, aus dem Ausland *Tel. 0034 934 92 37 50*, weitere Informationen unter *www.alhambra-patronato.es*. Die Alhambra hat wechselnde Öffnungszeiten: *März–Okt. tgl. 8.30 bis 20, Nov.–Feb. 8.30–18 Uhr*, *spätabendliche Besuchstermine* März bis *Okt. Di–Sa 22–23.30, Nov.–Feb. Fr/Sa 20–21.30 Uhr* Insider Tipp

Vor den Bergen der Sierra Nevada erhebt sich die Alhambra über Granada

CASA MUSEO DE FEDERICO GARCÍA LORCA
Erinnerungen an den großen granadinischen Dichter und Dramatiker (1898–1936) im einstigen Sommerhaus der Familie, der Huerta de San Vicente. *Sept.–Juni Di–So 10–12.30 und 16–18.30 (April–Juni und Sept. 17–19.30), Juli/Aug. Di–So 10–14.30 Uhr* | *www.huertadesanvicente.com*

CATEDRAL/CAPILLA REAL
Die Kathedrale datiert in ihren Ursprüngen aus dem 16. Jh., der Turm

ist unvollendet geblieben. An den Bau schließt sich die Capilla Real an, die museal aufbereitete Königliche Kapelle mit den Grabmälern der Katholischen Könige Ferdinand und Isabella. Im angrenzenden Viertel *Alcaicería* verästeln sich Ladengassen, in denen orientalische Atmosphäre vorherrscht – die Souvenirauswahl ist riesig! *Mo–Sa 10–13.30 und 16 bis 19, So 16–19 Uhr | Gran Vía de Colón*

PARQUE DE LAS CIENCIAS

„Park der Wissenschaften" mit unterschiedlichen Bereichen, interaktive Konzeption. *Di–Sa 10–19, So 10–15 Uhr | Avenida del Mediterráneo*

ESSEN & TRINKEN

Insider Tipp

BODEGAS CASTAÑEDA

Typisch granadinische Großkneipe mit von der Decke baumelnden Schinken und ständigem Kommen und Gehen. Tapas und reiche Weinauswahl bis zum Abwinken. *Tgl. | Almireceros 1–3 | Tel. 958 21 54 64* | €

MIRADOR DE MORAYMA

Traumhafte Lage im Oberbereich des Albaicín, von der Terrasse Freiblick auf die Alhambra. Regionale Küche, Reservierung empfohlen. *So-Abend geschl. | Pianista García Carrillo 2 | Tel. 958 22 82 90* | €€€

RUTA DEL VELETA

Etwas außerhalb gelegen, doch jeden Umweg wert: Dieses Feinschmeckerrestaurant tischt diverse Menüs auf, schon die rustikale Dekoration ist äußerst geschmackvoll. *Tgl. | Carretera de Sierra Nevada 136 | Cenes de la Vega | Tel. 958 48 61 34* | €€€

ÜBERNACHTEN

JUAN MIGUEL

Ordentliches Dreisternehaus in zentraler Lage, Kathedrale und Flusspromenaden liegen fünf bis zehn Gehminuten entfernt. Mit Restaurant. *66 Zi. | Acera del Darro 24 | Tel. 958 52 11 11 | Fax 958 25 89 16 | www.hoteljuanmiguel.com* | €€

AM ABEND

Ausgehen in Granada macht besonderen Spaß, da es Tapas umsonst zu Wein und Bier dazugibt. Beliebte Café- und Barzonen finden Sie um die ▸▸ *Plaza Nueva* und in den umliegenden Gassen wie der ▸▸ *Calle Almireceros,* alternativ angehauchte Teestuben in den Unterbereichen des Albaicín, Flamencoshows in *tablaos* auf dem Hausberg Sacromonte. Ausgiebigeres Nightlife steigt im Einzugsbereich um die ▸▸ *Calle Pedro Antonio de Alarcón.*

AUSKUNFT

Santa Ana 4 | Tel. 958 22 81 57 | www.turismodegranada.org

ZIELE IN DER UMGEBUNG

ALPUJARRAS [180 B6]

Gebirgslandschaft zwischen Sierra Nevada und Mittelmeer im weiten Südosten von Granada, guter Straßeneinstieg bei Lanjarón. Zu den Höhepunkten zählen die Dörfer *Pampaneira* und *Capileira* sowie der Schinkenort *Trevélez.*

JAÉN [180 B4]

Die touristisch unverfälschte Provinzhauptstadt (115 000 Ew.) rund 100 km nördlich von Granada nennt sich gerne *paraíso interior,* „Binnenlandparadies". Jaén wird vom Burgberg mit seinem imposanten mittelalterlichen *Castillo de Santa Catalina (Do–Di 10–14 Uhr)* überragt; der Fernblick vom Festungsplateau schweift über Millionen von Olivenbäumen im Umland. Im Zentrum beherrscht die doppeltürmige *Kathedrale* das Bild. Besonders geschäftig geht es um die Calle de San Clemente und den Paseo de la Estación zu. Auskunft: *Maestra 13 | Tel. 953 24 26 24 | www.promojaen.es*

SIERRA NEVADA [180 B5–6]

Südöstlich von Granada bäumt sich der Gebirgszug der Sierra Nevada mit dem *Mulhacén* bis zu 3481 m hoch auf, der höchsten Erhebung auf dem spanischen Festland. Im Winter finden Skifans hier Dutzende Pisten unterschiedlicher Schwierigkeitsgrade. Die große Skistation liegt auf 2100 m, Saison ist von Dezember bis etwa März, doch das Klima ist unberechenbar. Es gibt zahlreiche Unterkünfte und Restaurants, mehrere Skischulen und Verleih von Ausrüstung. Informationen unter *www.sierranevadaski.com.*

MÁLAGA

[180 A6] **Vitale Hafen- und Provinzhauptstadt (550 000 Ew.) mit großem internationalem Flughafen und unansehnlichen Hochhauszonen – doch davon sollte sich im antiken Malaca niemand schrecken lassen.** Zu Füßen des Burghügels Gibralfaro pulsiert die vielgesichtige Altstadt, wo die Fußgängerzone mit ihren Boutiquen und Schuhgeschäften als Shoppingpflaster anzieht. Mit dem Picasso-Museum hat sich Málaga, die Geburtsstadt des großen Malers des 20. Jhs., in die erste Reihe spanischer Kunstadressen katapultiert.

SEHENSWERTES

ALCAZABA

Im 10./11. Jh. begonnene Burg der Mauren, an manchen Stellen ein wenig zu stark restauriert, aber allein wegen der Ausblicke lohnend. *Sommer Di–So 9.30–20, sonst 8.30–19 Uhr | Alcazabilla*

CASTILLO DE GIBRALFARO

Oberhalb der Alcazaba gelegene Bergfestung mit maurischen Wurzeln im 14. Jh., doch wurde die Gegend bereits in der Frühzeit als befestigter Ausguck benutzt. Schönes Panorama. *Tgl. 9.30–18 (im Sommer bis 20) Uhr | Monte de Gibralfaro*

CATEDRAL

Wuchtiger Baukörper aus dem 16. bis 18. Jh.; die Arbeiten wurden jedoch vor Fertigstellung gestoppt. Gleichwohl betritt man hier eines der größten Gotteshäuser Andalusiens. *Mo–Sa 10–18.45 Uhr | Plaza de la Catedral*

MUSEO PICASSO

Im Palacio de Buenavista untergebrachtes Kunstmuseum, das mehr als 200 Werke des Meisters zeigt. Über die ständige Sammlung hinaus sind aber auch die wechselnden Ausstellungen interessant (Kombiticket). Das nette Museumscafé mit seiner kleinen Terrasse eignet sich ideal für eine Rast. *Di–Do und So 10–20, Fr/Sa 10–21 Uhr | San Agustín | www.museopicassomalaga.org*

Insider Tipp

ESSEN & TRINKEN

CASA PEDRO

An der Promenade ein unverwüstlicher Klassiker mit typischer regionaler Kost. *Mo geschl. | Paseo Marítimo El Palo | Quitapenas 121 | Tel. 952 29 00 13 | €€€*

TAPAS

Gute Häppchenzonen um die ▶▶ *Plaza de la Merced* und die *Plaza de la Constitución* herum im Herzen der Altstadt.

ÜBERNACHTEN

DON PACO

Sauber, gepflegt und zweckmäßig, drei Sterne. Auf der Homepage sind gelegentlich Sondertarife abrufbar. *31 Zi. | Salitre 53 | Tel. 952 31 90 08 | Fax 952 31 90 62 | www.hotel-donpaco.com | €*

PARADOR DE GIBRALFARO

Traumhafte Lage über der Stadt, Spitzenrestaurant. Rechtzeitig reservieren! *38 Zi. | Tel. 952 22 19 02 | Fax 952 22 19 04 | www.parador.es | €€€*

AM ABEND

Kneipen und Diskos in den Vierteln ▶▶ *El Palo* und *Pedregalejo* sowie im Bereich der *Avenida Cánovas del Castillo* und des *Paseo Marítimo Ciudad de Melilla.*

AUSKUNFT

Plaza de la Marina 11 | Tel. 952 12 20 20 | Fax 952 12 20 23 | www.malagaturismo.com

ZIELE IN DER UMGEBUNG

MARBELLA [179 F5]

Ein städtischer Star (120 000 Ew.) an der Costa del Sol, die wegen der

Vom Hügel Gibralfaro aus liegt Ihnen ganz Málaga zu Füßen

Vielzahl der hier entstandenen Golfplätze scherzhaft auch Costa del Golf genannt wird. Marbella liegt 55 km südwestlich von Málaga und ist nicht zuletzt durch riesige Korruptionsskandale immer wieder in die Schlagzeilen geraten. Die Stadt ist ein Tummelplatz des internationalen Jetsets, dem vor allem der weiter westlich gelegene Jachthafen *Puerto Banús* gerecht wird. Doch es gibt durchaus auch bodenständige Zonen. In der Altstadt verdient die nett mit Orangenbäumchen bestandene *Plaza de los Naranjos* einen Besuch, Strände und Meerespromenaden sind sehr ansehnlich.

NERJA [180 A–B6]

Gut 50 km östlich von Málaga lockt das Städtchen Nerja (17 000 Ew.) mit kleinen Stränden und einer Aussichtspromenade. Etwas außerhalb liegen die berühmten Tropfsteinhöhlen *Cuevas de Nerja*, die mitunter recht überlaufen sein können. Ein kurzer Abstecher ins Hinterland führt ins stimmungsvolle weiße Dorf *Frigiliana*.

RONDA [179 E5]

Eines der reizvollsten – und berühmtesten – Städtchen (35 000 Ew.) in Andalusien, in dem die traditionsreiche Innenstadt durch die spektakuläre schmale Schlucht des Río Guadalevín zweigeteilt ist. Gleich neben dem Parador wird der klaffende Schlund von der Neuen Brücke *(Puente Nuevo)* überspannt. Die Parkanlage *Alameda del Tajo* bietet schöne Fernblicke auf die Berge. Als gewaltigstes Monument sticht die *Plaza de Toros* hervor, Rondas 1785 eröffnete Stierkampfarena; der doppelgeschössige Galeriebau kann täglich besucht werden. Im angeschlossenen *Museum* dreht sich alles um den Stierkampf, als dessen Wiege die *aficionados* Ronda verehren.

Cafés und Restaurants finden sich in reicher Zahl um die ▶▶ *Plaza de España* und die angrenzende *Calle José Aparicio*. In dieser Gasse bietet das *Hotel Don Javier (12 Zi. | José Aparicio 6 | Tel. 952 87 20 20 | Fax 952 87 95 12 | www.hoteldonjavier.com | €€)* eine anständige Unterkunft; im angeschlossenen *Restaurant* (€) empfiehlt sich mittags das Tagesmenü.

SEVILLA

KARTE IN DER HINTEREN UMSCHLAGKLAPPE

[179 D4] ★ **Andalusiens heiße Hauptstadt (750 000 Ew.) lässt niemanden kalt. Lassen Sie sich von der überschäumenden Lebensfreude der *sevillanos* anstecken, schlendern Sie an den Flussufern des Guadalquivir entlang, atmen Sie auf den Plätzen die Stimmung und den Duft der Orangenbäume ein.** Entdecken Sie Spaniens größte Kathedrale und das für viele landesweit schönste Stadtviertel: das *Barrio de Santa Cruz*.

SEHENSWERTES

Das Fremdenverkehrsamt weist ausdrücklich auf die saisonabhängig stark schwankenden Öffnungszeiten der Monumente und Museen hin, die erst kurz zuvor bekannt gegeben werden; informieren Sie sich deshalb kurzfristig bei den *Oficinas de Turismo*.

CATEDRAL

Schier erschlagender Kirchengigantismus, im 15./16. Jh. an der Stelle der vormaligen Hauptmoschee in die Höhe gezogen. Ins christliche Bauwerk wurde der Orangenhof integriert, das Minarett in einen Glockenturm verwandelt und aufgestockt. Den knapp 100 m hohen Turm, *La Giralda,* können Sie über innen verlaufende Rampen besteigen. Nahe Chor und Hauptkapelle ist das vermeintliche Grab des Entdeckers Christoph Kolumbus zu sehen. Ob es tatsächlich die Gebeine des Entdeckers birgt oder ob diese in Santo Domingo in der Dominikanischen Republik ruhen, darüber soll eine DNA-Analyse Aufschluss geben. *Mo–Sa 11–17 (Sommer 9.30 bis 16), So 14.30–18 Uhr | Alemanes | http://catedraldesevilla.es*

Mit 130 × 76 m Grundfläche ist Sevillas Kathedrale die größte Kirche Spaniens

CENTRO ANDALUZ DE ARTE CONTEMPORÁNEO

Andalusisches Zentrum für zeitgenössische Kunst, das mit dem alten Kartäuserkloster einen besonderen Rahmen gefunden hat. Auch die Lage auf der Insel La Cartuja ist interessant. *Di–Fr 10–20 (Sommer 21), Sa 11–20 (Sommer 21), So 10–15 Uhr*

ISLA MÁGICA

Auf dem ehemaligen Expogelände, der Insel La Cartuja – hier fand 1992 die Weltausstellung statt –, wartet heute der Freizeit- und Vergnügungspark Isla Mágica mit Shows und Fahrgeschäften auf Besucher. Es gibt verschiedene Themenbereiche wie Amazonien oder Eldorado. Etwas preisgünstiger sind die Nachmittagstickets *(tarde). April–Anfang Jan., wechselnde Zeiten, im Sommer tgl. 11–24, sonst bis 19/21/23 Uhr* | *www.islamagica.es*

Zur Feria de Abril befindet sich ganz Sevilla eine Woche im kollektiven Ausnahmezustand

MUSEO DE BELLAS ARTES
Museum der schönen Künste, u. a. mit Werken von Zurbarán und Murillo. *Di 14.30–20.30, Mi–Sa 9 bis 20.30, So 9–14.30 Uhr* | *Plaza del Museo 9*

PARQUE DE MARÍA LUISA
Sevillas grüne Lunge, unter Joggern und Spaziergängern gleichermaßen populär. An den Park schließt sich die *Plaza de España* mit ihren schönen Arkadenumläufen und Kacheleinlegarbeiten an. Pferdekutschen warten auf Kundschaft.

PLAZA DE TOROS LA MAESTRANZA
Stierkampfanhänger verehren diese Arena wie ein Heiligtum, hier treten die Spitzenstars unter den Toreros auf. *Sept.–Juli tgl. 9.30–19, an Stierkampftagen 9.30–15 Uhr* | *Paseo de Cristóbal Colón 22* | *www.plazadetorosdelamaestranza.com*

REALES ALCÁZARES
Im 14. Jh. auf Initiative von Peter dem Grausamen erbautes Königspalais mit prunkvollen Sälen im Mudejarstil. Eine Besichtigung führt auch in die ausgedehnten Gartenanlagen. *Di–Sa 9.30–17 (Sommer bis 19), So 9.30–13.30 (Sommer bis 17) Uhr* | *Plaza del Triunfo* | *www.patronato-alcazarsevilla.es*

TORRE DEL ORO
Der „Goldturm" *(Di–Fr 10–14, Sa/So 11–14 Uhr, Aug. geschl.)* am Guadalquivir datiert aus dem 13. Jh. Er ist das Wahrzeichen der Stadt. In der Nähe starten Bootstouren über den Fluss *(www.crucerostorredeloro.com)*. Insider Tipp

ESSEN & TRINKEN

DOÑA LINA
Mitten im romantischen Barrio de Santa Cruz gelegen und mit kachel-

dekoriertem Interieur; gleichermaßen für Fisch- und Fleischfans geeignet. *Tgl. | Gloria 7 | Tel. 954 21 09 56 |* €€

EGAÑA ORIZA

Eine der ersten Speiseadressen Sevillas, Reservierung dringend anzuraten. Im lichten Hauptsalon lässt man sich vor allem Fischgerichte munden. *So-Abend geschl. | San Fernando 41 | Tel. 954 22 72 11 |* €€€

ÜBERNACHTEN

Während der Karwoche und der Feria de Abril klettern die Unterkunftpreise auf ein deutlich höheres Niveau.

DON PACO

Dreisternehaus in recht ruhiger Lage, die Zimmer sind jedoch nicht übermäßig groß. Mit Restaurant und kleinem Swimmingpool auf dem Dach. Preis an der Obergrenze dieser Kategorie. *220 Zi. | Plaza Jerónimo de Córdoba 4 | Tel. 954 50 69 99 | Fax 954 22 28 24 | www.hoteldonpaco.com |* €€

HOSTERÍA DEL LAUREL

Am Puls des Lebens mitten im Viertel Santa Cruz und somit geeignet für all jene, die ohnehin zu später Stunde ins Bett gehen – dann ist es ruhiger vor der Tür und im angeschlossenen Restaurant. *22 Zi. | Plaza de los Venerables 5 | Tel. 954 22 02 95 | Fax 954 21 04 50 | www.hosteriadellaurel.com |* €€

AM ABEND

Beste Stimmung lässt sich in den Tapabars in der *Calle Alemanes* und im quirligen Plätze- und Gassengewirr des ▶▶ *Barrio de Santa Cruz* tanken. Hier gehen auch die Spanier gerne aus; noch weniger Auswärtige treffen Sie in den Vierteln ▶▶ *Triana* (auf der westlichen Flussseite) und *Macarena.*

Flamencofans aufgepasst: Abendliche Klasseshows gehen auf der kleinen Bühne des *Tablao Los Gallos* Insider Tipp *(Plaza de Santa Cruz 11 | Tel. 954 21 69 81 | www.tablaolosgallos.com)* ab – rechtzeitig kommen, die Plätze sind nicht nummeriert!

AUSKUNFT

Avenida de la Constitución 21 B | Tel. 954 78 75 78 | Fax 954 78 75 79 | www.turismosevilla.org

> LOW BUDGET

- In Granadas Kneipen folgt man der Tradition, den Wein- und Bierausschank mit kostenlosen Tapas zu begleiten. Auch wenn die Preise im Vergleich zu früher deutlich angezogen haben – wer von Bar zu Bar zieht und die kleinen Köstlichkeiten durchprobiert, spart Mittag- oder Abendessen.
- Die Jugendherberge in Córdoba zeichnet sich durch ihre ideale Lage mitten im historischen Judenviertel aus. Teile der Räumlichkeiten liegen in einem renovierten ehemaligen Kloster. Die 167 Plätze sind aufgeteilt in Doppel-, Dreier-, Vierer- und ein Fünferzimmer und kosten je nach Saison und Alter 14–20 Euro pro Nacht inklusive Frühstück. *Plaza Juda Levi | Tel. 957 35 50 40 | Fax 957 35 50 44 | www.reaj.com*

> WO SPANIEN NOCH AUTHENTISCH IST

Zwei Touren ins Landesinnere für Entdeckungsfreudige

Die Touren sind auf dem hinteren Umschlag und im Reiseatlas grün markiert

1 NAVARRA, BASKENLAND UND LA RIOJA FÜR GENIESSER

Eine Tour für alle Sinne und Geschmäcker: grüne Berge und abgeschiedene Dörfer, geschichtsträchtige Städte mit Kirchen und Shoppingpflastern, Wein und kulinarische Genüsse auf der ganzen Linie. Von den landschaftlich reizvollen Pyrenäen Navarras geht es ins Baskenland und an die Quellen des Weins in der weltbekannten Anbauregion La Rioja. Für die knapp 300 km lange Tour sollten Sie sich vier bis fünf Tage Zeit nehmen.

Startpunkt der Tour ist der legendenumwobene „Hexenort" **Zugarramurdi,** der wenige Kilometer hinter der französischen Grenze bei Dancharinea (ausgeschilderter Abzweig ab der N 121-B) ins Berggrün gebettet liegt. 1610 ging hier ein Inquisitor dem Leben von verdächtigen Frauen nach, denen man Hexerei zur Last legte – und hatte „Erfolg"! Eine gan-

Bild: Weinlese in La Rioja

AUSFLÜGE & TOUREN

ze Reihe von „Hexen" wurde verurteilt und verbrannt. In der **Cueva de Zugarramurdi** am Dorfrand sollen sich die „Hexen" versammelt haben. Ein kleiner Pfad führt an die Höhle heran, für die das Wort Tunnel treffender wäre. An den Enden des 120 m langen und über 10 m hohen Schlunds flutet gedämpftes Licht hinein. In und um Zugarramurdi herum kann man sich gut und sehr günstig in Landhäusern einquartieren, etwa in der **Casa Sueldeguia** *(Tel. 948 59 90 88 | €)* und in der **Casa Teltxeguia** *(Tel. 948 59 91 67 | €)*.

Insider Tipp

Der N 121-B Richtung Pamplona folgend, geht es über den Pass von Otxondo ins beschauliche Tal des Río Baztán, in dem sich sattgrüne Wiesen und Weiden ausbreiten. Zentrum des Tals ist die Kleinstadt **Elizondo,** in der Herrenhäuser das Bild bestimmen. Wer weder auf den Preis noch auf sein Körpergewicht zu achten braucht, wird den hausgemachten Trüffeln in Süßwarenläden nicht widerstehen können. Die überzähligen Kalorien können Sie auf den Wanderwegen im nahen **Naturpark Señorío de Bértiz** wieder abarbeiten. Rustikale Unterkunft in Elizondo bietet das **Hostal Trinquete Antxitonea** *(25 Zi. | Braulio Iriarte 16 | Tel. 948 58 18 07 | Fax 948 58 18 53 | www.antxitonea.com | €),* ein Landhaus aus dem 19. Jh. an den Ufern des Baztán.

Tags darauf erreichen Sie **Pamplona** *(S. 65),* wo sich in der Altstadt alles auf engem Raum bündelt: Boutiquen, Bars und Vorzeigebauten wie Kathedrale und Rathaus. Im Bereich um die Calle San Nicolás können Sie stilvoll einkehren oder zum Sturm auf Kneipen und Tapas blasen.

Eine kombinierte Autobahn- und Schnellstraßenroute trägt Sie von der Hauptstadt Navarras an herrlichen Bergflanken vorbei in die Hauptstadt des Baskenlands: **Gasteiz** (spanisch Vitoria, 230 000 Ew.). Hierhin verirren sich nicht allzu viele auswärtige Besucher, manche lassen sich von den Hochhauskränzen der Neustadt abschrecken. Halten Sie bis ins historische Viertel durch, es lohnt sich! Dort bietet Vitoria ein buntes Wechselspiel aus urgemütlichen Einkaufsgassen und breiten Flanierpromenaden. Ins Bild gehören moderne Skulpturen, altes Kopfsteinpflaster und Bürgerhäuser mit ihren typischen *miradores,* einer Mischung aus Balkon und Wintergarten. Besonders schöne Glasbalkone umziehen die **Plaza de la Virgen Blanca,** den Dreh- und Angelpunkt in der City. In der Mitte des weit ausgreifenden Platzes erhebt sich ein Monument im Gedenken an den Sieg über die Franzosen in der Schlacht von 1813, eine Etage höher macht die Fassade der gotischen **Iglesia de San Miguel** einen imposanten Eindruck. An der Kirche blickt man zum glasgeschützten Bildnis der Schutzpatronin Virgen Blanca auf, in deren Zeichen das große Stadtfest Anfang August steht.

Von der Plaza de la Virgen Blanca geht die ausgedehnte Fußgängerzone zum Arkadengeviert der Plaza de España und Plaza de los Fueros ab, auf der Gegenseite geht es hinein in lang gestreckte Altstadtgässchen wie Calle Zapateria und Calle Correría. Noch geschäftiger geht es in der Calle Siervas de Jesús zu, an der das wuchtige Turmhaus **Doña Ochanda** (15. Jh.) liegt. Ein kurzer Aufstieg durchs Altstadtviertel Casco Viejo führt zur Kathedrale **Santa María,** einem gotischen Bau, der im 17. Jh. durch einen 60 m hohen Turm ergänzt wurde. Aus Vitorias blühender Museumslandschaft *(alle Di–Fr 10–14 und 16–18.30, Sa 10–14, So 11–14 Uhr)* stechen das im Palacio Agusti untergebrachte **Museum der schönen Künste** *(Paseo de Fray Francisco 8)* und vor allem das kuriose *Spielkartenmuseum* (Insider Tipp) *(Museo Fournier de Naipes | Cuchillería 54)* hervor; der Eintritt in beide Museen ist frei. Kunstfreunde zieht es ins Museum für zeitgenössische Kunst **Artium** *(Di–So 11–20 Uhr | Francia 24 | www.artium.org),* das ausnahmslos wechselnde Ausstellungen zeigt.

Nach so viel Kultur lädt der große **Parque de la Florida** zum Bummel ein; an die Grünanlage stoßen die Neue Kathedrale und das baskische Parlament. Die **Touristeninformation** finden

Sie an der *Plaza General Loma (Tel. 945 16 15 98 | www.vitoria-gasteiz.org)*. Als Unterkunft empfiehlt sich das zentral gelegene und recht günstige **Hotel Dato** *(14 Zi. | Dato 28 | Tel. 945 14 72 30 | Fax 945 23 23 20 | www.hoteldato.com | €)*. Ein erlesener Speisetempel ist das preisgekrönte **Restaurante El Portalón** *(Correría 151 | Tel. 945 14 27 55 | €€€)* in einem Holzhaus aus dem 15. Jh. in der Altstadt.

Ab Vitoria nehmen Sie die schnelle Autobahnstrecke (zunächst A 1, dann A 68) nach **Haro** (11 000 Ew.) und gelangen so mitten in die Hochburg der weltberühmten Riojaweine. Rund um Haro ziehen sich Weingärten über die Hügel des Ebrobeckens, reifen die edlen Tropfen in zahlreichen Bodegas heran. Geführte Weinkellertouren bieten gewöhnlich die im Barrio de la Estación gelegenen Bodegas an, sehr schön z. B. die *Bodegas Muga* Insider Tipp *(Tel. 941 30 60 60 | www.bodegasmuga.com)* mit eigener Fassmacherei. Auskunft im **Touristenbüro** an der *Plaza Monseñor Florentino Rodríguez (Tel. 941 30 33 66 | www.haro.org/turismo)*. Auch ohne Bodegabesuch brauchen Sie den Freuden des Weins in Haro nicht zu entsagen: Bei der Plaza de la Paz taucht man ins Altstadtviertel **La Herradura** ein, wo sich die Kneipen in einigen wenigen Gassen konzentrieren.

Östlich von Haro setzen Sie die Wein- und Genießertour über Labastida fort und sollten auf der Höhe von San Vicente de la Sonsierra einen

Unterwegs im historischen Gassengeflecht von Pamplona

kurzen Abstecher nach **Briones** einplanen. Dort liegt eines der besten Weinmuseen Spaniens, das kulturgeschichtlich aufgezogene (Insider Tipp) *Museo de la Cultura del Vino Dinastía Vivanco (Juni–Sept. Di–So 10–20, sonst Di bis Do und So 10–18, Fr/Sa 10–20 Uhr | www.dinastiavivanco.com).*

Zurück auf der Hauptstrecke, geht es nach **Ábalos,** wo das (Insider Tipp) Landhotel *Villa de Ábalos (14 Zi. | Plaza Fermín Gurbindo | Tel. 941 33 43 02 | Fax 941 30 80 23 | www.hotelvilladeabalos.com | €€)* freundliche Unterkunft bietet. **Laguardia** ist ein stark befestigter Ort, der weithin sichtbar auf einem Hügel thront. Im mittelalterlichen Mauermantel stecken die romanisch-gotische Kirche **Santa María de los Reyes** und die von Arkaden beherrschte **Plaza Mayor.** Etwas außerhalb liegt die Weinkellerei **Ysios** *(Tel. 945 60 06 40 | www.bodegasysios.com),* die ihr spektakuläres Wellendach dem Architekten Santiago Calatrava verdankt. Auskunft: *Plaza de San Juan | Tel./Fax 945 60 08 45 | www.laguardia-alava.com.* In einigen Geschäften kann man gut Wein kaufen; im Ort wird der Rebensaft unterirdisch in riesigen Lagern aufbewahrt.

Ab Laguardia sind es noch knapp 20 km in die riojanische Hauptstadt **Logroño** *(S. 63),* in der Sie sich vor allem in der Calle del Laurel erneut den Ausgehfreuden hingeben können.

2 ERLEBNISTOUR DURCHS HINTERLAND KATALONIENS

Kultur und Natur im Hinterland von Barcelona und der Costa Brava: hinauf zum Kloster von Montserrat, heran an die Pyrenäen, hinein in den Vulkanpark La Garrotxa und an den See von Banyoles. Für die knapp 450 km sollten Sie vier bis fünf Tage einkalkulieren, wenn Sie ausreichend Zeit für Zwischenstopps und Abstecher haben möchten.

Sie verlassen **Barcelona** *(S. 84)* auf der N II Richtung Lleida und werden bereits bei Martorell gewahr, wie die Märchenlandschaft Muntanya de Montserrat aus der Ebene aufsteigt: ein Gebirge wie aus einer Fantasystory, durchsetzt von spitzen Türmen und gigantischen Flanken. Am besten, Sie dringen ab Monistrol de Montserrat 10 km in die Bergwelt vor und winden sich in langen Kehren auf eine Höhe von über 700 m hinauf.

In windiger Frische und im Schatten eines gewaltigen Zwischenmassivs liegt das Allerheiligste Kataloniens: das **Kloster von Montserrat,** das seit knapp 1000 Jahren bezeugt ist und dem unverändert eine Benediktinergemeischaft angehört. Erwarten Sie keine weltferne Einsamkeit, denn Montserrat ist eine der wichtigsten Wallfahrtsstätten Spaniens mit entsprechenden Megaparkplätzen (gebührenpflichtig). In der Klosterkirche verehren die Gläubigen das romanische Bildnis der Schwarzen Madonna. Zum Klosterplateau gehören nicht nur Restaurants und Andenkenläden, sondern auch ein lohnendes Museum: Das **Museu de Montserrat** vermittelt Einblicke in verschiedene Kunstepochen und Länder und nennt Werke von El Greco, Picasso und Dalí sein Eigen.

Nach dem Kloster- und Museumsabstecher führt Sie der Weg nach Monistrol de Montserrat zurück und weiter gen Norden über Manresa nach **Cardona,** das von einem impo-

Kloster Montserrat: abgelegen in den Bergen, aber alles andere als einsam

santen Burghügel beherrscht wird. Auf der obersten Spitze bietet der **Parador** *(Tel. 938 69 12 75 | Fax 938 69 16 36 | www.parador.es | €€€)* Traumblicke über grüne Hügel, den Genuss der regionalen Küche im Spezialitätenrestaurant und angenehme Unterkunft in einem der 54 Zimmer. Zum Kastell gehört die Kirche **Sant Vicenç,** ein Prachtbeispiel katalanischer Romanik. Am Ortsrand Cardonas liegt das Salzbergwerk **Muntanya de la Sal** *(Minenführungen Di–Fr 10–15, Sa/So 10–14 und 15–18 Uhr | www.salcardona.com).*

Setzen Sie die Fahrt über Solsona und durch das Segretal nach **La Seu d'Urgell** *(S. 77)* fort, wo Ihnen bereits herrliche Pyrenäenluft um die Nase weht. Hier sind Sie umgeben von Gebirgsriesen, können Altstadtstimmung schnuppern oder sich im nahen **Andorra** *(S. 77)* in den Kaufrausch stürzen.

Östlich von La Seu d'Urgell folgen Sie der N 260 nach **Puigcerdà,** einem ansehnlichen Städtchen mit schönem Park und Fußgängerzone. Im kurvigen Auf und Ab über den 1800-m-Pass **Collada de Toses** werden Sie mit phantastischen Bergblicken belohnt. **Ribes de Freser** dient als Ausgangspunkt zu einer Zahnradbahntour zum **Heiligtum von Núria,** doch auch ohne diesen Ganztagesabstecher stehen die nächsten Stopps im Zeichen des Kreuzes: die einstige **Benediktinerabtei Santa Maria** in **Ripoll** mit eindrucksvollem Portal und Kreuzgang sowie die romanische **Klosterkirche** in **Sant Joan de les Abadesses.**

Quartier nimmt man am besten in **Olot.** In Olots **Vulkanmuseum** *(Museu dels Volcans | Mo–Sa 10–14 und 15 bis18, Sommer 16–19, So 10–14 Uhr | Avinguda de Santa Coloma)* können Sie sich auf den umliegenden 120-km^2-*Naturpark La Garrotxa* einstimmen. Das Gebiet ist von 40 erloschenen Vulkanen durchsetzt; gute Wandermöglichkeiten von Olot und Santa Pau zum **Volcà Croscat** und in den grünen Krater des **Volcà de Santa Margarida.**

Insider Tipp

Schöne Abschlusstupfer der Tour setzen das urige Steinörtchen **Besalú** und der **Estany de Banyoles,** Kataloniens größter Natursee.

EIN TAG IN VALÈNCIA

Action pur und einmalige Erlebnisse.
Gehen Sie auf Tour mit unserem Szene-Scout

VALENCIANISCHES FRÜHSTÜCK

9:00

Los gehts mit Power! Ideal für einen energiegeladenen Start in den Tag: *Horchata* (valencianisch: *orxata*), eine herbsüße, nahrhafte Milch aus Erdmandeln, ist die Spezialität der Stadt. Ganz stilecht gibt es sie in der *Horchatería El Siglo*, einem Kaffeehausklassiker aus dem frühen 19. Jh. Bestellen und genießen! **WO?** *Plaça Santa Catalina 11 | Tel. 963 91 84 66 | kein Ruhetag*

10:00

RAUF AUFS RAD

Per Bike die *Ciutat de les Arts i de les Ciències* erkunden. Der weitläufige Komplex futuristischer Bauten wurde vom Stararchitekten Santiago Calatrava entworfen und ist das stylishe Aushängeschild der Stadt. *DoYouBike* vermietet Räder und organisiert geführte Touren. **WO?** *Avinguda del Puerto 21 | Tel. 963 37 40 24 | Kosten: ca. 10 Euro/Fahrrad bzw. 20 Euro/Tour | www.doyoubike.com*

STRAND-SNACK

12:30

In der heißen Mittagssonne reicht zum Lunch ein kleiner Happen. Zum Beispiel in Form von *tellinas*, einer kleineren Version der Herzmuscheln. In der Strandbar *Abi* werden sie in Butter und Zitronensaft gedämpft serviert. Den Meerblick gibts gratis dazu. Traumhaft! **WO?** *El-Pinedo-Strand | Kosten: ca. 12 Euro*

14:30

HART AM WIND

Kleine Erfrischung gefällig? Beim einstündigen Katamarankurs weht einem garantiert ein kühles Lüftchen um die Nase. Selbst Landratten lernen hier im Handumdrehen die Grundbegriffe im Umgang mit den schnittigen Seglern. Als Background-Sound dient das Rauschen der Wellen. Leinen los! **WO?** *Platja de Oliva | Tel. 961 23 50 76 | Kosten: 36 Euro | www.avensport.com*

24 h

18:00 SUNDOWNER AM HAFEN

Cooler Ausklang des Segelabenteuers auf der Terrasse der *Bianco-Lounge* am America's-Cup-Hafen. Mit einem Drink den Chilloutsounds des DJs lauschen und zusehen, wie die Jachten einlaufen. **WO?** *Veles-e-Vents-Building, Port America's Cup | Tel. 963 44 89 44 | www.grupoelalto.com*

19:30 ENERGIE TANKEN

Geheimtipp für Wellnessfans: Das *Balneario La Alameda* ist in einem prächtigen Jugendstilpalast mitten in der Stadt untergebracht. Im angenehme 43 Grad warmen Heilwasser aus einer 600 m unter der Erde liegenden Quelle Körper und Seele Gutes tun. Und fit werden für das anstehende Nachtleben! **WO?** *Amadeo de Saboya 14 | Tel. 901 22 20 02 | Kosten: z. B. Circuito Relax 40 Euro | www.balneariolaalameda.com*

22:00 ES GIBT REIS!

Auch wenn die Paella als spanisches Nationalgericht schlechthin gilt, das Originalrezept für die Reispfanne stammt aus València. Kenner behaupten sogar, dass sie nur hier schmeckt. Und die beste Paella der Stadt, darüber sind sich die Liebhaber auch einig, gibts in der *Casa Roberto*. **WO?** *Maestro Gozalbo 19 | Tel. 963 95 13 61 | So/Mo geschl.*

23:30 DIE MACHT DER NACHT

So langsam erwacht die Partyszene der Stadt. Optimal für den Start in die Nacht: das Viertel Barrio del Carmen hinter der Kathedrale mit seiner hohen Bar- und Clubdichte. Z. B. Techno und Dancefloor im *Fox Congo*, Salsa-Fans gehen ins *Johnny Maracas* gleich nebenan. **WO?** *Fox Congo: Caballeros 35 | Tel. 963 92 55 27 | Johnny Maracas: Caballeros 39 | Tel. 963 91 52 66*

> FLAMENCO, GREENS UND GALOPPADEN

Mit wehenden Mähnen am Strand entlang, ein Abschlag bis zum Ozean, zu Fuß, auf Rädern oder Brettern ins Gebirge

> So vielfältig wie das Land selbst ist, so bunt präsentiert sich Spaniens Sportpaket: Die vielen großen und kleinen Gebirge locken neben den Wanderern auch die Mountainbiker und Skifahrer. Und Atlantik und Mittelmeer bieten alles, was Wassersportler suchen.

BALLONFLIEGEN

An der Costa Blanca und in Katalonien können Sie im Heißluftballon – spanisch: *globo* – abheben. Südlich von Elx liegt das Flugterrain von *Aeroglobo (Tel. 966 63 74 01 | www.aeroglobo.com)*. Die etwa 50-minütigen Ballonflüge starten vormittags und erreichen Höhen bis zu 1000 m. Ganz billig ist das Vergnügen nicht: 130 Euro für Erwachsene (Preis inklusive Transfer, Picknick und Flugdiplom). In Katalonien gibt es Ballonflüge über die Vulkanlandschaft Garrotxa *(Tel. 972 68 02 55 | www.voldecoloms.cat)*.

Insider Tipp

Bild: Reiter am Strand bei Tarifa

SPORT & AKTIVITÄTEN

FLAMENCO

Im tiefen Süden können Sie sich im Rahmen von Kurz- oder Langzeitkursen in die Kunst des Flamenco einweihen lassen. Die Kursdauer liegt oft bei zwei bis vier Wochen, es gibt Anfänger- und Fortgeschrittenenkurse. Im Rahmen der Kurse werden gelegentlich günstige Unterkünfte vermittelt, etwa bei dieser bewährten Adresse in Granada: *Carmen de las Cuevas | Cuesta de los Chinos 15 | Tel. 958 22 10 62 | Fax 958 22 04 76 | www.carmencuevas.com*

Insider Tipp

GOLF

Mit mehreren Dutzend Plätzen ist die andalusische Costa del Sol als „Costa del Golf" in aller Munde; im milden Klima lässt sich zwischen Herbst und Frühjahr herrlich golfen. Der *Parador de Málaga Golf (Tel. 952 38 12 55 | Fax 952 38 89 63 | www.parador.es)* hat sich auf eine internationale

Klientel eingestellt – mit Golfschule, 18-Loch-Platz, drei Putting Greens und zwei Approach Greens. Golffans quartieren sich auch gerne im exklusiven *Alhaurín Golf Hotel & Resort (Tel. 952 59 58 00 | www.alhaurin golf.com)* in Alhaurín el Grande ein, ebenfalls mit Golfschule. Auch in anderen Gegenden Spaniens findet man vorzügliche Anlagen. Eine gute Übersicht über Golfplätze mit Suchfunktion nach Provinzen bietet die Website der spanischen Golfvereinigung: *www.golfspainfederacion.com*

KANU

Ein echtes Erlebnis, auch für Anfänger, ist eine Kanutour auf dem Río Sella in Asturien – vorausgesetzt, er führt genügend Wasser! In *Arriondas* und *Cangas de Onís* gibt es diverse Anbieter von organisierten Trips, u. a. *Sellastur in Arriondas (Sala | Tel. 985 84 00 33 | www.sellastur.com)*. Die Ausrüstung wird gestellt, die Teilnehmer werden zumeist mit Kleinbussen zum Ausgangspunkt zurückgebracht.

RADFAHREN & MOUNTAINBIKING

Leider zählt Spanien zu den radfahrerfeindlichen Ländern, Rücksichtnahme seitens motorisierter Verkehrsteilnehmer ist oft ein Fremdwort. Außerhalb geschlossener Ortschaften herrscht Helmpflicht. Im Binnenland kann man auf dem Jakobsweg von der spanisch-französischen Grenze rund 760 km nach Santiago strampeln, auch mit dem Mountainbike. Ansonsten sind die Pyrenäen sehr gut für Mountainbiking geeignet. Vielerorts sind Insider Tipp *Vías Verdes* („Grüne Wege"), Trassen stillgelegter Bahnlinien, in Achsen für Radler und auch Wanderer verwandelt worden. Dazu zählt die *Vía Verde del Tarazonica* zwischen dem navarresischen Tudela und Tarazona (Aragón). Gute Übersicht nach Provinzen unter *www.viasverdes.com.*

REITEN

Reiten auf der Ranch, mit fliegenden Hufen durch Ölbaumhaine, im gemütlichen Trab an Kampfstierweiden entlang – Andalusien ist eine wahre Hochburg für Sattelfeste. Empfehlenswerte Fincaferien für Reiter u. a. in Andalusien auf der *Rancho Los Lobos in Jimena de la Frontera (Tel. 956 64 04 29 | Fax 956 64 11 80 | www.rancholoslobos.com)* und auf der *Finca Los Cerrillares (Carretera Las Navas km 17 | La Puebla de los Infantes | Tel. 955 95 61 30 | Fax 955 95 61 82 | www.cerrillares.com).*

SEGELN

Spaniens Küsten sind von zahlreichen Sporthäfen und Hunderten Segelclubs gesäumt, vor allem am Mittelmeer. Gute Anlaufpunkte sind stets die Nautischen Stationen *(estaciones náuticas),* die über Segeln hinaus auch andere Aktivitäten rund um den Wassersport anbieten. Informationen bei der *Real Federación Española de Vela (Tel. 915 19 50 08 | Fax 914 16 45 04 | www.rfev.es).*

TAUCHEN

Bestens geeignet für den Unterwassereinstieg sind die katalanischen Insider Tipp Illes Medes, ein kleiner Archipel rund eine Seemeile vor der Küste bei L'Estartit. Im Ferienstädtchen L'Estartit zeigen sich Anbieter von Tauchkursen und Schnorcheltrips gut für die Nachfrage gerüstet. Tauchexkursionen im andalusischen Naturpark Cabo de Gata mit *Centro Buceo Alpha (Puerto Deportivo San José | Tel. 950 38 03 21 | www.alphabuceo.com)*. Am besten, man taucht sich im Internet unter *www.fedas.es* zu den regionalen Kontaktstellen vor.

WANDERN

Wanderer finden auf dem Jakobsweg, den Fernwanderwegen *Senderos de Gran Recorrido* und in einer Reihe von Nationalparks ideale Terrains. In Schutzgebieten wie dem katalanischen Parc Natural de la Zona Volcànica de la Garrotxa und dem aragonesischen Parque Nacional de Ordesa y Monte Perdido sind die Wege gut ausgewiesen. Reizvoll sind auch weniger bekannte Wandergebiete wie der baskische *Naturpark Izki* etwa 40 km südöstlich von Vitoria. Insider Tipp

WINDSURFEN

Windsurfingfreaks kommen vor allem an den Atlantikküsten auf ihre Kosten, insbesondere im andalusischen Tarifa. Nordwestlich von Tarifa findet man mehrere Surfcenter an der Carretera de Cádiz.

WINTERSPORT

Die Alpin- bzw. Langlaufaktivitäten konzentrieren sich auf die Pyrenäen (allein in Andorra über 100 Lifte und Seilbahnen!), die Kantabrische Kordillere, die Gipfel der Meseta und die andalusische Sierra Nevada. Informationen über die Website der Wintersportvereinigung *Real Federación de Deportes de Invierno (www.rfedi.es)*.

Ob mit oder ohne Jakobsstab: Nur Wanderer entdecken Spaniens ganze Vielfalt

> DINOS, LOOPINGS, RITTERBURGEN

Vergnügungsparks und Kamikazerutschen, Tierparks und ein spannendes Bergbaumuseum: Abwechslung vom Strandleben

> Trotz Tiefstand bei den Geburtenraten: Spanien ist nach wie vor ein extrem kinderfreundliches Land, in dem sich der Nachwuchs bis in die Nachtstunden hinein auf dörflichen und städtischen Plazas austobt. Mit unendlich viel Lärm, versteht sich – was niemanden stört.

Überall laden Burgen und Schlösser zum Entdecken ein, tummelt man sich in den sommerlichen Aquaparks des Südens, sind Freizeitparks aus dem Boden geschossen. Ein Kindertraum sind die unzähligen feinsandigen Strände, und im Alltag freut man sich über eine rapide gestiegene Zahl an öffentlichen Spielplätzen.

ATLANTIKKÜSTE

MUSEO DE LA MINERÍA Y DE LA INDUSTRIA SAN VICENTE [175 D1]

Weit gefehlt, wer hier lediglich ein herkömmliches Bergbaumuseum mit historischem Gerät und Werkzeug erwartet! In den Tiefen dieses Muse-

MIT KINDERN REISEN

ums ca. 35 km südöstlich von Oviedo in San Vicente/El Entrego können Sie sich durch einen unterirdischen Simulationsstollen führen lassen. Das Abenteuer beginnt mit der Abfahrt im Lift und bleibt stets unter Kontrolle des Führers, in dessen Begleitung man durch die bedrückende Enge geht und sich durch schmale Schneisen zwängt. *Di–Sa 10–14 und 16–19, So 10–14 Uhr; Sommer Di–Sa 10–20, So 10–14 Uhr | 4 Euro, Kinder 2 Euro, unter 4 Jahre frei | www.mumi.es | Anfahrt über La Felguera*

PARQUE DE LA NATURALEZA DE CABÁRCENO [176 B1] Insider Tipp

Ein Natur- und Wildpark in zerklüfteter Felsenkulisse 20 km südlich von Santander bei Obregón (Autovía A 8, Ausfahrt 8): Hier hat man das einstige Minengebiet von Cabárceno in ein Reich von Löwen und Giraffen, von Tigern und Kängurus verwandelt und mit einem 20 km langen Straßennetz versehen. Schon zu Römerzeiten wurden in der Gegend Eisenvorkommen ausgebeutet – heute leben hier mehr als 300 Tierarten aus allen Kontinenten, darunter auch die einst auf der Iberischen Halbinsel verbreiteten Wölfe und Braunbären. Kleine Streifzüge führen durch das Reptilienhaus und an den Ufern des Acebosees entlang. Zu wechselnden Zeiten finden Greifvogelvorführungen statt. *Sommer tgl. 9.30–19, Winter 9.30–18 Uhr, März–Okt. und ganzjährig an Brückentagen 18 Euro, Kinder 12 Euro, Nov.–Feb. 12/8 Euro, bis 5 Jahre frei | www.parquedecabarceno.com*

Junge mit Baskenmütze

ZOO SANTILLANA DEL MAR [176 A1]

Für Familien eine schöne Abwechslung zu Kultur und Museen in Santillana del Mar. Das 60 000 m^2 große, außerhalb des Orts gelegene Zoogelände ist ausgeschildert. Der Rundgang führt u. a. ans Wolfgehege, zu Orang-Utans, Bisons und den kleinen Przewalski-Pferden. *Tgl. 9.30 Uhr bis Sonnenuntergang | 14 Euro, Kinder 8 Euro, bis 3 Jahre frei | www.zoosantillanadelmar.com*

AM JAKOBSWEG

CASTILLO DE LOS TEMPLARIOS IN PONFERRADA [174 C2]

Mit ihrem zinnengekrönten Mauermantel bäumt sich die mittelalterliche Festung im Zentrum von Ponferrada hoch über dem Tal des Río Sil auf. Im Innern begibt man sich auf die Spuren der mysteriösen Tempelritter, die dem Kastell 1178–1282 den letzten Schliff gaben. Kleine Burgentdecker haben helle Freude an Wendeltreppen und Turmaufstiegen und dem Streifzug über die alten Wehrgänge. *Öffnungszeiten stark wechselnd, Kernzeiten Di–Sa 11–14 und 16–19, So 11–14 Uhr | 3 Euro, Kinder und Jugendliche 12–18 Jahre 1,50 Euro, Kinder unter 12 Jahre frei*

Insider Tipp

ÖSTLICHE MITTELMEERKÜSTE

PORT AVENTURA PARK [182 C3]

Freizeit- und Erlebnispark mit Nervenkitzel und Dauerfun, geheimnisvollen Tempeln und Pyramiden ca. 10 km südwestlich von Tarragona Richtung Salou (Autobahn A 7, Ausfahrt 35). Man stößt in fünf verschiedene Welten vor: Far West, Polynesien, China, Mexiko und Mittelmeer.

Atemraubende Fahrgeschäfte bieten Loopings und ein Tempo bis zu 90 km/h. Liveprogramme mit Musik und Tänzen, Magie- und Banditenshows. *Mitte März–Okt. tgl. 10 bis 19/20/24 Uhr, Nov.–Anf. Januar überwiegend nur an den Wochenenden 10–19 Uhr | Kalender unter www.portaventura.es | 42 Euro, Kinder 4–10 Jahre 33,50 Euro, Kinder unter 4 Jahre frei, im Hochsommer Abendtarif ab 19 Uhr 26,50/22 Euro*

ZENTRALSPANIEN

DINÓPOLIS TERUEL [177 D5–6]

Auf in die Welt der Dinosaurier! Tyrannosaurus Rex lässt die Besucher im 12 000-m^2-Themenpark am östlichen Stadtrand von Teruel erzittern. Die Zeitreise auf Schienen wird von Special Effects umrahmt, im Kino leben die gigantischen Urzeitviecher im 3-D-Format auf, in den Außenanlagen vergnügen sich die Jüngsten. *Mitte Feb./März und Sept. bis Anfang Jan. meist nur an den Wochenenden, Mai–Aug. tgl. 10–20 Uhr, Anfang Jan.–Mitte Feb. geschl. | aktuelle Zeiten unter www.dinopolis.com oder Tel. 902 44 80 00 | 22 Euro, Kinder 4–11 Jahre 17 Euro*

PARQUE DE ATRACCIONES MADRID [176 B5]

Die Vierersitzbank steigt und steigt und stoppt in luftigen 63 m Höhe – Zeit zum Durchatmen vor dem rauschenden Sturz ins Nichts: Dann gehts abwärts mit 80 km/h, abrupter Stopp, pures Adrenalin. Das Sekundenerlebnis auf der *lanzadera* zählt zu den Magneten im Freizeitpark des riesigen Madrider Grüngeländes Casa de Campo. Auf 20 ha sorgen mehr als 40 kleine und große Attraktionen für Fun auf der ganzen Linie. Besonders feucht geht es bei Touren durch den Aserradero-Kanal zu, Nervenkitzel verheißt die Tarantelhöhle. *Meist monatlich wechselnde Zugangszeiten, Mai/Juni je nach Wochentag 12 bis 20/21/22/24 Uhr, Juli/Aug. 12–24 bzw. 2 Uhr, sonst oft nur an Wochenenden | Kalender unter www.parquedeatracciones.es | Ganztagestickets mit unbegrenzter Benutzung der Fahrgeschäfte 27,50 Euro, Kinder 3 bis 6 Jahre 18 Euro*

SÜDSPANIEN

AQUALAND TORREMOLINOS [180 A6]

Klassisches Erlebnisbad in der Urlaubshochburg Torremolinos an der Costa del Sol mit rasanten und nassen Attraktionen für Junge und jung Gebliebene wie „Black Hole", „Rapids" und „Boomerang". *Mitte Mai bis Mitte Sept. tgl. 10–18 (Juli/Aug. bis 19) Uhr, 20,50 Euro, Kinder 4–12 Jahre 14,50 Euro, Zweitagestickets 27/18,50 Euro | Cuba 10 | www.aspro-ocio.es*

TIVOLI WORLD BENALMÁDENA [180 A6]

Ein Klassiker unter den Freizeitparks mit seiner Palette von annähernd 40 Fahrgeschäften. Außerdem Westernshows, Folklore und Flamenco auf dem andalusischen Dorfplatz sowie Konzerte. *Juli–Anfang Sept. tgl. 18 bis 2 Uhr, sonst Öffnungszeiten stark wechselnd und mitunter nur an den Wochenenden | aktueller Kalender unter www.tivoli.es | 4 Euro, Kinder unter 1 m frei, „Supertivolino"-Ticket für alle Fahrgeschäfte Zusatzpreis 12 Euro | Avenida Tivoli, Ortsteil Arroyo de la Miel*

> VON ANREISE BIS ZOLL

Urlaub von Anfang bis Ende: die wichtigsten Adressen und Informationen für Ihre Spanienreise

ANREISE

AUTO

Die beiden Hauptrouten führen über Paris–Bordeaux nach Nordspanien und Madrid sowie über Lyon–Nîmes ans Mittelmeer und nach Südspanien. Autobahnen in Frankreich sind mautpflichtig, in Spanien gibt es gebührenfreie Schnellstraßen *(autovías)* und mautpflichtige Autobahnen *(autopistas)*. Von fünf deutschen Städten fahren im Sommer Autozüge nach Narbonne in Südfrankreich.

BAHN

Die Bahnanreise nach Spanien erfolgt über Paris oder über Genf–Lyon. Innerhalb Spaniens garantiert der Superschnellzug Ave gute Verbindungen (von Madrid bis Sevilla weniger als drei Stunden), ansonsten muss man mit zuweilen langwierigen Umsteigeverbindungen rechnen.

BUS

Feste Fahrplän halten die Europabusse *(www.touring.de)* ein, die von vielen Städten Deutschlands aus diverse spanische Ziele ansteuern. Ab der Schweiz fahren Alsa-Busse *(www.alsa-eggmann.ch)*. Allerdings ist die Anreise sehr zeitaufwendig.

FLUGZEUG

Seit dem Vormarsch der Billigflieger dürfen sich Spanienurlauber über

PRAKTISCHE HINWEISE

günstige Preise und mehr Verbindungen freuen. Ein dichtes Streckennetz in Spanien bedient *Air Berlin (www.airberlin.com)*, österreichischer Kooperationspartner ist *Niki*. Weitere Billigfluglinien, die Spanien ansteuern, sind u. a. Tuifly *(www.tuifly.com)*, Ryanair *(www.ryanair.com)* und Germanwings *(www.germanwings.com)*. Clickair *(www.clickair.com)* heißt der neue Billigflieger innerhalb Spaniens.

AUSKUNFT

SPANISCHE FREMDENVERKEHRSBÜROS

– Prospektbestellung: Tel. 06123/991 34
– Kurfürstendamm 63 | 10707 Berlin | Tel. 030/882 65 43 | Fax 882 66 61
– Grafenberger Allee 100 | 40237 Düsseldorf | Tel. 0211/680 39 81 | Fax 680 39 85
– Myliusstraße 14 | 60323 Frankfurt | Tel. 069/72 50 38 | Fax 72 53 13
– PF 15 19 40 | 80051 München | Tel. 089/530 74 60 | Fax 53 07 46 20
– Walfischgasse 8 | 1010 Wien | Tel. 01/512 95 80 | Fax 512 95 81
– Seefeldstrasse 19 | 8008 Zürich | Tel. 044/253 60 50 | Fax 252 62 04
– www.spain.info

AUTO

Höchstgeschwindigkeit 50, auf Landstraßen 90, teilweise 100 km/h, auf Schnellstraßen *(autovías)* und Autobahnen *(autopistas)* 120 km/h, die Promillegrenze liegt bei 0,5. Handyverbot am Steuer. Vorgeschrieben ist das Mitführen von zwei Warndreiecken und einer Warnweste.

CAMPING

Campingplätze sind vor allem in den Küstengegenden verbreitet, doch manche Anlagen im Hinterland (z. B. La Rioja, Navarra) sind noch echte Geheimtipps. Gute, übersichtliche Website: *http://es.infocamping.com*

> WAS KOSTET WIE VIEL?

> **IMBISS**	**AB 1 EURO** für eine kleine Tapa
> **KAFFEE**	**0,90–1,30 EURO** für einen *café solo*
> **WEIN**	**AB 1 EURO** für ein Gläschen am Tresen
> **MUSEUM**	**3–4 EURO** für eine Eintrittskarte
> **BENZIN**	**UM 1,20 EURO** für 1 l Super bleifrei
> **BUSFAHRT**	**UM 8 EURO** für 100 km Überlandfahrt

DIPLOMATISCHE VERTRETUNGEN

DEUTSCHE BOTSCHAFT MADRID

Fortuny 8 | Tel. 915 57 90 00 | www.madrid.diplo.de

ÖSTERREICHISCHE BOTSCHAFT MADRID
Paseo de la Castellana 91 | Tel. 915 56 53 15 | www.bmeia.gv.at/botschaft/madrid

SCHWEIZER BOTSCHAFT MADRID
Núñez de Balboa 35 | Edificio Goya | Tel. 914 36 39 60 | www.eda.admin.ch/madrid

EINREISE

Personalausweis genügt. Bei der Einreise aus Deutschland, Österreich, der Schweiz, Frankreich und anderen Schengen-Ländern findet normalerweise keine Passkontrolle statt.

GELD & KREDITKARTEN

Kreditkarten sind weit verbreitet, vor allem Visa. Geldautomaten sind überall in großer Zahl vorhanden.

GESUNDHEIT

In Spanien gilt die Europäische Krankenversicherungskarte EHIC. Wer sichergehen will, schließt zusätzlich eine Reisekrankenversicherung ab. Lassen Sie sich zwecks Erstattung vom behandelnden Arzt die Rechnung (auch für Medikamente) detailgenau aufschlüsseln!

INTERNET

ALLGEMEINE WEBSITE ZU SPANIEN
Breites Informationsangebot, auch auf Deutsch: *www.spain.info*

TOURISTENINFORMATION DER AUTONOMIEN

- Andalusien *www.andalucia.org*
- Aragón *www.turismodearagon.com*
- Asturien *www.infoasturias.com*
- Baskenland *www.turismoa.euskadi.net*
- Extremadura *www.turismoextremadura.com*
- Galicien *www.turgalicia.es*
- Kastilien und León *www.turismocastillayleon.com*
- Kastilien-La Mancha *www.castillalamancha.es/turismo*
- Katalonien *www.gencat.net*
- Kantabrien *www.turismodecantabria.com*

WETTER IN MADRID

	Jan.	Feb.	März	April	Mai	Juni	Juli	Aug.	Sept.	Okt.	Nov.	Dez.
Tagestemperaturen in °C	8	11	18	22	27	31	30	25	19	12	9	2
Nachttemperaturen in °C	1	2	4	7	10	14	17	17	13	9	4	2
Sonnenschein Std./Tag	5	6	6	8	9	11	13	11	9	6	5	5
Niederschlag Tage/Monat	7	7	8	7	6	4	2	1	4	6	8	7

PRAKTISCHE HINWEISE

- La Rioja *www.lariojaturismo.com*
- Madrid *www.turismomadrid.es*
- Murcia *www.murciaturistica.es*
- Navarra *http://turismo.navarra.com*
- València *www.comunitatvalenciana.com*

INTERNETCAFÉS & WLAN

In vielen Städten gibt es Internetcafés. Preise: meist 15 Min. für 50 Cent, 1 Std. 2–2,50 Euro. WLAN heißt auf Spanisch *wifi* und wird in Hotels immer öfter als Service angeboten.

MIETWAGEN

Die internationalen Autoverleiher haben Vertretungen an allen Flughäfen, in Städten und größeren Urlaubsorten. Für einen Mittelklassewagen müssen Sie inklusive Freikilometer etwa 50 bis 60 Euro pro Tag rechnen, Kleinwagen gibt es bei Privatanbietern günstigstenfalls ab ca. 30 Euro.

NOTRUF

Landesweit *112*

ÖFFNUNGSZEITEN

In Spanien gibt es keine geregelten Ladenschlusszeiten. Überwiegend sind die Geschäfte Mo–Fr von 9.30 oder 10–13.30 oder 14 und von 16.30 oder 17–20 Uhr geöffnet, Sa mitunter nur vormittags.

POST

Die Postgebühren für internationale Briefe bis 20 g und Postkarten sind gleich und erhöhen sich in der Regel zu Jahresbeginn. Bei Redaktionsschluss lagen sie bei 60 Cent. Briefmarken gibt es auch in Tabakwarenläden *(estancos)*.

TELEFON & HANDY

Für Auslandsgespräche 00 und die Landeskennzahl wählen (Deutschland 49, Österreich 43, Schweiz 41), die Ortsvorwahl ohne die erste Null und dann die Telefonnummer eingeben. Vorwahl nach Spanien: 0034, dann direkt die Rufnummer. Kostenintensive „Servicenummern“, bei denen man häufig lange in der Warteschleife hängt, beginnen mit 902.

Das eigene Handy lässt sich problemlos benutzen, wählt aber automatisch den frequenzstärksten Netzbetreiber aus. Loten Sie schon zu Hause aus, welche Gesellschaft die günstigsten Tarife anbietet, und geben das ausgewählte Netz vor Ort ein. Mit einer spanischen Prepaidkarte, z. B. von Amena oder Orange, entfallen die Gebühren für eingehende Anrufe. Prepaidkarten wie die von GlobalSim *(www.globalsim.net)* oder Globilo *(www.globilo.de)* sind zwar teurer, ersparen aber alle Roaminggebühren. Immer günstig sind SMS. Hohe Kosten verursacht die Mailbox: noch im Heimatland abschalten!

TRINKGELD

In Restaurants fünf bis zehn Prozent, wenn Sie zufrieden waren. Die Spanier selber geben wenig Trinkgeld. In Bars lässt man allenfalls etwas Wechselgeld liegen. Trinkgeld für Taxifahrer ist nicht üblich.

ZOLL

Innerhalb der EU dürfen Waren für den persönlichen Verbrauch frei ein- und ausgeführt werden, u. a. 800 Zigaretten, 10 l Spirituosen, 90 l Wein. Für Schweizer gelten erheblich geringere Freimengen.

> ¿HABLAS ESPAÑOL?

„Sprichst du Spanisch?" Dieser Sprachführer hilft Ihnen, die wichtigsten Wörter und Sätze auf Spanisch zu sagen

Aussprache	
c	vor „e" und „i" stimmloser Lispellaut stärker als engl. „th"
ch	stimmloses „tsch" wie in „tschüss"
g	vor „e, i" wie deutsches „ch" in „Bach"
gue, gui/que, qui	das „u" ist immer stumm, wie deutsches „g"/„k"
j	immer wie deutsches „ch" in „Bach"
ll, y	wie deutsches „j" zwischen Vokalen. Bsp.: Mallorca
ñ	wie „gn" in „Champagner"

AUF EINEN BLICK

Ja./Nein.	Sí./No.
Vielleicht.	Quizás./Tal vez.
In Ordnung./Einverstanden!	¡De acuerdo!/¡Está bien!
Bitte./Danke.	Por favor./Gracias.
Vielen Dank!	Muchas gracias.
Gern geschehen.	No hay de qué./De nada.
Entschuldigung!	¡Perdón!
Wie bitte?	¿Cómo dice/dices?
Ich verstehe Sie/dich nicht.	No le/la/te entiendo.
Ich spreche nur wenig …	Hablo sólo un poco de …
Können Sie mir bitte helfen?	¿Puede usted ayudarme, por favor?
Ich möchte …	Quiero …/Quisiera …/Me gustaría …
Das gefällt mir (nicht).	(No) me gusta.
Haben Sie …?	¿Tiene usted …?
Wie viel kostet es?	¿Cuánto cuesta?

KENNENLERNEN

Guten Morgen!	¡Buenos días!
Guten Tag!	¡Buenos días!/¡Buenas tardes!
Guten Abend!	¡Buenas tardes!/¡Buenas noches!
Hallo! Grüß dich!	¡Hola! ¿Qué tal?
Ich heiße …	Me llamo …
Wie ist Ihr Name, bitte?	¿Cómo se llama usted, por favor?
Wie geht es Ihnen/dir?	¿Cómo está usted?/¿Qué tal?
Danke. Und Ihnen/dir?	Bien, gracias. ¿Y usted/tú?
Auf Wiedersehen!	¡Adiós!
Tschüss!	¡Adiós!/¡Hasta luego!
Bis morgen!	¡Hasta mañana!

SPRACHFÜHRER SPANISCH

UNTERWEGS

AUSKUNFT

links/rechts	a la izquierda/a la derecha
geradeaus	todo seguido/derecho
nah/weit	cerca/lejos
Wie weit ist das?	¿A qué distancia está?
an der Ampel	al semáforo
an der nächsten Ecke	en la primera esquina
Bitte, wo ist …	Perdón, ¿dónde está …
… der Busbahnhof?	… la estación de autobuses?
… die Haltestelle?	… la parada?
Fahrplan	horario
Eine Fahrkarte nach … bitte.	Un billete para …, por favor.
Ich möchte hier aussteigen.	Quiero bajar aquí.
Ich möchte … mieten.	Quisiera alquilar …
… ein Auto...	… un coche.
… ein Boot...	… un barco.

PANNE

Ich habe eine Panne.	Tengo una avería.
Würden Sie mir bitte einen Abschleppwagen schicken?	¿Puede usted enviarme un cochegrúa, por favor?
Gibt es hier in der Nähe eine Werkstatt?	¿Hay algún taller por aquí cerca?

TANKSTELLE

Wo ist bitte die nächste Tankstelle?	¿Dónde está la gasolinera más cercana, por favor?
Ich möchte … Liter …	Quisiera … litros de …
… Normalbenzin.	… gasolina normal.
… Super./… Diesel.	… súper./… diesel.
Voll tanken, bitte.	Lleno, por favor.

UNFALL

Hilfe!	¡Ayuda! / ¡Socorro!
Achtung!	¡Atención!
Rufen Sie bitte schnell …	Llame enseguida …
… einen Krankenwagen.	… una ambulancia.
… die Polizei.	… a la policía.
… die Feuerwehr.	… a los bomberos.

Haben Sie Verbandszeug?	¿Tiene usted botiquín de urgencia?
Es war meine Schuld.	Ha sido por mi culpa.
Es war Ihre Schuld.	Ha sido por su culpa.
Geben Sie mir bitte Ihren Namen und Ihre Anschrift.	¿Puede usted darme su nombre y dirección?

ESSEN/UNTERHALTUNG

Wo gibt es hier …	¿Dónde hay por aquí cerca …
… ein gutes Restaurant?	… un buen restaurante?
… ein nicht zu teures Restaurant?	… un restaurante no demasiado caro?
Reservieren Sie uns bitte für heute Abend einen Tisch für vier Personen.	¿Puede reservarnos para esta noche una mesa para cuatro personas?
Die Speisekarte, bitte.	La carta, por favor.
Könnte ich bitte ... haben?	¡Tráigame..., por favor!
… ein Messer?	… un cuchillo?
… eine Gabel?	… un tenedor?
… einen Löffel?	… una cuchara?
Auf Ihr Wohl!	¡Salud!
Bezahlen, bitte.	¡La cuenta, por favor!

EINKAUFEN

Wo finde ich …	Por favor, ¿dónde hay …
... eine Apotheke?	... una farmacia?
... eine Bäckerei?	... una panadería?
... ein Fotogeschäft?	... una tienda de artículos fotográficos?
... ein Einkaufszentrum?	... un centro comercial?
... ein Lebensmittelgeschäft?	... una tienda de comestibles?
... den Markt?	... el mercado?

ÜBERNACHTEN

Können Sie mir bitte … empfehlen?	Perdón, señor/señora/señorita. ¿Podría usted recomendarme …
… ein Hotel...	… un hotel?
… eine Pension...	… una pensión?
Ich habe ein Zimmer reserviert.	He reservado una habitación.
Haben Sie noch …	¿Tienen ustedes …?
… ein Einzelzimmer?	… una habitación individual?
… ein Zweibettzimmer?	… una habitación doble?
… mit Dusche/Bad?	… con ducha/baño?
… für eine Nacht?	… para una noche?
… für eine Woche?	… para una semana?

… ein ruhiges Zimmer?	… una habitación tranquila?
Was kostet das Zimmer mit …	¿Cuánto cuesta la habitación con …
… Frühstück?	… desayuno?
… Halbpension?	… media pensión?

PRAKTISCHE INFORMATIONEN

ARZT

Können Sie mir einen guten Arzt empfehlen?	¿Puede usted indicarme un buen médico?
Ich habe hier Schmerzen.	Me duele aquí.
Ich habe …	Tengo …
… Kopfschmerzen.	… dolor de cabeza.
… Zahnschmerzen.	… dolor de muelas.
… Durchfall.	… diarrea.
… Fieber.	… fiebre.

POST

Was kostet …	¿Cuánto cuesta …
… ein Brief …	… una carta …
… eine Postkarte …	… una postal …
… nach Deutschland?	… para Alemania?
Eine Briefmarke, bitte.	Un sello, por favor.

ZAHLEN

0	cero	19	diecinueve
1	un, uno, una	20	veinte
2	dos	21	veintiuno, -a, veintiún
3	tres	22	veintidós
4	cuatro	30	treinta
5	cinco	40	cuarenta
6	seis	50	cincuenta
7	siete	60	sesenta
8	ocho	70	setenta
9	nueve	80	ochenta
10	diez	90	noventa
11	once	100	cien, ciento
12	doce	200	doscientos, -as
13	trece	1000	mil
14	catorce	2000	dos mil
15	quince	10000	diez mil
16	dieciséis		
17	diecisiete	1/2	medio
18	dieciocho	1/4	un cuarto

Mandelblüte bei Segovia

> UNTERWEGS IN SPANIEN

Die Seiteneinteilung für den Reiseatlas finden Sie auf dem hinteren Umschlag dieses Reiseführers.

REISE ATLAS

A
B
C
1
2
3
4
5
6
50 km
Mar
Cabo Ortegal
Pta. da Estaca de Bares
Ortigueira
Cedeira
Viveiro
Cabo Prior
Ferrol
A CORUÑA
Illa Sisarga
Pontedeume
Betanzos
Malpica
Ría de Corme e Laxe
Bergantiños
Laracha
Carballo
Muxía
Vimianzo
Cabo Touriñán
Corcubión
Cabo Fisterra
Ría de Corcubión
Negreira
A Serra de Outes
(Outes)
Santiago d.c.
Ordes
Arzua
Melide
Las Mariñas
Vilalba
Xistral
Foz
Ribadeo
Castropol
Vegadeo
Navia
Mondoñedo
A Pontenova
Pico de Bobia
Boal
Grandas
Meira
A Fonsagrada
Emb. de Salime
Lugo
Guitiriz
Camino de Santiago
Galicia
Guntín
Becerreá
Res. Nac. de los Ancares
Miravalles
Pedrafita do Cebreiro
Villafranca del Bierzo
Sarria
Seoane
Paxaro
Monforte
Chantada
Faro
Lalín
Silleda
Palacio de Oca
Muros
Noia
Porto do Son
Bobra do Caramiñal
Padrón
Ribeira (Santa Uxía)
Vilagarcía d.A.
Caldas de Reis
Estrada
Cerdedo
P.N. Marítimo-Terrestre
Cambados
O Grove
Alto de Paraño
O Carballino
Pontevedra
Marín
Illa de Ons
de las Islas Atlánticas
Bueu
Cangas
Illas Cíes de Galicia
VIGO
Redondela
Avión
Barbantes
OURENSE
Canabal
R. Sil
Petín
Silván
Cabeza de Manzaneda
A Veiga
Peña Trevinca
Viana d.B.
P.N. de Lago de Sanabria
A Gudiña
Ribadavia
R. Miño
Allariz
Celanova
Xinzo d.L.
Emb. das Portas
Bande
O Porriño
Baiona
Ponteareas
Salvaterra do Miño
Monção
P.N. do Monte Aloja
Tui
Valença do Minho
Peneda
P.N. da Peneda-Gerês
Goián
A Guarda
Vila Nova de Cerveira
Caminha
Arcos de Valdevez
Serra do Larouco
Montalegre
Verín
Vinhais
Bragança
P. Nat. de Montezinho
+1h Gr. Time
Greenwich Time
Viana do Castelo
Ponte de Lima
Ponte de Barca
Parada
Gerês
Boticas
Chaves
Rebordelo
Esposende
Minho
Braga
Cabeceiras de Basto
Ribeira de Pena
Vila Pouca de Aguiar
Valpaços
Macedo d.C.
Barcelos
Vila Nova de Famalicão
Guimarães
Fafe
Mondim de Basto
P.N. do Alvão
Murça
Mirandela
Trás-os-Montes
Póvoa de Varzim
Vila do Conde
Santo Tirso
Amarante
Vila Real
Alijó
Carrazeda de Ansiães
Vila Flor
Mogadouro
Bougado
Ermesinde
Marão
Região do Vinho
Torre de Moncorvo
Matosinhos
PORTO
Vila Nova de Gaia
Gondomar
Penafiel
Resende
Peso da Régua
Lamego
R. Douro
Vila Nova d. Foz Côa
Vale do Côa
Barca de Alva
Espinho
São João d.M.
Arouca
PORTUGAL
Montemuro
Tarouca
Castro Daire
Beira Alta
Sernancelhe
Marialva
Figueira d.C.R.
Marofa
Ovar
Oliveira d.A.
Vila Nova de Paiva
Trancoso
Pinhel
San Felices
Torreira
Estarreja
Albergaria a-Velha
Vouzela
Viseu
Celorico da Beira
Almeida
Vilar Formoso
Aveiro
Ílhavo
Águeda
Serra do Caramulo
Nelas
Tondela
Gouveia
Guarda
Praia de Mira
Mira
Cantanhede
Mealhada
Sta.Comba Dão
Parc. Nat. Serra da Estrela
Seia
Oliveira d.H.
Alfaiates
Luso
Belmonte
Sabugal
Pto. de Perales
Cabo Mondego
Coimbra
Arganil
Covilhã
Capinha
Valverde d.F.
Figueira da Foz
R. Mondego
Lousã
Góis
Serra da Estrela
Serra da Gardunha
Fundão
Penamacor
Pampilhosa da Serra
Monsanto
Moraleja
Penela
Ruínas de Conímbriga
São Vicente da Beira
Castanheira d. P.
Vieira de Leiria
Pombal
Ansião
Figueiró d.V.
Oleiros
Cabeço Rainha
Lousa
Gr. Time
+1h Gr. Time
Marinha Grande
Castelo Branco
Segura
Alcántara
Mosteiro de Batalha
Batalha
Vila Nova de Ourém
Vila Velha de Ródão
Costa de Prata
Costa Verde
Rías Baixas
178

D
E
F
Cantábrico
Costa Verde
Costa Esmeralda
Plymouth
Cabo de Peñas
Cabo Vidio
Cudillero
Avilés
Luanco
Candás
GIJÓN
XIXÓN
Pravia
Colunga
Ribadesella
Llanes
Cuevas de Altamira
Suances
SANTANDER
Santoña
El Astillero
Laredo
Villaviciosa
Arriondas
Cangas de Onís
S. Vincente d.l.B.
Torrelavega
Solares
Grado
Salas
Pola de Siero
Nava
OVIEDO
UVIÉU
La Felguera
Mieres
Pola de Laviana
P.N. de Covadonga y Picos de Europa
Picos de Europa
Panes
Cabezón d. l. S.
Los Corrales
Villacarriedo
Valle
Belmonte d. M.
de Asturias
Cantabria
Cangas d.N.
Caranga
Pola de Lena
Cabañaquinta
Potes
Fuente Dé
Bárcena d.P.d.C.
Pola de Somiedo
Mampodre
Puebla de Lillo
Emb. de Riaño
Emb. de Porma
Peña Prieta
Reinosa
Espinosa d.l.M.
Soncillo
Villarcayo
Peña Ubiña
Cármenes
Nuevo Riaño
Brañosera
Emb. del Ebro
Villablino
Cordillera Cantábrica
La Pola de G.
Boñar
Cistierna
Corvora de Pisuerga
Emb. de Aguilar d. C.
Mataporquera
Escalada
Catoute
Vegarienza
Igüeña
La Robla
Guardo
Santana
Aguilar de Campoo
Poza d. l. S.
Castilla
Quintana del Castillo
LEÓN
Gradefes
Almanza
Buenavista d.V.
Humada
Cernégula
Puerto del Manzanal
Benavides d.O.
Villarente
Mansilla d.l. Mulas
Saldaña
Herrera d.P.
Villadiego
Mansilla d. B.
Rubena
Astorga
Sta. María del Páramo
Cea
Osorno
Melgar d.F.
Olmillos d. S.
Tardajos
Sahagún
Carrión d.l. Condes
Frómista
BURGOS
La Bañeza
Sra. del Teleno
Valencia d.D.J.
Castrojeriz
Estépar
Laguna de Negrillos
Villada
Tierra de Campos
Paredes de Nava
Villahoz
Mayorga
Becilla d.V.
Villalón d.C.
Fuentes d.N.
León
Lerma
Mombuey
Valderas
Villarramiel
Palencia
Baltanás
Benavente
Villanueva del Campo
Torremormojón
Venta de Baños
Villafruela
Villardeciervos
Sra. de la Culebra
Tábara
Villalpando
Medina de Rioseco
Dueñas
Tórtoles d.E.
Gumiel de Hizán
Emb. de Ricobayo
Villarrín de Campos
Tordehumos
Amusquillo
Alcañices
Villanubla
VALLADOLID
Roa
Aranda d. Duero
Montamarta
Tiedra
Vino
Torrelobatón
R. Duero
Peñafiel
Vimioso
Zamora
Toro
Mota d.M.
Simancas
Tudela d.D.
Miranda d.D.
Tordesillas
Rueda
Mojados
Cuéllar
Rubio
Tierras de Sayago
Corrales
La Bóveda d. T.
Íscar
Sepúlveda
Fermoselle
El Cubo d.T.d.V.
Peñausende
Alaejos
Olmedo
Medina del Campo
Navalmanzano
Cantalejo
Trabanca
Embalse de Almendra
Fuentesaúco
Turégano
Cañizal
Nava d.l. Asunción
Pedraza d. l. S.
Ledesma
Cantalpino
Madrigal d. l. A. T.
Anaya
Villamayor
Babilafuente
Arévalo
Vitigudino
SALAMANCA
Segovia
S. Ildefonso o La Granja
Sierra de Guadarrama
La Fuente de San Esteban
Macotera
Peñaranda de Bracamonte
Fontiveros
Sanchidrián
Alba de Tormes
Villacastín
Vecinos
Fresno Alhándiga
Alaraz
Mingorría
Colmenar Viejo
El Espinar
Tamames
Ávila
Collado-Villalba
Peña de Francia
Guijuelo
Emb. de Sta. Teresa
Sierra de Ávila
Ávila d.l.C.
S. Lorenzo
MADRID
Santibáñez d.l.S.
Mengamuñoz
Pto. de Menga
Cebreros
El Escorial
Pozuelo d.A.
La Alberca
Piedrahita
Serrota
Emb. de S.Juan
Béjar
Burgohondo
San Martín de Valdeiglesias
ALCORCÓN
MÓSTOLES
Sistema Central
El Barco d.Á.
Casavieja
Navalcarnero
GETAFE
LEGANÉS
Emb. de Gabriel y Galán
Almanzor
Coto Nac. de Gredos
Mombeltrán
Pinto
Zarza d.G.
Cabezuela d.V.
Arenas d.S.P.
Escalona
Villanueva d.l. S.
Jarandilla d.l.V.
Candeleda
Castillo de Bayuela
Camarena
Yuncos
Montehermoso
Plasencia
Mon. de Yuste
Maqueda
Jaraiz d.l.V.
Torrijos
Coria
Malpartida d.P.
Castilla-La Mancha
Extremadura
Navalmoral d.l.Mata
Talavera de la Reina
Colonia Iberia
Serradilla
Parque Nac. de Monfragüe
Peraleda d.l.M.
Oropesa
Puebla d.M.
Toledo
Almaraz
Bohonal d.I.
Alcaudete d.J.
Los Navalm.
San Martín d.M.
Sonseca
Monroy
Jaraicejo
Cuerva
Mora
179

A
B
C
50 km
Costa Esmeralda
Costa Vasca
Plymouth
SANTANDER
Torrelavega
Cuevas de Altamira
Llanes
Ribadesella
Cangas de Onís
P.N. de Covadonga y Picos de Europa
Picos de Europa
Potes
Reinosa
Cantabria
Cordillera Cantábrica
Santoña
Laredo
Castro-Urdiales
Portugalete
BARAKALDO
SAN VICENTE
BILBAO
BILBO
Algorta (Getxo)
Mungia
Bermeo
Gernika-Lumo
Lekeitio
Ondarroa
DONOST S.SEBAST
Zornotza
Durango
Azpeitia
Bergara
Oñati
Arrasate-Mon.
Legutiano
Euskadi
VITORIA GASTEIZ
Salvatierra
Miranda d.E.
Haro
Laguardia
LOGROÑO
Balmaseda
Llodio
Orduña
Medina d.P.
Villarcayo
Espinosa d.l.M.
Villasana de Mena
Aguilar de Campoo
Mataporquera
Cervera de Pisuerga
Guardo
Herrera d.P.
Castilla
Briviesca
Pancorvo
Poza d.l.S.
Oña
Cernégula
Humada
Villadiego
Osorno
Mansilla d.B.
Rubena
Sierra de Atapuerca
Belorado
Sto.Domingo d.l.C.
Nájera
San Millán
Ezcaray
Sierra de San Lorenzo
La Rioja
Torrecilla en Cameros
Arnedo
El Villar d.A.
Enciso
BURGOS
Arlanzón
Tardajos
Melgar d.F.
Frómista
Carrión d.l. Condes
Tierra de Campos
Olmillos d.S.
Castrojeriz
Estépar
Paredes de Nava
Palencia
Villalón d.C.
Villarramiel
Fuentes d.N.
Torremormojón
Venta de Baños
Dueñas
Baltanás
Villafruela
Lerma
Villahoz
Lara d.l.I.
Salas d.l.Infantes
Quintanilla del Coco
R. Arlanza
Castilla y León
Mansilla
Sra. de Urbión
Vinuesa
Pto. de Piqueras
Almarza
Numancia
Soria
Medina de Rioseco
VALLADOLID
Amusquillo
Tórtoles d.E.
Caleruega
Gumiel de Hizán
Peñaranda d.D.
San Leonardo de Yagüe
Abejar
Ucero
Calatañazor
Simancas
Tudela d.D.
Tordesillas
Rueda
Peñafiel
Roa
Aranda d. Duero
Langa d.D.
S. Esteban de Gormaz
El Burgo de Osma
Quintana Redonda
Almazán
Gómara
Serón de Nágima
Medina del Campo
Mojados
Olmedo
Íscar
Cuéllar
Cantalejo
Rubio
Sepúlveda
Riaza
Ayllón
Fresno d.C.
Berlanga d.D.
Barahona
Morón d.A.
Medinaceli
Arcos de Jalón
Navalmanzano
Turégano
Cerezo d.A.
Nava d.l. Asunción
Pedraza d.l.S.
Atienza
Arévalo
Anaya
Segovia
Fontiveros
Sanchidrián
Buitrago d.L.
Emb. de Al Atazar
Congostrina
Sigüenza
Alcolea d. Pinar
Jadraque
S. Ildefonso o La Granja
Sierra de Guadarrama
Sistema Central
Torrelaguna
Humanes
Masegoso d.T.
Sacecorbo
Mingorría
Villacastín
El Espinar
Ávila d.l.C.
Colmenar Viejo
Collado-Villalba
S. Sebastián d.l.R.
Brihuega
Cifuentes
Trillo
Parque nat. del Alto Tajo
Torija
Guadalajara
Villanueva d.A.
Beteta
Emb. de Entrepeñas
Salmerón
La Alcarria
Burgohondo
Cebreros
S. Lorenzo
El Escorial
Emb. de S. Juan
Pozuelo d.A.
Alcalá d.H.
Torrejón d.A.
MADRID
Pastrana
Sacedón
Emb. de Buendía
Priego
Cañaveras
San Martín de Valdeiglesias
ALCORCÓN
MÓSTOLES
Navalcarnero
LEGANÉS
GETAFE
Arganda
Mondéjar
Buendía
Albalate de Zorita
Torralba
Casavieja
Escalona
Pinto
Ciempozuelos
Chinchón
Villarejo d.S.
Huete
Castillo de Bayuela
Maqueda
Camarena
Yuncos
Comunidad de Madrid
Barajas de Melo
Talavera de la Reina
Torrijos
Aranjuez
Tarancón
Saelices
San Lorenzo de la Parilla
Colonia Iberia
Ocaña
Horcajo d.S.
Montalbo
Toledo
Puebla d.M.
Alcaudete d.l.J.
La Jara
Los Navalmorales
San Martín d.M.
Sonseca
Cuerva
Mora
La Guardia
Lillo
Corral de Almaguer
Villarejo d.F.
La Almarcha
Castilla-La Mancha
Valverde d.J.
La Nava d.R.
Navahermosa
Villacañas
Quintanar
180

FRANCE
Côte d'Argent
Léon
Soustons
Tartas
Mont-de-Marsan
Grenade-s.-l'A.
Vic-Fezensac
Fleurance
Mauvezin
Cologne
St-Paul-l.-D.
St-Sever
Dax
Soorts-Hossegor
Capbreton
St-Vincent-d.-T.
Hagetmau
Aire-s.-l'A.
Riscle
Auch
L'Isle-Jourdain
Gimont
Peyrehorade
Amou
Garlin
Bassoues
Mirande
Samatan
Boucau
Biarritz
Bayonne
Orthez
Gascogne
Armagnac
Hondarribia
St-Jean-de-Luz
Hendaye
Irún
Bidache
Hasparren
Cambo-l.-B.
Salies-d.-B.
Lembeye
Vic-en-Bigorre
Miélan
Masseube
L'Isle-en-Dodon
Rieumes
St-Palais
Mourenx
Monein
Morlaàs
Trie-s.-B.
Boulogne-s.-Gesse
Dancharia
St-Jean-Pied-de-Port
Oloron-S.-Marie
Gan
Pau
Pontacq
Nay-Bourdettes
Tarbes
Castelnau-Magnoac
Aurignac
Cazères
Lannemezan
Santesteban
Irurita
Leiza
Chemins de Saint-Jacques
Pto de Ibañeta
Roncesvalles
Erro
Arudy
Lourdes
Bagnères-d.-B.
Pic du Midi de Bigorre
2872
Montréjeau
St-Gaudens
Aspet
Pic d'Orhy
2021
Pic d'Anie
2504
Laruns
Argelès-Gazost
Cauterets
Luz-St.-S.
Arreau
St-Béat
Irurzun
PAMPLONA IRUÑEA
Aoiz
Isaba
Puerto de Somport
(1632)
Ansó
Parc Nat. des Pyrénées Occident.
Vignemale
3298
Gavarnie
St-Lary-Soulan
Les
2880
Monreal
Puente l. R.
Sigüés
Lumbier
Canfranc
Biescas
Broto
P. N. de Ordesa y Mte. Perdido
Mte. Perdido
3355
Bielsa
Pico de Aneto
3404
Vielha e Mijaran
P.N. d'Aigüestortes i Estany de St. Maurici
PYRÉNÉES
PIRINEOS
Navarra
Aibar
Sangüesa
Berdún
Jaca
Sabiñánigo
Benasque
Val de Boí
Artajona
Tafalla
Monasterio S. Juan d.l.P.
Sra. de la Peña
Luesia
1517
Anzánigo
Boltaña
Campo
el Pont de Suert
(1350)
Carcastillo
(1262)
Puerto de Monrepós
Aínsa-Sobrarbe
Emb. de Mediano
Pantà d'Escales
Alt de Perves
Peralta
Caparroso
Ayerbe
2077
Sra. de Guara
Rodellar
Emb. de El Grado
Tremp
Marcilla
Sádaba
Las Cinco Villas
Hoya de Huesca
Huesca
Graus
Pantà de Terradets
Alfaro
Corella
Erla
Emb. de la Sotonera
El Grado
Benabarre
1678
Tudela
Ejea d.l.C.
Fustiñana
Almudévar
Angüés
Barbastro
Pantà de Camarasa
Cascante
Montes de Castejón
744
Gañén
Monzón
Tamarite de Litera
Camarasa
Artesa de Segre
Aragón
Tarazona
Borja
Tauste
Zuera
Leciñena
Lanaja
Sariñena
Alfarràs
Binéfar
Ágreda
Sierra del Moncayo
Alagón
Villanueva de Gállego
Sra. de Alcubierre
811
Almacelles
Albalate d.C.
Balaguer
Mollerussa
Tabuenca
ZARAGOZA
LLEIDA
Alcarràs
Bellpuig
La Muela
Alfajarín
Illueca
Épila
Fuentes de Ebro
Fraga
les Borges Blanques
Villarroya d.l. Sra.
Bilbilis (Cd. ibérica)
La Almunia de Doña Godina
Muel
Quinto
Bujaraloz
Los Monegros
Mequinenza
Castelldans
Catalunya
Maials
Calatayud
Cariñena
Villanueva d.H.
Belchite
Emb. de Mequinenza
Escatrón
la Granadella
Fayón
Flix
1201
Alhama de Aragón
R. Jiloca
Montón
Herrera d.l.N.
Azaila
Híjar
Caspe
Falset
Albalate d. Arzobispo
Maella
Móra d'Ebre
1438
(1153)
Cubel
Daroca
Moyuela
Alcañiz
Calaceite
Gandesa
Muniesa
Andorra
Calanda
Cillas
Calamocha
Barrachina
Vivel d.R.M.
Obón
Alcorisa
Valderrobres
Xerta
l'Ametlla d.M.
L'Hospitalet de l'Infant
Golf de Sant Jordi
Molina
Caminreal
(1240)
Montalbán
Castellote
Monroyo
Roquetes
1413
Tortosa
Parc nat. Delta de l'Ebre
El Pobo de Dueñas
Monreal d.C.
Puerto de San Just
(1452)
Aliaga
R. Guadalope
(1250)
1396
la Sénia
Amposta
St. Carles de la R.
Ojos Negros
Puerto de Singra
1529
Sa. de Albarracín
Sta. Eulalia
Morella
Ulldecona
Alcanar
Checa
Alfambra
Xert
Traiguera
1856
Cedrillas
(1655)
Villafranca del Cid
Sant Mateu
Vinaròs
Noguera
Cella
Benicarló
Peñarroya
2019
(1600)
Albocàsser
Albarracín
Fragacete
Teruel
Vistabella d.M.
Alcalà de Xivert
Peñíscola
Bezas
1866
(1242)
Mora de Rubielos
Penyagolosa
1813
Llucena
Torreblanca
Toril
Valdemeca
La Puebla d.V.
R. Rioturia
Sarrión
l'Alcora
Orpesa
Benicàssim
Javalambre
2020
Montanejos
R. Mijares
Costa del Azahar
Cañete
Ademuz
Barracas
CASTELLÓ DE LA PLANA
Torrijas
Jérica
Onda
Vila-real
Borriana
R. Cabriel
Cuenca
Carboneras de Guadazaón
Landete
1586
Segorbe
La Vall d'Uixó
Nules
Islas Columbretes
Alcublas
Almenara
Mira
Chelva
Comunidad
Villar d.A.
Sagunt
Enguídanos
E80
A63
A64
E07
N121A
N330
N240
N260
N230
N123
N113
N122
AP15
E804
AP68
A23
A2
E90
AP2
N232
N211
N234
N420
N340
AP7
E15
A7
N330
C13
D
E
F
1
2
3
4
5
6

181

A
B
C
1
2
3
4
5
6
174
Costa de Prata
Vieira de Leiria
Marinha Grande
Mosteiro de Batalha
Batalha
Leiria
Pombal
Ansião
Figueiró d.V.
Sertã
Oleiros
Cabeço Rainha
1084
Lousa
Castelo Branco
Segura
Gr. Time
Vila Nova de Ourém
Fátima
Tomar
Torres Novas
Proença-a-N.
Vila de Rei
Vila Velha de Ródão
Cedillo
Santiago d.A.
Membrío
Nazaré
Alcobaça
São Martinho do Porto
Parque Nat. d.S.d.A.e C.
Abrantes
Entroncamento
Golegã
Rossio ão Sul d.T.
Gavião
Alpalhão
Nisa
Marvão
Valencia d.A.
San Vicente d.A.
São Mamede
1027
Crato
Portalegre
Caldas da Rainha
Óbidos
Rio Maior
Peniche
Cabo Carvoeiro
Cadaval
Santarém
Alpiarça
Almeirim
Ponte de Sor
Alter do Chão
Arronches
Lourinhã
Estremadura
666
Cartaxo
Torres Vedras
Alenquer
Salvaterra d.M.
Montargil
Monforte
Ericeira
Mafra
Vila Franca de Xira
Coruche
Avis
Sousel
Sta. Eulália
Campo Maior
Loures
Sintra
Amadora
Cabo da Roca
490
Cascais
Oeiras
LISBOA
Almada
Barreiro
Montijo
Lavre
Vendas Novas
Mora
Pavia
Estremoz
Vimieiro
Borba
Vila Viçosa
Elvas
BADA
Arraiolos
Azaruja
Redondo
Olivenza
Ossa 653
Alor 610
Costa do Sol
392
São Luís
Palmela
Setúbal
Marateca
Montemor-o-Novo
Évora
441
PORTUGAL
Alconchel
Cheles
Sesimbra
Cabo Espichel
Costa Azul
Comporta
Res. Nat.
Alcácer do Sal
Alcáçovas
Viana do Alentejo
Reguengos de Monsaraz
Monsaraz
Mourão
Villanueva d.F.
Baía de Setúbal
1722
Costa da Galé
Torrão
Alvito
424
Portel
Bgem. do Alqueva
Oliva d.I.F.
Serra de Grândola
325
Grândola
Vidigueira
Cuba
Moura
Amareleja
Barrancos
Melides
Atalaia
Santiago do Cacem
Ferreira de Alentejo
Safara
Cabo de Sines
Sines
Beja
Pias
Serpa
Vila Verde de Ficalho
Rosal d.I.F.
Cortega
Alvalade
Aljustrel
Albernoa
Cercal
Santa Bárbara d.C.
894
Vila Nova de Milfontes
277
Garvão
Castro Verde
Mina de São Domingos
Paymogo
Odemira
Ourique
Mértola
Puebla de Guzmán
Tharsis
Sao Teotónio
Santa Clara-a-Velha
Santana da Serra
Almodôvar
Sanlúcar d.G.
Villanueva d.I.C.
Odeceixe
Alcoutim
Costa Dourada
Mudo 577
Serra do Caldeira
Ameixial
Gibraleón
Fóia 902
Aljezur
Monchique
Algarve
Cachopo
Odeleite
Lepe
Cartaya
Bordeira
Silves
São Brás de Alportel
Ayamonte
Portimão
Lagoa
Loulé
Vila Real
Punta Umbría
Vila de Bispo
Lagos
Pêra
Albufeira
Estói
Tavira
Cabo de São Vicente
Salema
Sagres
Ponta de Sagres
Quarteira
Faro
Olhão
Parque Nat. d.R. Formosa
Gr. Time
+1h Gr. Time
Cabo de Sta. Maria
Golfo de Cádiz
2000
200
OCÉANO
1061
ATLÁNTICO
Islas Canarias
50 km

Gr. Time
Embalse de Alcántara
Serradilla
Parque Nac. de Monfragüe
Almaraz
Oropesa
de la Reina
Toledo
Extremadura
Garrovillas
Monroy
Jaraicejo
Castañar d.I.
La Jara
La Nava d.R.
Los Navalmorales
San Martín d.M.
Navahermosa
Cuerva
Las Ventas c.P.A.
Los Yébenes
El Molinillo
Santiago d.C.
Cáceres
Trujillo
El Campillo d.l.J.
Montes de Toledo
Navas d.M.
Arroyo d.l.L.
Aliseda
Torremocha
Madroñera
Sierra de Guadalupe
Guadalupe
Guadisa
P.N. de Cabañeros
Horcajo d.l.M.
Cortijo d.A.
Sierra de San Pedro
Logrosán
Alcoba
Montánchez
Zorita
Castilblanco
Herrera del Duque
Villarta d.l.M.
Estena
Almoharín
Madrigalejo
Porzuna
La Roca d.l.S.
Miajadas
Talarrubias
Puebla d.D.R.
Piedrabuena
La Nava d.S.
Sta. Amalia
Orellana l.V.
Agudo
Abenójar
Montijo
Mérida
Don Benito
Villanueva d.l.S.
Puebla de Alcocer
Campanario
La Serena
Almadén
Talavera l.R.
Guareña
Alange
Castuera
Cabeza del Buey
Almodóvar del Campo
Puertollano
Albuera
Almendralejo
Paloma
Sta. Marta
Barros
Zalamea d.l.S.
Santa Eufemia
Brazatortas
Puerto de Niefla
Villafranca d.l.B.
Hornachos
Hinojosa del Duque
Belalcázar
El Viso
Torrecampo
Salvatierra d.l.B.
Peraleda d.Z.
Conquista
Burguillos d.C.
Zafra
Campillo de Llerena
Peñarroya-Pueblonuevo
Alcaracejos
Pozoblanco
Usagre
Sierra Morena
Sa. Madrona
Berlanga
Azuaga
Belmez
Villanueva de Córdoba
Cardeña
Emb. de Martín Gonzalo
Fuente de Cantos
Llerena
Fuente Obejuna
Villanueva d.R.
Fregenal d.l.S.
Fuente del Arco
Espiel
Villaharta
Andújar
Guadalcanal
Erillas
Tentudía
Monesterio
Alanís
Villaviciosa d.C.
El Vacar
Montoro
Real Mon. d.S. Jerónimo
Adamuz
Las Navas d.l.C.
Sta. María d.Tr.
CÓRDOBA
Villa d.R.
Aracena
Sta. Olalla del Cala
El Real d.l.J.
Cazalla d.l.S.
Constantina
Almodóvar del Río
Bujalance
Porcuna
Torredonjimeno
Almadén d.l.P.
Hornachuelos
El Pedroso
Posadas
R. Guadajoz
Nerva
El Ronquillo
Villanueva d.R. y M.
Lora d.R.
Palma d.R.
La Carlota
Baena
Zalamea la Real
Cantillana
Montilla
Brenes
R. Guadalquivir
Écija
Valverde d.C.
Gerena
Itálica
La Algaba
Carmona
Aguilar
Cabra
Priego d.C.
Camas
Andalucía
Puente-G.
Lucena
Rute
La Palma d.C.
Sanlúcar l.M.
SEVILLA
Marchena
El Rubio
Bollullos P.d.C.
Coria d. Río
Alcalá d. G.
Osuna
Estepa
La Roda d.A.
Emba. d. Iznajar
Loja
Almonte
La Puebla d.R.
D. Hermanas
El Arahal
La Puebla d.C.
Las Marismas
Los Palacios y V.
Utrera
Mazagón
El Rocío
Archidona
Torre d.l.Hig.
Morón d.l.Fr.
Campillos
Montellano
Antequera
P.N. Côto de Doñana
Olvera
Teba
Colmenar
Las Cabezas d. S. J.
Algodonales
Emb. d. Chorro
Vélez-M.
Lebrija
Álora
Sanlúcar d.Barr.
Villamartín
Ronda
Sa. de Ronda
Chipiona
Arcos d. l. Fr.
Prado d. R.
Coín
MÁLAGA
Rota
JEREZ D. L. FR.
Ubrique
Sra. Bermeja
Alhaurín e. G.
Melilla
El Puerto d. Sta. M.
CÁDIZ
Emb. d.Gualcacín
Gaucín
Fuengirola
Puerto Real
Alcalá d.l.G.
Marbella
Costa del Sol
San Fernando
Medina-Sid.
Jimena d.l.F.
Casares
Estepona
Chiclana d. l. Fr.
Conil d. l. Fr.
Benalup d. Sid.
San Roque
Costa de la Luz
Vejer d. l. Fr.
La Línea d.l.C.
Barbate
Algeciras
Gibraltar (U.K.)
+1h Gr. Time
Greenwich Time
Pta. Marroquí o de Tarifa
Tarifa
Ceuta (Sebta) (Esp.)
Islote del Perejil (Esp.)
Sète
AL-MAGRIB (MAROC)
Punta Almina
Ksar-es-Seghir
Cap Spartel
Ad-Dar-al-Bayda (Casablanca)
TANJAH (TANGER)
El Borj
Regaia
175

A
B
C
176
MADRID
Alcalá d.H.
Torrejón d.A.
Pozuelo d.A.
ALCORCÓN
MÓSTOLES
GETAFE
LEGANÉS
Pto. de Menga
(1566)
Cebreros
Burgohondo
San Martín de Valdeiglesias
Navalcarnero
Casavieja
Escalona
Castillo de Bayuela
Maqueda
Camarena
Yuncos
Torrijos
Talavera de la Reina
Toledo
Pinto
Ciempozuelos
Chinchón
Arganda
Villarejo d.S.
Aranjuez
Pastrana
Mondéjar
Sacedón
Salmerón
Priego
Emb. de Buendía
Buendía
Albalate de Zorita
Cañaveras
Torralba
La Alcarria
Barajas de Melo
Huete
Tarancón
Saelices
Montalbo
San Lorenzo de la Parilla
Colonia Iberia
Ocaña
Puebla d.M.
Alcaudete d.l.J.
La Jara
Los Navalmorales
San Martín d.M.
Navahermosa
Cuerva
Las Ventas c.P.A.
Los Yébenes
El Molinillo
Sonseca
Mora
Orgaz
La Guardia
Tembleque
Lillo
Corral de Almaguer
Villacañas
Horcajo d.S.
Villarejo d.F.
La Almarcha
Quintanar de la Orden
Honrubia
Montes de Toledo
Retuerta d.B.
P.N. de Cabañeros
Horcajo d.l.M.
Alcoba
Villarta d.l.M.
Cortijo d.A.
Madridejos
Consuegra
Villafranca d.l. Caballeros
Castilla-La Mancha
Campo d.C.
Mota d.C.
Belmonte
Las Pedroñeras
S. Clemente
Pedro Muñoz
Alcázar de S. Juan
Socuéllamos
Villarrobledo
Minaya
La Roda
Fuente del Fresno
Villarrubia de los Ojos
P.N. de las Tablas de Daimiel
R. Guadiana
Tomelloso
Porzuna
Malagón
Daimiel
Argamasilla de Alba
Manzanares
Puebla d.D.R.
Piedrabuena
Ciudad Real
Bolaños d. C.
Almagro
La Solana
Ruidera
Munera
Barrax
Ossa de Montiel
El Bonillo
Abenójar
Corral d.C.
Almadén
Almodóvar del Campo
Aldea del Rey
Moral d.C.
Alhambra
Valdepeñas
Villahermosa
Villanueva d.l.F.
Villanueva d.l. Infantes
Alcaraz
Sra. d. Alcaraz
Brazatortas
Puertollano
Calzada d.C.
Sta. Cruz de Mudela
Cózar
Puerto de Niefla
Mestanza
Viso del Marqués
Castellar de Santiago
Villapalacios
Villamanrique
Torrecampo
San Lorenzo d.C.
Solana d.P.
Sa. Madrona
Sierra Morena
Conquista
Villanueva de Córdoba
Cardeña
Emb. de Martín Gonzalo
Contadero
Emb. del Rumblar
La Carolina
Santisteban d.P.
Emb. d. Guadalmena
Fábricas d.S.J.d.A.
Segura d.l.S.
Yeste
Beas d.S.
Cortijos N.
Sra. Segura
Vilches
Arquillos
Bailén
Linares
Villacarrillo
Nerpio
El Vacar
Adamuz
Montoro
Andújar
CÓRDOBA
Villa d.R.
Arjona
Bujalance
Mengíbar
Baeza
Úbeda
Peal d.B.
Cazorla
P. Nat. d. Cazorla
Sagra
Puebla d.D.F.
El Moral
Porcuna
Torredonjimeno
Jódar
Mancha R.
Jaén
Mágina
Castril
Huéscar
Galera
Baena
Martos
Alcaudete
Montilla
Cabra
Aguilar
Huelma
Pozo A.
Vélez Bl.
Cúllar-Baza
Chirivel
Oria
Valdepeñas d. J.
Campotéjar
Alcalá l.R.
Priego d.C.
Lucena
Montefrío
Rute
Puente-G.
Moreda
Las Viñas
Baza
Sta. Barbara
Purchena
Albox
Andalucía
La Roda d.A.
Emba. d. Iznájar
Loja
Illora
Atarfe
Puerto de la Mora (1300)
Guadix
Serón
GRANADA
Sta.Fe
P.Nac. de Sierra Nevada
Huéneja
Sra. de los Filabres
Uleila d. C.
Archidona
Alhama de Granada
Solynieve
Mulhacén
Fiñana
Gérgal
Antequera
Sierra Nevada
Laujar d. A.
Tabernas
Sorbas
Níjar
Colmenar
P.N. de Sierra de Tejeda
Cuevas de Nerja
Lanjarón
Órjiva
Ugíjar
Berja
Morrón
Dalías
Vélez-M.
MÁLAGA
Nerja
Almuñécar
Motril
Albuñol
Castell de Ferro
Adra
Almerimar
Roquetas d. M.
ALMERÍA
Golfo de Almería
Cabo de
Fuengirola
Melilla
Costa del Sol
Costa de A
E90
N502
N403
A42
A5
A3
N400
AP36
E05
A4
N401
N420
N310
N430
A43
N322
E901
N320
E902
A44
A316
N432
A45
A91
A92
N331
A7
E15
N340

D
E
F
177
1
2
3
4
5
6
Cella
Noguera
Tragacete
Albarracín
Bezas
Teruel
Cedrillas
Peñarroya
2019
Mora de Rubielos
Villafranca del Cid
Vistabella d.M.
Penyagolosa
1813
Llucena
Albocàsser
Alcalà de Xivert
Vinaròs
Benicarló
Peñíscola
Torreblanca
Orpesa
Benicàssim
Toril
Valdemeca
La Puebla d.V.
Sarrión
Javalambre
2020
Montanejos
R. Mijares
L'Alcora
Cañete
Ademuz
Torrijas
Barracas
Jérica
Onda
CASTELLÓ DE LA PLANA
Vila-real
Borriana
Islas Columbretes
Costa del Azahar
Carboneras de Guadazaón
Landete
Segorbe
Alcublas
La Vall d'Uixó
Nules
Almenara
Comunidad Valenciana
Chelva
Villar d.A.
Casinos
Estivella
Sagunt
Puçol
Mira
Enguídanos
Utiel
Llíria
Bétera
Moncada
Burjassot
Manises
Motilla d.P.
Emb. de Contreras
Requena
Cheste
Buñol
Torrent
VALÈNCIA
Golf de València
Palma de Mallorca
Minglanilla
E901
Quintanar del Rey
Villamalea
Villatoya
La Portera
Turís
Silla
Montroy
Benifaió
Sueca
Cullera
Costa de València
Casas-Ibáñez
Alcalá d.J.
R. Júcar
Mahora
Cofrentes
l'Alcúdia
Alzira
Casas d.J.N.
La Gineta
Alatoz
Ayora
E. d. Tous
Navarrés
Tavernes d. l. V.
ALBACETE
Chinchilla d.M.A.
Almansa
1056
Alpera
Canals
Xàtiva
Gandia
Oliva
St. Antoni de P.
Eivissa
Costa Blanca
Pozo-Cañada
Montealegre d.C.
Ontinyent
Pego
Denia
Xàbia
Cap de la Nau
Alcoi
Muro d. C.
Aitana
1558
Relleu
Calp
Altea
Benidorm
Marseille
Tobarra
Ontur
Yecla
Villena
Ibi
Jijona
Hellín
Jumilla
Elda
E15
La Vila Joiosa
Monóvar
Casa d.P.
Pinoso
San Juan d.A.
E. d. Camarillas
E. d. Cenajo
Reg. de Murcia
ELX
ALACANT
Arte Rupestre
Calasparra
1023
Fortuna
Crevillente
Callosa d.S.
Santa Pola
Cieza
Archena
Molina d.S.
Dolores
Cehegín
Mula
Orihuela
Guardamar
Bullas
Alcantarilla
MURCIA
Torrevieja
San Miguel d.S.
La Paca
Alhama d.M.
Balsicas
San Pedro
San Javier
Totana
1066
Torre-P.
Mar Menor
Al' Jazā'ir
Lorca
R. Sangonera
Fuente-Álamo
La Unión
Cabo de Palos
Mar de Cristal
Mazarrón
Puerto
CARTAGENA
Cope
Águilas
Pulpí
Costa Cálida
Cuevas d. Alm.
Vera
Garrucha
Mojácar
MAR MEDITERRÁNEO
Carboneras
50 km
Wahrān
AL-JAZĀ'IR (ALGÉRIE)
Achaacha

177
181
Sigüés
Ansó
Canfranc
Vignemale
Gavarnie
St-Lary-Soulan
Les
Vielha e Mijaran
Salau
Vicdessos
P
I
R
I
N
E
Jaca
Berdún
Monasterio S. Juan d.l.P.
Sabiñánigo
Broto
P. N. de Ordesa y Mte. Perdido
Mte. Perdido 3355
Bielsa
Pico de Aneto 3404
Benasque
P.N. d'Aigüestortes y Estany de Sant Maurici
Esterri d'Aneu
Parc Nat. Pica d'Estats 3145
l'Hospitalet-p.-l'A.
de l'Alt Pirineu
ANDORRA
Andorra la Vella
Vall del Madriu
Puigcerdà
Anzánigo
Boltaña
Aínsa-Sobrarbe
Campo
Val de Boí
el Pont de Suert
Sort
Puerto de Monrepós
Ayerbe
Emb. de Mediano
Pantà d'Escales
Alt de Perves
Adrall
la Seu d'Urgell
Rodellar
Sra. de Guara
de Huesca
Huesca
Hoya
Emb. de El Grado
Graus
El Grado
la Pobla d.S.
Pantà de Talarn
Tremp
Organyà
Pantà d'Oliana
Oliana
Emb. de la Sotonera
Almudévar
Angüés
Barbastro
Benabarre
Pantà de Terradets
Gironella
Montes de Castejón
Grañén
Monzón
Tamarite de Litera
Pantà de Camarasa
Artesa d.S.
Solsona
Puig-Reig
Zuera
Aragón
Lanaja
Sariñena
Binéfar
Alfarràs
Camarasa
Ponts
Cardona
Leciñena
Villanueva de Gállego
Sra. de Alcubierre
Albalate d.C.
Almacelles
Balaguer
Agramunt
Torà
Guissona
Calaf
Súria
Manresa
Catalunya
ZARAGOZA
LLEIDA
Mollerussa
Cervera
Mon. de Montserrat
Alfajarín
Alcarràs
Bellpuig
Tàrrega
Fuentes de Ebro
Fraga
les Borges-Blanques
Igualada
TERRASSA
SABADELL
Martorell
Bujaraloz
Los Monegros
Quinto
Castelldans
Emb. de Mequinenza
Mequinenza
Maials
Poblet
Vilafranca d. Penedès
Belchite
Escatrón
la Granadella
Prades
Montblanc
Valls
Azaila
Híjar
Caspe
Fayón
Flix
Falset
Reus
el Vendrell
Sitges
Vilanova i la Geltrú
Albalate d. Arzobispo
Maella
Alcañiz
Calaceite
Gandesa
Móra d'Ebre
TARRAGONA
Cap de Salou
Cambrils
Golf de Sant Jordi
Muniesa
Andorra
Calanda
Ebre
l'Hospitalet de l'Infant
Vivel d.R.M.
Obón
Alcorisa
Valderrobres
Xerta
l'Ametlla d.M.
Costa Daurada
Montalbán
Castellote
Monroyo
Roquetes
Tortosa
Aliaga
R. Guadalope
la Sénia
Amposta
Cap de Tortosa
Parc nat. Delta de l'Ebre
Morella
Ulldecona
St. Carles de la R.
Xert
Alcanar
Villafranca del Cid
Traiguera
Sant Mateu
Vinaròs
Peñarroya
Albocàsser
Benicarló
Peníscola
Mora de Rubielos
Vistabella d.M.
Alcalà de Xivert
Penyagolosa
Llucena
Torreblanca
Costa del Azahar
Sarrión
Montanejos
L'Alcora
Orpesa
Benicàssim
Barracas
R. Mijares
CASTELLÓ DE LA PLANA
Vila-real
Jérica
Onda
La Vall d'Uixó
Borriana
Nules
Islas Columbretes
Segorbe
Alcublas
Comunidad Valenciana
Almenara
Villar d.A.
Casinos
Estivella
Sagunt
Puçol
Llíria
Bétera
Moncada
Burjassot
Manises
Cheste
VALÈNCIA
Golf de València
Costa del
Illes Balears
Torrent
Silla
Turís
Montroy
Benifaió
Costa de València
Sueca
Cullera
L'Alcúdia
E.d. Tous
Alzira
Navarrés
Tavernes d. l. V.
Canals
Xàtiva
Gandía
Oliva
Ontinyent
Denia
Xàbia
Costa Blanca
Cap de la Nau
Pego
Alcoi
Muro d. C.
Aitana
Relleu
Ibi
Calp
Altea
Jijona
Benidorm
Elda
Eivissa (Ibiza)
Sant Joan de Labritja
Punta Grossa
Culleram
St. Antoni de Portmany
Sta. Eulària d.R.
Eivissa (Ibiza)
Cova Santa
San Francesc d. F.
Formentera

D
E
F
1
2
3
4
5
6
Salses
St-Paul-d.-F.
Rivesaltes
St-Laurent-d.-l.-S.
Millas
Ille-s.-T.
PERPIGNAN
Prades
116
Elne
Pic du Canigou
2784
58
Argelès-s.-M.
Port-Vendres
99
Amélie-l.-B.-P.
Mont-Louis
Ceret
Cerbère
Portbou
AP7
Prats-d.-M.-l.-Pr.
La Jonquera
Cap de Creus
2918
Albanya
Cadaqués
Ribes d.F.
el Ter
Roses
Besalú
Olot
Figueres
Ripoll
Golf de Roses
el Fluvià
Sta. Pau
l'Escala
Banyoles
Torelló
Torroella d.M.
Manlleu
134
la Bisbal d'E
Vic
Anglès
Girona
Palafrugell
C17
Palamós
Sta. Coloma d.F.
E15
1704
Hostalric
St. Feliu de Guíxols
Montseny
Centelles
Tossa d.M.
St. Celoni
AP7
Blanes
Malgrat d.M.
Granollers
Calella
Arenys de Mar
Mataró
BADALONA
BARCELONA
L'HOSPITALET DE LLOBREGAT
Costa Brava
Genova
2000
MAR MEDITERRÁNEO
Baleares
1185
1801
Cap de Cavalleria
Menorca
Naveta dEs Tudons
Fornells
Ciutadella
El Toro
350
Es Mercadal
Ferreries
Alaior
Cap de Formentor
Cap dArtrutx
Tamarinda
Maó (Mahón)
Port de Pollença
Pollença
S'Algar
Alcúdia
P.N. de S'Albufera
Puig Major
1445
Port de Sóller
Sóller
Cap de Ferrutx
Muro
Serra de Tramuntana
Valldemosa
La Cartuja
Inca
Artà
560
Cala Rajada
Sta. Maria del Camí
Banyalbufar
Sineu
Dragonera
1026
Andratx
Montuïri
Manacor
Cala Millor
Magalluf
Porto Cristo
Coves del Drac
s'Arenal
548
Serra de Llevant
Llucmajor
Felanitx
PALMA de Mallorca
Campos
Cala dOr
Colònia de Sant Jordi
Santanyí
Mallorca
Cap de ses Salines
78
Cabrera
P.N. del Archipiélago de Cabrera
50 km
200
1060
Salerno

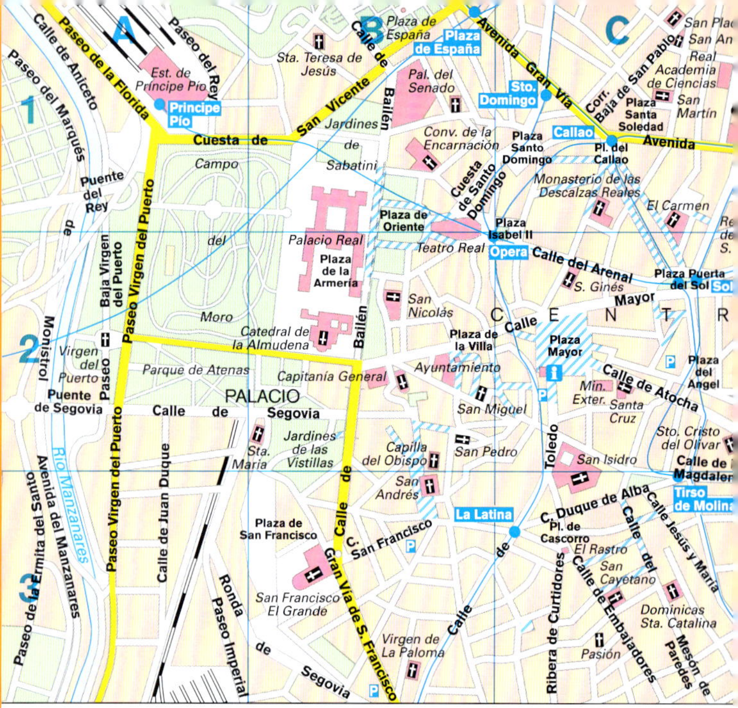
A
B
C
1
2
3
Paseo de la Florida
Paseo del Rey
Calle de Aniceto
Paseo del Marqués
Est. de Príncipe Pío
Príncipe Pío
Sta. Teresa de Jesús
Plaza de España
Plaza de España
Calle de Bailén
Avenida Gran Vía
San Vicente
Cuesta de
Pal. del Senado
Sto. Domingo
Corr. Baja de San Pablo
Real Academia de Ciencias
San Martín
Plaza Santa Soledad
Jardines de Sabatini
Campo del Moro
Conv. de la Encarnación
Plaza Santo Domingo
Callao
Pl. del Callao
Avenida
Puente del Rey
Monasterio de las Descalzas Reales
El Carmen
Cuesta de Santo Domingo
Plaza de Oriente
Plaza Isabel II
Palacio Real
Teatro Real
Opera
Calle del Arenal
Plaza de la Armería
S. Ginés
Plaza Puerta del Sol
Sol
Baja Virgen del Puerto
Paseo Virgen del Puerto
San Nicolás
Mayor
CENTR
Monistrol
Catedral de la Almudena
Plaza de la Villa
Calle
Plaza Mayor
Virgen del Puerto
Paseo
Parque de Atenas
Capitanía General
Ayuntamiento
Calle de Atocha
Plaza del Angel
Puente de Segovia
PALACIO
Calle de Segovia
Min. Exter.
Santa Cruz
San Miguel
Sta. María
Jardines de las Vistillas
Capilla del Obispo
San Pedro
Toledo
Sto. Cristo del Olivar
San Isidro
Calle de Magdalen
San Andrés
Tirso de Molina
Avenida del Manzanares
Río Manzanares
Calle de Juan Duque
Plaza de San Francisco
La Latina
C. Duque de Alba
Pl. de Cascorro
Calle Jesús y María
C. San Francisco
El Rastro
San Cayetano
Paseo de la Ermita del Santo
Ronda
Paseo Imperial
Gran Vía de S. Francisco
San Francisco El Grande
Calle del Embajadores
Dominicas Sta. Catalina
Ribera de Curtidores
Virgen de La Paloma
Pasión
Mesón de Paredes
de Segovia

4
5
6
Pg. de Sant Joan Bosco
Ronda del General Mitre
Carrer del Capità Arenas
Parc del Poeta E. Marquina
Piscines i Esports
Carrer Amigó
Carrer de Calvet
C. Santaló
Travessera de Gràcia
Avinguda Diagonal
Diagonal
Museu de la Música
Passeig de Gràcia
Pg. de Manuel Girona
Avinguda Sarrià
Pl. de Francesc Macià
C. de Buenos Aires
Carrer de Londres
Hospital Clínic
Balmes
Maria Cristina
Av. Diagonal
Carrer de Numància
Sagrat Cor
C. d. Universitat Industrial
Carrer de Villarroel
Hospital Clínic
C. d'Aribau
Muntaner
Seminari
Pl. de Pius XII.
Av. Gran Via de Carles III
C. Europa
Trav. de les Corts
C. de Entença
Carrer de París
Carrer del Rosselló
C. Comte d'Urgell
C. d'Mallorca
Pl. del Doctor Letamendi
L'EIXAMPLE
Casanova
Zona Universitària
C. de Joan Güell
Carrer de Galileo
Carrer de Ecuador
Carrer de Nicaragua
Carrer de Josep Tarradellas
Entença
Carrer de Viladomat
Comte Borrell
d'Urgell
Diputació
C. Maternitat
Les Corts
C. Lluça
LES CORTS
C. de Berlin
Carrer de Numància
Sants-Estació
C. de Rocafort
Carrer d'Aragó
Consell de Cent
Catalanes
Sepúlveda
Floridablanca
Camp Nou
Trav. de les Corts
Pl. del Centre
Estació Central de Sants
C. d'València
C. Béjar
Carrer Tarragona
Tarragona
Urgell
Rocafort
Carrer de Calàbria
Avenida de Madrid
Carrer de Brasil
Badal
Pl. de Sants
Hostafrancs
Plaça de Toros Les Arenes
Espanya
Av. d. Mistral
Carrer de Sants
Carrer de la Creu Coberta
Plaça d'Espanya
Avinguda
Poble Sec
C. Doctor Martí Julià
Cinturó de Ronda
C. d. Olzinelles
Sant Crist
Juanot Martorell
C. d. la Bordeta
Gran Via
Fira de Barcelona
Av. Rius i Taulet
Palau Municipal d'Esports
Carrer de Mas
C. Montseny
C. Burgos
Mercat Nou
Alpens
Gava
Pavelló Mies van der Rohe
Palau Alfons XIII
Museu d'Arqueologica
Poble Espanyol
Palau Nacional
Fundació Miró
Sta. Eulàlia

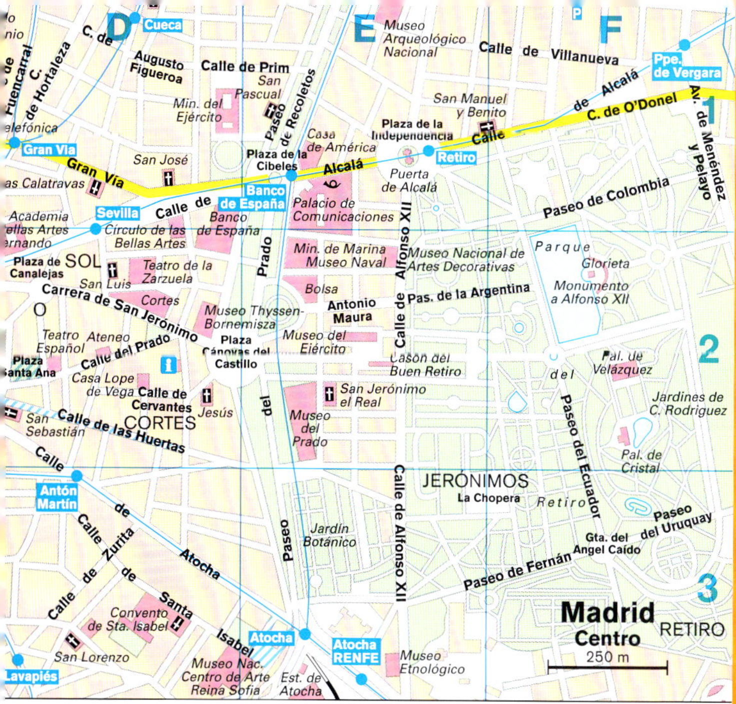
D
E
F
1
2
3
Cueca
Museo Arqueológico Nacional
Calle de Villanueva
Ppe. de Vergara
Augusto Figueroa
Calle de Prim
San Pascual
Min. del Ejército
Paseo de Recoletos
San Manuel y Benito
C. de O'Donel
Av. de Menéndez y Pelayo
de Alcalá
Plaza de la Independencia
Calle
Casa de América
Gran Via
Gran Via
San José
Plaza de la Cibeles
Retiro
Alcalá
Puerta de Alcalá
Calatravas
Banco de España
Palacio de Comunicaciones
Paseo de Colombia
Academia Bellas Artes
Sevilla
Calle de
Banco de España
Círculo de las Bellas Artes
Prado
Calle de Alfonso XII
Min. de Marina Museo Naval
Museo Nacional de Artes Decorativas
Parque
Glorieta
Monumento a Alfonso XII
Plaza de Canalejas
SOL
Teatro de la Zarzuela
San Luis
Bolsa
Antonio Maura
Pas. de la Argentina
Carrera de San Jerónimo
Cortes
Museo Thyssen-Bornemisza
Teatro Español
Ateneo
Calle del Prado
Plaza Cánovas del Castillo
Museo del Ejército
Casón del Buen Retiro
Pal. de Velázquez
del
Plaza Santa Ana
Casa Lope de Vega
Calle de Cervantes
Jesús
San Jerónimo el Real
Jardines de C. Rodriguez
San Sebastián
Calle de las Huertas
CORTES
del
Museo del Prado
Paseo del Ecuador
Pal. de Cristal
Calle
Antón Martín
JERÓNIMOS
La Chopera
Calle de Alfonso XII
Retiro
Paseo del Uruguay
de
Calle de Zurita
Atocha
Paseo
Jardín Botánico
Gta. del Angel Caído
Paseo de Fernán
Calle de
de
Santa
Convento de Sta. Isabel
Isabel
Madrid Centro
RETIRO
San Lorenzo
Atocha
Atocha RENFE
Museo Etnológico
250 m
Lavapiés
Museo Nac. Centro de Arte Reina Sofía
Est. de Atocha

Tenuan
Bogatell
Cementiri de l'Est
C. Pau Claris
Carrer de Roger
Concepció
Carrer del
C. de
Passeig de Sant Joan
Pl. de Tetuan
Carrer C. de Flor
Carrer de Tanger
Estació de Autobuses
Passeig
Av. Meridiana
Carrer de Lepant
de Carles I
Lluli
Carrer da Pamplona
Turó
de Wad-Ras
Catalanes
Bailèn
Parc Estació Nord
Nápols
Passeig de Gràcia
Casa Batlló
Girona
Bruc
Lluria
Ronda de Sant Pere
Arc de Triomf
Palau de Justicia
Pg. de Pujades
C. Wellington
C. de Ramon
Carrer de
Av. de Icària
Vila Olímpica
4
Catalunya
Corts
Urquinaona
Sant Pere
Museu Zoologic
Parc de la Ciutadella
Museu de Geologia
Museu d'Art Modern
Ciutadella-Vila Olimpica
Nova Icària
El Corte Inglés
Teatre
Pal. de la Música
Via Laietana
Pere més Baix
C. Cordes
Pg. de Picasso
Port Olímpic
Pl. Catalunya
Pl. de Catalunya
Universitat
Mercat del Born
Zoo
Circumval·lació
Universitat
Santa Ana
Rbla. Canaletas
S.
Museu Picasso
C. d. Pelai
C. d. Tallers
Palau Reial
Museu Textil
S. Maria del Mar
Estació de França
Av. d'Icària
Parc Barceloneta
Passeig Marítim
Casa de la Misericòrdia
Catedral
Pal. Generalitat
Betlem
Jaume I
Barceloneta
Pal. d. l. Virreina
Liceu
Carrer Ferran
Llotja
Pg. de Isabel II
Palau de Mar
C. Ginebra
C. Maquinista
5
La Boqueria
Santa Creu
Rambla de Sant Josep
C. de l'Hospital
BARRI GOTIC
C. Andrea Doria
C. Sant Carles
Sant Antoni
C. d. Carme
Liceu
Pl. Reial
La Mercé
Ptge. la Pau
Moll del Dipòsit
Moll de la Barceloneta
Passeig Nacional
C. A. Cervera
C. Riereta
Rambla de Sant Mónica
Passeig de Colom
Imax
LA BARCELONETA
Sant Pau
C. d. Sant Pau
Nou de la Rambla
L'Aquarium
Ronda d. Sant Pau
Comte Borrell
Drassanes
Museu Maritim
Mon. a Colom
Moll d'Espanya
Moll Pescadors
Moll Nou
Mar Mediterrània
del
Paral. lel
Parallel
Aduana
Moll Balears
C. Blai
C. Vila i Vilá
Pg. Josep Carner
Moll de Barcelona
Torre de Sant Sebastiá
6
C. Blesa
de
Montjuic
Aeri
Pg. Funicular
Transbordador
World Trade Center
Barcelona
Av. de Miramar
Port Vell
500 m
Funicular
POBLE SEC

KARTENLEGENDE

Autobahn, mehrspurige Straße - in Bau Highway, multilane divided road - under construction		Autoroute, route à plusieurs voies - en construction Autosnelweg, weg met meer rijstroken - in aanleg
Fernverkehrsstraße - in Bau Trunk road - under construction		Route à grande circulation - en construction Weg voor interlokaal verkeer - in aanleg
Hauptstraße Main road		Route principale Hoofdweg
Nebenstraße Secondary road		Route secondaire Overige verharde wegen
Fahrweg, Piste Practicable road, track		Chemin carrossable, piste Weg, piste
Straßennummerierung Road numbering	E20 11 70 26	Numérotage des routes Wegnummering
Entfernungen in Kilometer Distances in kilometers	259 130 129	Distances en kilomètres Afstand in kilometers
Höhe in Meter - Pass Height in meters - Pass	1365	Altitude en mètres - Col Hoogte in meters - Pas
Eisenbahn - Eisenbahnfähre Railway - Railway ferry		Chemin de fer - Ferry-boat Spoorweg - Spoorpont
Autofähre - Schifffahrtslinie Car ferry - Shipping route		Bac autos - Ligne maritime Autoveer - Scheepvaartlijn
Wichtiger internationaler Flughafen - Flughafen Major international airport - Airport		Aéroport important international - Aéroport Belangrijke internationale luchthaven - Luchthaven
Internationale Grenze - Provinzgrenze International boundary - Province boundary		Frontière internationale - Limite de Province Internationale grens - Provinciale grens
Unbestimmte Grenze Undefined boundary		Frontière d'Etat non définie Rijksgrens onbepaalt
Zeitzonengrenze Time zone boundary		Limite de fuseau horaire Tijdzone-grens
Hauptstadt eines souveränen Staates National capital	STOCKHOLM	Capitale nationale Hoofdstad van een souvereine staat
Hauptstadt eines Bundesstaates Federal capital	Nancy	Capitale d'un état fédéral Hoofdstad van een deelstat
Sperrgebiet Restricted area		Zone interdite Verboden gebied
Nationalpark National park		Parc national Nationaal park
Antikes Baudenkmal Ancient monument		Monument antique Antiek monument
Sehenswertes Kulturdenkmal Interesting cultural monument	Chambord	Monument culturel intéressant Bezienswaardig cultuurmonument
Sehenswertes Naturdenkmal Interesting natural monument	Gorges du Tarn	Monument naturel intéressant Bezienswaardig natuurmonument
Brunnen Well		Puits Bron
Ausflüge & Touren Excursions & tours		Excursions & tours Uitstapjes & tours

Aquädukt in Segovia

REGISTER

Im Register sind alle in diesem Reiseführer erwähnten Orte und Ausflugsziele verzeichnet. Halbfette Seitenzahlen verweisen auf den Haupteintrag, kursive auf ein Foto.

> SCHREIBEN SIE UNS!

Liebe Leserin, lieber Leser,

wir setzen alles daran, Ihnen möglichst aktuelle Informationen mit auf die Reise zu geben. Dennoch schleichen sich manchmal Fehler ein – trotz gründlicher Recherche unserer Autoren/innen. Sie haben sicherlich Verständnis, dass der Verlag dafür keine Haftung übernehmen kann.

Wir freuen uns aber, wenn Sie uns schreiben.

Senden Sie Ihre Post an die MARCO POLO Redaktion, MAIRDUMONT, Postfach 31 51, 73751 Ostfildern, info@marcopolo.de

IMPRESSUM

Titelbild: Getty Images/Taxi: Peter Adams
Fotos: Balneario Thermaeuropa: David Paresa (155 M. r.); Byladesign (155 o. l.); Divina Providencia (13 u.); DoYouBike (154 M. r.); Drap Art: Dik Nicolai (12 u.); A. Drouve (76, 191); Feldhoff & Martin (145); ©fotolia.com: OH (155 u. r.); Getty Images/Taxi: Peter Adams (1); R. M. Gill (U. r., 3 r., 4 r., 46, 56/57, 63, 68, 97, 98, 151, 153, 160/161); HB Verlag: Gonzalez (134), Huber (115), Renckhoff (24/25), Selbach (85, 90), Widmann (82); Huber: Gräfenhain (U. l., 6/7, 8/9, 25, 32/33, 52, 78, 80/81, 93, 102/103, 172/173), Lawrence (86), Ripani (72/73, 117), Giovanni Simeone (16/17, 127); R. Irek (104); ©iStockphoto.com: George Cairns (15 u.), Joan Vicent Cantó Roig (154 M. l.), corsicasmart (15 M.), Jochen Gülden (154 u. r.), Bjorn Hotting (155 M. l.), Gemma Ivern (154 o. l.), Jan Kranendonk (13 o.), MrStu (15 o.); Laif: Celentano (113), Gonzalez (23, 26/27, 34, 38, 40, 61, 74, 119, 123, 132/133, 159, 187), Heuer (2 l., 29, 128), Huber (U. M.), Lange (89), Raach (146, 148/149), Tophoven (2 r., 11); Mauritius: Richter (124); D. Renckhoff (67, 139, 140); T. Stankiewicz (28, 50, 55, 143); Frank Steinherr (12 o.); TapaÇ24 (14 u.); White Star: Gumm (3 M., 21, 30, 30/31, 31, 39, 42, 120, 131, 156/157, 162), Schiefer (4 l., 48), Steinert (3 l., 5, 19, 24, 36, 41, 45, 58, 65, 70, 106, 109, 111); T. P. Widmann (95, 101, 136); Zona Bruta: Daniel Alea (14 o.)

2. (12.), aktualisierte Auflage 2009

Verlegerin: Stephanie Mair-Huydts; Chefredaktion: Michaela Lienemann, Marion Zorn
Autor: Andreas Drouve; Redaktion: Nikolai Michaelis
Programmbetreuung: Cornelia Bernhart, Jens Bey; Bildredaktion: Gabriele Forst
Szene/24h: wunder media, München; Kartografie Reiseatlas: © MAIRDUMONT, Ostfildern
Innengestaltung: Zum goldenen Hirschen, Hamburg; Titel/S. 1–3: Factor Product, München
Sprachführer: in Zusammenarbeit mit Ernst Klett Sprachen GmbH, Stuttgart, Redaktion PONS Wörterbücher

Printed in Germany. Gedruckt auf 100% chlorfrei gebleichtem Papier

FÜR IHRE NÄCHSTE REISE

gibt es folgende MARCO POLO Titel:

DEUTSCHLAND
Allgäu
Amrum/Föhr
Bayerischer Wald
Berlin
Bodensee
Chiemgau/Berchtesgadener Land
Dresden/Sächsische Schweiz
Düsseldorf
Eifel
Erzgebirge/Vogtland
Franken
Frankfurt
Hamburg
Harz
Heidelberg
Köln
Lausitz/Spreewald/Zittauer Gebirge
Leipzig
Lüneburger Heide/Wendland
Mark Brandenburg
Mecklenburgische Seenplatte
Mosel
München
Nordseeküste Schleswig-Holstein
Oberbayern
Ostfriesische Inseln
Ostfriesland/Nordseeküste Niedersachsen/Helgoland
Ostseeküste Mecklenburg-Vorpommern
Ostseeküste Schleswig-Holstein
Pfalz
Potsdam
Rheingau/Wiesbaden
Rügen/Hiddensee/Stralsund
Ruhrgebiet
Schwäbische Alb
Schwarzwald
Stuttgart
Sylt
Thüringen
Usedom
Weimar

ÖSTERREICH | SCHWEIZ
Berner Oberland/Bern
Kärnten
Österreich
Salzburger Land
Schweiz
Tessin
Tirol
Wien
Zürich

FRANKREICH
Bretagne
Burgund
Côte d'Azur/Monaco
Elsass
Frankreich
Französische Atlantikküste
Korsika
Languedoc-Roussillon
Loire-Tal
Normandie
Paris
Provence

ITALIEN | MALTA
Apulien
Capri
Dolomiten
Elba/Toskanischer Archipel
Emilia-Romagna
Florenz
Gardasee
Golf von Neapel
Ischia
Italien
Italienische Adria
Italien Nord
Italien Süd
Kalabrien
Ligurien/Cinque Terre
Mailand/Lombardei
Malta/Gozo
Oberital. Seen
Piemont/Turin
Rom
Sardinien
Sizilien/Liparische Inseln
Südtirol
Toskana
Umbrien
Venedig
Venetien/Friaul

SPANIEN | PORTUGAL
Algarve
Andalusien
Barcelona
Baskenland/Bilbao
Costa Blanca
Costa Brava
Costa del Sol/Granada
Fuerteventura
Gran Canaria
Ibiza/Formentera
Jakobsweg/Spanien
La Gomera/El Hierro
Lanzarote
La Palma
Lissabon
Madeira
Madrid
Mallorca
Menorca
Portugal
Spanien
Teneriffa

NORDEUROPA
Bornholm
Dänemark
Finnland
Island
Kopenhagen
Norwegen
Schweden
Südschweden/Stockholm

WESTEUROPA | BENELUX
Amsterdam
Brüssel
Dublin
England
Flandern
Irland
Kanalinseln
London
Luxemburg
Niederlande
Niederländische Küste
Schottland
Südengland

OSTEUROPA
Baltikum
Budapest
Estland
Kaliningrader Gebiet
Lettland
Litauen/Kurische Nehrung
Masurische Seen
Moskau
Plattensee
Polen
Polnische Ostseeküste/Danzig
Prag
Riesengebirge
Russland
Slowakei
St. Petersburg
Tschechien
Ungarn
Warschau

SÜDOSTEUROPA
Bulgarien
Bulgarische Schwarzmeerküste
Kroatische Küste/Dalmatien
Kroatische Küste/Istrien/Kvarner
Montenegro
Rumänien
Slowenien

GRIECHENLAND | TÜRKEI | ZYPERN
Athen
Chalkidiki
Griechenland Festland
Griechische Inseln/Ägäis
Istanbul
Korfu
Kos
Kreta
Peloponnes
Rhodos
Samos
Santorin
Türkei
Türkische Südküste
Türkische Westküste
Zakinthos
Zypern

NORDAMERIKA
Alaska
Chicago und die Großen Seen
Florida
Hawaii
Kalifornien
Kanada
Kanada Ost
Kanada West
Las Vegas
Los Angeles
New York
San Francisco
USA
USA Neuengland/Long Island
USA Ost
USA Südstaaten/New Orleans
USA Südwest
USA West
Washington D.C.

MITTEL- UND SÜDAMERIKA
Argentinien
Brasilien
Chile
Costa Rica
Dominikanische Republik
Jamaika
Karibik/Große Antillen
Karibik/Kleine Antillen
Kuba
Mexiko
Peru/Bolivien
Venezuela
Yucatán

AFRIKA | VORDERER ORIENT
Ägypten
Djerba/Südtunesien
Dubai/Vereinigte Arabische Emirate
Israel
Jerusalem
Jordanien
Kapstadt/Wine Lands/Garden Route
Kenia
Marokko
Namibia
Qatar/Bahrain/Kuwait
Rotes Meer/Sinai
Südafrika
Tunesien

ASIEN
Bali/Lombok
Bangkok
China
Hongkong/Macau
Indien
Japan
Ko Samui/Ko Phangan
Malaysia
Nepal
Peking
Philippinen
Phuket
Rajasthan
Shanghai
Singapur
Sri Lanka
Thailand
Tokio
Vietnam

INDISCHER OZEAN | PAZIFIK
Australien
Malediven
Mauritius
Neuseeland
Seychellen
Südsee

UNSER AUTOR

MARCO POLO Insider Andreas Drouve im Interview

Andreas Drouve lebt seit Mitte der Neunzigerjahre in Spanien und ist als freier Autor und Journalist ständig auf Achse.

Was gefällt Ihnen am Leben in Spanien?

Das vergleichsweise lockere Dasein, die Strände, die Naturparks im Inland, die Mentalität. Man legt nicht alles auf die Goldwaage. Außerdem: die Kontraste bei den Landschaften, bei der Kultur, bei den Festen. Kaum zu glauben, dass die Pyrenäen, das Maurenerbe in Andalusien, der Jakobsweg und eine Weltstadt wie Barcelona alle im selben Land liegen!

Und die Küche?

Was für eine Frage! Die Tradition der Schlemmerkleinkunst mit den Tapas ist bis heute grandios geblieben. Da macht man gerne mit, vor allem mit einem guten Wein dazu. Wenn ich an so ein saftig-blutiges *chuletón* denke, ein durchwachsenes Steak, läuft mir das Wasser im Mund zusammen.

Wovon leben Sie in Spanien?

Seit Beginn meiner Zeit in Spanien habe ich als freiberuflicher Autor Reportagen und Bücher geschrieben. Das hatte ich auch vorher schon gemacht. Mittlerweile sind es über 70 Kultur- und Reisebücher geworden.

Sprechen Sie Spanisch?

Anders würde es kaum gehen. Spanisch hatte ich schon als Abiturfach und habe es dann, neben Germanistik und Volkerkunde, studiert.

Und was mögen Sie an Ihrer Wahlheimat nicht so?

Den Stierkampf, wie fast alle Ausländer. Im Alltag ist die gesetzliche Krankenversorgung katastrophal und oft mit langen Wartezeiten verbunden. Auf einen Arzttermin für meine kleinste Tochter haben wir ein halbes Jahr warten müssen. Apropos Krankheit: Auch in Spanien wuchern Bürokratie und Beamtentum wie Krebsgeschwüre. Da hört der südländische Spaß auf.

Halten Sie Mittagsruhe, die berühmte Siesta?

Gegenfrage: Und wer soll dann die Arbeit erledigen? Nein, Siesta ist tabu!

Fahren Sie regelmäßig nach Deutschland?

Nicht regelmäßig, aber immer wieder und gerne. Familie und Freunde sind dort, manchmal halte ich Vorträge. Außerdem ist und bleibt Deutsch meine Muttersprache – und die kommt im spanischen Alltag zu kurz.

Können Sie sich vorstellen, irgendwann wieder in Deutschland zu leben?

Dazu ein klares spanisches „No“!

> BLOSS NICHT!

Ein paar Spielregeln und Vorsichtsmaßnahmen

Lärmempfindlich sein

Typisch südländisch, dass es in Spanien laut zugeht. Armadas an Mofas knattern durch die Gassen, in den Kneipen dröhnen die Fernseher, aus Spielhallen schwappen die Schallwellen, Plätze erbeben unter fröhlichem Palaver, Open-Air-Konzerte beginnen kurz vor Mitternacht – und zur selben Zeit rumpeln die Müllwagen durch die Altstädte. Unter den Einheimischen stört das kaum jemanden. Wer als Auswärtiger Ruhe sucht, sollte mit besonderer Bedacht sein Hotelzimmer auswählen. Faustregel: weit oben und nach hinten heraus.

Auf Verkehrsregeln verlassen

Regeln sind eine Sache, ihre Einhaltung eine andere. Wer als Fußgänger bei Grün oder über den Zebrastreifen geht, sollte sich vergewissern, dass wirklich kein Fahrzeug kommt bzw. dass die Fahrer willig sind anzuhalten. Spanische Steuerhalter, speziell Taxi- und Busfahrer, zeigen sich vielfach respektlos und scheren sich wenig um Zebrastreifen oder rote Ampeln. Seien Sie stets auf der Hut!

Auf Profibettler hereinfallen

In größeren Städten sitzen vor Kirchenportalen oft ärmliche Gestalten, Straßenmusiker sehen bedauernswert aus – doch das ist oft nur Show. Nach „Dienstschluss" zieht man das Handy hervor und setzt sich ins nahebei geparkte Auto.

Das Kleingedruckte übersehen

Auf Speisekarten in Restaurants und in Preisaushängen von Hotels steht oft ganz klein zu lesen „IVA no incluido". Will heißen: IVA, die Abkürzung der spanischen Mehrwertsteuer, ist hier nicht inbegriffen. Dies passiert in Spanien häufig. In Restaurants und Hotels bezahlt man sieben Prozent IVA zusätzlich, ansonsten 16 Prozent. Gelegentlich ist die Mehrwertsteuer jedoch eingeschlossen, dann heißt es „IVA incluido". Wenn Sie unsicher sind, fragen Sie am besten vorher.

Allzu hölzern wirken

Statt eines eher förmlichen Händedrucks begrüßen sich in Spanien Mann und Frau bzw. Frau und Frau mit zwei Wangenküssen, einmal rechts, einmal links. Hier gilt die Regel: einfach mitküssen! Außerdem pflegt man sich in Spanien, jedenfalls unter Gleichaltrigen, häufig sofort zu duzen, also *tú* statt das vielleicht aus Lehrbüchern bekannte *Usted* („Sie"). Diesen lockeren Landessitten sollten Sie sich nicht verschließen.

Den Tisch teilen

Freie Plätze an einem halb belegten Tisch im Pub oder Restaurant: Da denkt man gleich an die Frage „Darf ich mich zu Ihnen setzen?" Auf keinen Fall in Spanien! Diese Sitte ist hierzulande nicht nur unbekannt, sondern würde die anderen verstören oder sogar zum baldigen Abmarsch bewegen.